V24/RS-232
Kommunikation

V24/RS-232
Kommunikation

Joe Campbell

BERKELEY · PARIS · DÜSSELDORF

Originalausgabe in Englisch
Titel der amerikanischen Ausgabe: The RS-232 Solution
Original Copyright © 1984 by SYBEX Inc., Berkeley, California, USA

Deutsche Übersetzung: Alfons Steinhoff

Umschlagentwurf: Patrice Larue
Satz: tgr − typo-grafik-repro gmbh, Remscheid
Gesamtherstellung: Boss-Druck und Verlag, Kleve

Der Verlag hat alle Sorgfalt walten lassen, um vollständige und akkurate Informationen zu publizieren. SYBEX-Verlag GmbH, Düsseldorf, übernimmt keine Verantwortung für die Nutzung dieser Informationen, auch nicht für die Verletzung von Patent- und anderen Rechten Dritter, die daraus resultieren.

ISBN 3-88745-075-2
1. Auflage 1984

Inhaltsverzeichnis

Einführung

Nichts in der Welt der Mikrocomputer wird mehr verachtet oder miß-verstanden als die RS-232-C-Schnittstelle. Gewöhnlich werden sanft-mütige Menschen zum Wahnsinn getrieben durch die Erfahrung, die sie beim Anschließen ihrer Computerausrüstung machen. Manchmal gerät diese Wut außer Kontrolle:

Ein Streit zwischen einem Computergeschäft und einem Kunden über eine Rechnung in Höhe von 180 Dollar endete mit der tödlichen Schuß-verletzung des Geschäftsinhabers in einer Tragödie.

Ein 42 Jahre alter Mann, Floyd French aus Gladstone, Missouri, wurde am Tatort festgenommen und später wegen vorsätzlichen Mordes ange-klagt. Das Opfer war der Inhaber des Altair Computer Centers, Henry Phillip Bouldin. Nach Angaben der Polizei hatte French einen Computer von Bouldin gekauft, dann einen Drucker, den er anderswo erworben hatte, gebracht und gebeten, die beiden Geräte anzuschließen. *(InfoWorld*, 20. Juni 1983)

Ein Computerinteressent erwirbt einen Mikrocomputer mit einer „RS-232-C-kompatiblen" seriellen Schnittstelle und kauft später einen gängigen Drucker. Wenn die beiden Einheiten mit einem *Standard EIA RS-232-C-Kabel für Gegenbetrieb (full duplex)* verbunden werden, wei-gert sich nicht nur der Drucker zu drucken, er legt auch den Computer lahm.

Hoffnungsvoll nimmt der Besitzer Kontakt mit dem Hersteller des Druckers auf und erhält als Antwort:

In 45 Ländern befinden sich über 100 000 Exemplare unseres Produkts in Gebrauch. Aufgrund dieser zahlenmäßigen Überlegenheit ist unsere Schnittstelle erprobter Standard. Wir empfehlen Ihnen, Kontakt mit dem Hersteller Ihres Computers aufzunehmen und ihn zu fragen, welche Schritte nötig sind, um seine Schnittstelle in Übereinstimmung mit den Standardnormen zu bringen.

Verzweifelt schreibt der Besitzer nun dem Hersteller seines Computers, der ihm versichert:

Unser technisches Handbuch sollte einen qualifizierten Fachmann mit der gesamten Information versorgen, die nötig ist, um unser Produkt an jede RS-232-C-Schnittstelle erfolgreich anzuschließen. Beiliegend finden Sie ein Bestellformular, in das ich die Artikelnummer des technischen Handbuchs eingetragen habe. Wenn Sie es zusammen mit einem Scheck über 45 Dollar zurückschicken, werde ich persönlich dafür sorgen, daß Ihr Handbuch Ihnen umgehend zugesandt wird.

Der geplagte Besitzer, der bereits etwas mehr für den Drucker ausgegeben hat, als er sich leisten konnte, sieht nun weitere Kosten auf sich zukommen: 45 Dollar für ein Buch, aus dem ein Techniker, der weitere 45 Dollar kostet, nur ein oder zwei Fakten entnehmen muß. Dazu kommen möglicherweise noch 35 Dollar für ein Anschlußkabel. „Gut", denkt er, „wenigstens gibt es den Trost, daß mehr als 100 000 Menschen in 45 Ländern mein Leid teilen".

Es gibt natürlich keine Garantie, daß es einem Techniker oder sogar einem Ingenieur gelingen wird, das Schnittstellenproblem zu lösen. Es ist nicht ungewöhnlich, daß sich professionelle Hardwarekonstrukteure bei dem Versuch, eine Schnittstelle eines anderen Konstrukteurs zu entschlüsseln, vergeblich abmühen. Zum Beispiel beschreibt einer der produktivsten Konstrukteure der heutigen Mikrobranche seine Erfahrungen mit dem routinemäßigen Anschließen von RS-232-C-Schnittstellen folgendermaßen:

Zu den ärgerlichsten Erfahrungen in der Karriere eines jeden Computerbenutzers gehört auch die, zwei serielle Geräte zu verbinden. Ich meine nicht ein Bildschirmterminal und ein Modem – diese Verbindung herzustellen ist einfach – aber jede andere Verbindung kann echte Schwierigkeiten bedeuten. Jedesmal wenn ich zum Beispiel ein neues Teil einer Anlage kaufe, scheinen die Dinge folgenden Verlauf zu nehmen: Ich verbringe 5 Minuten mit dem Lesen der Verkaufsbroschüre, 5 Minuten mit der Ausführung der finanziellen Transaktionen und 5 Stunden mit dem Versuch, herauszufinden, wie sich das neue Gerät mit meinem Computer verbinden läßt. („Ciarcia's Circuit Cellar", BYTE, April 83)

Was bedeutet RS-232-C, und warum ist es für so viele Probleme verantwortlich? Die RS-232-C-Schnittstelle ist das Hauptmittel, durch das Mikrocomputerzusatzgeräte miteinander in Verbindung stehen. Obwohl sie von einem strengen Standard (**R**ecommended **S**tandard Number **232**, Revision **C** from the Electronic Industry Association) abgeleitet wird, nimmt sich eigentlich jeder Hersteller einen breiten Spielraum heraus. Der Zweck eines jeden Standards ist es aber, Verwirrung zu vermeiden, so ist es eine echte Ironie, wenn der Gebrauch eines Standards Verwirrung stiften würde.

Die meisten Schwierigkeiten, die mit der RS-232-C-Schnittstelle verbunden sind, haben ihre Ursache in der Tatsache, daß die Schnittstelle für die Aufgaben, für die sie üblicherweise eingesetzt wird, schlecht geeignet ist.

Wie wir in Kapitel 2 sehen werden, wurde der Standard selbst geplant, um ein sehr spezielles Schnittstellenproblem zu lösen – Modems mit Datenendeinrichtungen. Aus Angst um die Kompatibilität mit einer großen Klasse von Geräten wandten sich die Hersteller von Mikrocomputern und Peripheriegeräten verständlicherweise der bekannten und verläßlichen RS-232-C-Schnittstelle zu. Aber weil sie sofort mit Schnittstellenproblemen konfrontiert wurden, die nicht durch die in dem Standard festgelegten Regeln abgedeckt wurden, sahen sich die Konstrukteure gezwungen, die Regeln anzupassen, um den Erfordernissen der Schnittstelle gerecht zu werden.

Die durch diese grundlegende Nichtübereinstimmung erzeugten Probleme wurden durch ein Vorgehen bei der Konstruktion von Schnittstellen, das sich an Gerüchten orientierte, verschlimmert. Dieser Prozeß ist dem Spiel „Stille Post" nicht unähnlich. Bei diesem Spiel schreibt ein Spieler eine Geschichte auf und flüstert sie dem Nachbarn zu, dieser erzählt sie einem Nachbarn und so weiter. Wenn jeder Spieler die Geschichte erzählt hat, gibt sie der letzte laut wieder. Die Geschichte ist durch das Nacherzählen stark verändert worden. Dies eignet sich für eine psychologische Studie, wie sich die Persönlichkeit eines jeden einzelnen unvermeidbar mit der Wahrnehmung der Wahrheit vermischt. Ein ähnlicher Prozeß hat bei dem RS-232-C-Standard stattgefunden: Konstrukteure und Autoren von Fachliteratur haben sich auf Interpretationen aus zweiter Hand verlassen. Uneinheitlichkeiten in der Schnittstelle eines einzigen gängigen

Computerprodukts, die auf diese Weise entstanden sind, werden oft verewigt, da sich andere Hersteller beeilen, Kompatibilität mit diesem Produkt zu erhalten.

Das Ergebnis dieser Schwierigkeiten ist, daß die Mikrocomputerversionen der RS-232-C-Schnittstelle unüberschaubar geworden sind. Jeder, der Mikrocomputer anschließen will, erhält aus dem offiziellen Standard nur die gröbsten Richtlinien.

Wenn ein Elefant fliegt, sollte er nicht kritisiert werden, weil er dies schlecht tut. Deshalb vertrete ich die Auffassung: Trotz seiner zahlreichen Versionen bleibt das Anschließen von Mikrocomputern offensichtlich verständlich. Das Ziel dieses Buches ist es, das Nützliche und Sinnvolle aus dem RS-232-C-Standard herauszudestillieren, es mit einigen Anteilen Erfahrung zu mischen, einen Schuß gesunden Menschenverstand hinzuzufügen und dies dann in Form von Beispielen zu servieren.

Das wichtigste Ziel ist, nicht nur das abstrakte Wissen zu vermitteln, das zum Verständnis abstrakter Schnittstellenprobleme erforderlich ist, sondern auch eine Vorgehensweise zum Aufbau einer funktionierenden Leitung zwischen zwei beliebigen RS-232-C-kompatiblen Geräten anzugeben. So sagt dieses Buch sowohl „wie es funktioniert" als auch „was zu tun ist, damit es funktioniert".

Es wäre unfair zu behaupten, daß Computererfahrung zur Bewältigung dieses Themas nicht erforderlich ist. Dies ist kein Buch für Anfänger, kein „Leitfaden für Idioten zur Lösung von Schnittstellenproblemen". Es wird angenommen, daß die Leser einige Kenntnisse über Computerkonzepte besitzen. Obwohl wir nicht voraussetzen, daß Sie in einer bestimmten Programmiersprache programmieren können, lassen sich die Konzepte und Probleme leichter verstehen, wenn Sie wissen, was Programmierung ist. Ebenso ist die Erfahrung im Umgang mit einigen Betriebssystemen, wie zum Beispiel CP/M, MS-DOS, PC-DOS oder TRS-DOS, notwendig zum Verständnis der Probleme und der zur Lösung dieser Probleme erforderlichen Verfahren.

Das Anschließen ist lange genug Technikern und Ingenieuren überlassen worden. Der Schleier schwarzer Magie und Mystik, der es umgibt, muß ein für allemal gelüftet werden. Um den in diesem Buch enthaltenen Ideen und Beispielen zu folgen, sind keine speziellen technischen Fertigkeiten erforderlich. Dieses ist eine häufige und üblicherweise selbstverständliche Forderung. Technische Bücher locken manchmal mit ein oder zwei einfachen Kapiteln, um den Leser danach maßlos mit Fachausdrücken zu verwirren. Hier brauchen Sie *nichts* über Elektronik oder über

Schaltungsanordnungen zu wissen, keine Spannungsmesser oder Bildschirme. Sie brauchen nicht einmal zu löten.

Allein die Tatsache, daß Sie ein Buch über ein so schwieriges Thema wie die RS-232-C-Schnittstelle gekauft haben, legt nahe, daß Sie wahrscheinlich nicht bei der Aussicht, ein Kabel zu bearbeiten oder mit Steckern und Kabeln zu hantieren, erschrecken und daß Sie nicht beim Anblick der Rückseite eines Computers in Schweiß ausbrechen. Sollte diese Beschreibung nicht auf Sie passen, geben Sie die Hoffnung nicht auf, gehen Sie nur langsamer vor.

In Kapitel 1, „Die Schnittstelle", erörtern wir die bloße Idee einer Schnittstelle, warum sie existiert und was sie leisten muß. Wir wiederholen kurz solche Begriffe wie Bit (seriell) und Byte (parallel). Wir verfolgen die historischen Ursprünge serieller Datenübertragung und die Entwicklung einer Reihe von Umständen, die möglicherweise zur Einführung eines seriellen Schnittstellenstandards führten. Wir sehen, warum die Mikrocomputerindustrie die RS-232-C-Schnittstelle eingeführt hat, selbst angesichts offensichtlicher Unzulänglichkeiten und Probleme, die die Kompatibilität betreffen.

In Kapitel 2, „Schnittstellengrundlagen", beschäftigen wir uns mit den Konzepten, die allen RS-232-C-Schnittstellen gemeinsam sind. Hier entdecken Sie, daß alle RS-232-C-Geräte in zwei Hauptkategorien unterteilt werden können. Zunächst beginnen Sie, die Namen der verschiedenen Anschlußstecker und Signale zu lernen und ihre übliche Verwendung zu bestimmen. Sie erkennen, daß sich in Abhängigkeit der Gerätekategorie, die Sie betrachten, die Rollen (aber *nicht* die Namen) der Anschlußstifte ändern. Sie werden mit der Idee des *Austauschens von Synchronisationsimpulsen, dem Handshaking,* vertraut gemacht – ein Gerät steuert ein anderes durch den Austausch elektrischer Signale und die Manipulation von Spannungsniveaus an verschiedenen Anschlußstiften. In der einen oder anderen Form ist der Prozeß des Austauschens von Synchronisationsimpulsen die Hauptidee in weiten Teilen dieses Buches. Am Ende von Kapitel 2 wird der schwammige Begriff „RS-232-C-Kompatibilität" diskutiert. Hier finden Sie eine Aufzählung einiger Bereiche der Übereinstimmung unter Mikrocomputerschnittstellen.

In Kapitel 3, „Das UART: Kobolde im Keller", unterbrechen wir unsere Diskussion der tatsächlichen RS-232-C-Schnittstelle, um genau zu lernen, *wie* ein Gerät in der Lage ist, ein anderes zu steuern. Zu diesem Ziel entwickeln wir ein Begriffsmodell eines richtigen Gerätes, dem UART (Seriell/Parallel- und Parallel/Seriell-Konverter, engl. Universal Asyn-

chronous **R**eceiver-**T**ransmitter). Indem wir die im vorangegangenen
Kapitel abgeleiteten Ideen auf dieses Modell anwenden, fügen wir
allmählich Funktionen und Anschlußstecker hinzu und erläutern die
Aufgabe eines jeden Anschlusses in der Schnittstelle. Gegen Ende dieses
Kapitels kehren wir mit einem anderen Verständnis der Gerätesteuerung
zu der Schnittstelle zurück. Dann werden Sie in solche praktischen
Betrachtungen eingeführt wie die innere Arbeitsweise eines Drucker-
puffers und die Unterschiede zwischen Software- und Hardwareaus-
tausch von Synchronisationssignalen. Am Ende von Kapitel 3 haben Sie
ein Verständnis davon, was für eine Druckerschnittstelle erforderlich ist.
Das Beste ist, daß Sie die Namen aller Anschlußstecker und Daten
gelernt haben, die Sie zum Verständnis der Fallstudien in späteren
Kapiteln benötigen.

Kapitel 4, „Tricks und Kniffe", trägt den Untertitel „Herr werden über
die reale Welt". Da Sie wenige „Standard"-RS-232-C-Geräte antreffen,
lehrt Sie dieses Kapitel mit alltäglichen Problemen umzugehen, wie fehlenden Ausgabesignalen, unverträglichen Typen der Verbindungselemente und ungewöhnlichen Konfigurationen. Kapitel 4 endet mit einer
Zusammenfassung der Funktionen der **GROSSEN ACHT**, den acht
wichtigsten Anschlußbelegungen der Schnittstelle.

Falls irgendetwas in diesem Buch technisch genannt werden kann, so ist
es Kapitel 5, „Logikpegel". Das sind die für das Verständnis des Testver-
fahrens, das wir im darauf folgenden Kapitel entwickeln, notwendigen
Details. Themen wie logische Inversion, Rauschgrenze und Übergangs-
gebiete werden behandelt. Hier stellen wir auch ein unzweideutiges
Vokabular auf, um über die Beziehung zwischen Spannungsniveaus und
logischen Werten zu sprechen. Wie lang kann ein RS-232-C-Kabel sein?
Dies ist eine der praktischen Fragen, die in diesem Kapitel beantwortet
werden.

In Kapitel 6, „Der Werkzeugkasten des Schnittstellenbauers", stellen wir
einen einfachen Satz von Werkzeugen zusammen, der aus drei handels-
üblichen Verbindungssteckern, zwei normalen Kabeln, zwei licht-
emittierenden Dioden zu je 50 Pfg. und einem halben Dutzend lötfreier
Klemmprüfspitzen, im Englischen auch Grabber genannt, besteht. Der
Gesamtpreis für diese Zusammenstellung abzüglich der Kabel (die Sie
vielleicht bei sich herumliegen haben) beträgt ungefähr 30 DM. Wenn Sie
für weniger als 15 DM das erste dreiadrige Kabel selbst herstellen (anstatt
für 100−150 DM handelsübliche Kabel zu kaufen), haben Sie sich selbst
nicht nur für den Preis des Werkzeugkastens entschädigt, sondern auch
noch für den Preis dieses Buches.

Der zweite Teil dieses Kapitels, „Anschlußtechnik Schritt für Schritt", ist das Ziel, auf das wir hingearbeitet haben. Hier stellen wir die einfache 5-Schritt-Strategie vor, die wir in all unseren Fallbeispielen einsetzen.

Kapitel 7 ist die „Fallstudie 1:SB-80/ADDS". Diese erste Fallstudie widmen wir dem zuverlässigen Bildschirm und Computer, an dem dieses Buch geschrieben wurde. Diese beiden Geräte sind als erste Studie gut geeignet, weil Sie eine einfache Gerätesteuerung haben und keinen Austausch von Synchronisationsimpulsen benötigen. Die vornehmlichen Ziele dieses Kapitels bestehen darin, zu lernen, wie man mit dem Werkzeug umgeht, wie man den Testanweisungen folgt und wie man ein Logikdiagramm erstellt. Wie in allen Fallstudien schließen wir mit einigen Kommentaren und einem Rezept zur Herstellung eines Kabels.

Computerhandbücher sind häufig irreführend, von falschen Annahmen ausgehend oder schlechthin falsch, wenn es um die RS-232-C-Schnittstellen geht. Dies im Hinterkopf, verlassen sich unsere Anschlußtechniken auf keinerlei Dokumentation. Jedoch am Ende einer Fallstudie blicken wir möglicherweise auf die Literatur der Hersteller zurück (vielleicht um ihnen einen Nasenstüber zu versetzen), um zu illustrieren, wie vielfältig und schwer die Fehlkonzeptionen bezüglich der RS-232-C-Schnittstelle sind.

In Kapitel 8, „Fallstudie 2: N * /OKI", nehmen wir die Verbindung eines Northstar Advantage-Computers und eines Okidata Microline 83 A-Druckers in Angriff. Dies ist unsere erste richtige Begegnung mit dem Austausch von Synchronisationsimpulsen; daher wird eine narrensichere Methode, diese Signale zu finden, entwickelt.

Kapitel 9, „Fallstudie 3: KayPro/Epson", trägt den Untertitel „Der Fall des zeitweise aussetzenden Druckers". Wir versuchen, ein geheimnisvolles Problem zwischen diesen beiden populären Teilen der Mikrocomputerausrüstung zu lösen. Das Problem wurde durch die Einmischung eines „kundigen Freundes" interessanter gemacht. Die Lösung illustriert einige wichtige Punkte über den Austausch von Synchronisationsimpulsen.

Kapitel 10, „Fallstudie 4: OSBORNE/VOTRAX", ist ebenfalls ein Geheimnis, eines, das meistens mit der „tödlichen Umarmung" der Akteure endet. Diesmal hat einer der Hauptdarsteller einen schlechten Ruf wegen seiner Art, potentiellen Schnittstellenbenutzern zu antworten, und zwar wörtlich genommen.

Kapitel 11, „Fallstudie 5: IBM/NEC", beleuchtet den allgegenwärtigen IBM Personal Computer und den NEC-Typenraddrucker, einen populären Drucker in Schreibmaschinenqualität. Viele Leute haben beklagt, daß Schreibmaschinenqualitätsdrucker schwer anzuschließen sind. Wie Sie sehen werden, ist da nichts dran.

Das Modem nimmt einen besonderen Platz in der Thematik der RS-232-C-Schnittstelle ein. Kapitel 12, „Anschluß von Modems", ist ein kleiner Leitfaden über die Arbeitsweise von Modems, gefolgt von drei Fallstudien. Die letzten beiden Studien zeigen, wie Software den Charakter einer RS-232-C-Schnittstelle dramatisch verändern kann.

Unser letztes Kapitel, Kapitel 13, „Professionelle Werkzeuge", gibt einen Überblick über einige handliche Werkzeuge und Kniffe für die, die ihre Anschlußarbeit ernst nehmen. Fotos, Preise und Adressen sind beigefügt.

Die Schnittstelle

1

Da ein Computer als logisches Gerät konzipiert ist, denken wir selten an die physikalischen Erscheinungen, die hinter diesen logischen Konzepten stecken. In der Tat verdunkelt die Betrachtung dessen, was in dem Computer geschieht, manchmal das Thema durch eine überflüssige Schicht an Komplexität. Zum Beispiel ist es allgemein bekannt, daß *logische* Daten in Mikrocomputern als *Bits* (Binärziffern, engl. binary digits) dargestellt werden. Bits werden üblicherweise durch Tabellen erklärt, die den Beitrag jedes Bits zu einem umfassenden logischen Schema illustrieren.

ARTEN DER DATENÜBERTRAGUNG

Obwohl das Bit eine intellektuelle Konstruktion ist, ist es *physikalisch* nichtsdestoweniger eine Spannung, deren Größe den Wert des Bits angibt (d.h. Eins oder Null). Der elektrische Strom, der Computerdaten darstellt, unterscheidet sich nicht von dem in einer Stereoanlage, in der elektrische Impulse von einem Punkt zum anderen mittels Leitungen transportiert werden. Wenn Bits innerhalb des Computers selbst transportiert werden müssen, werden sie wie jede andere Spannung auch über Leitungen übermittelt. Wenn die zu übermittelnden Daten in 8-Bit-*Bytes*, wie dies üblicherweise in Mikrocomputern der Fall ist, vorliegen, so müssen acht voneinander getrennte Leitungen gleichzeitig die acht ent-

sprechenden elektrischen Ströme zwischen den beiden Punkten transportieren. Ein kurzer Blick in Ihren Computer hinein veranschaulicht
diese Anordnung: Zeile unter Zeile sehen Sie geätzte Leiterbahnen, die
nebeneinander zwischen den integrierten Schaltkreisen und anderen
Komponenten auf der Platine verlaufen.

Diese simultane Übermittlung der 8-Bit-Spannungen, die ein Byte
bilden, wird als *paralleler* Transfer bezeichnet. Paralleler Transfer
geschieht also Byte für Byte. Da alle acht Bits ihr Ziel in demselben
Augenblick erreichen, kann paralleler Datentransfer mit extrem hohen
Geschwindigkeiten durchgeführt werden. Diese Eigenschaften machen
dieses Verfahren zu der bevorzugten Methode des Datenaustausches.
Abbildung 1.1 illustriert dieses einfache Konzept.

Datentransfer, besonders schneller Datentransfer, erfordert eine streng
kontrollierte Umgebung. Die interne Temperatur des Computers muß
reguliert werden, und die elektrischen Eigenschaften, wie Widerstand,
Kapazität und Induktivität, müssen sorgfältig berechnet werden. Solange
Daten *innerhalb* eines Computers bewegt werden, ist diese Umgebung
stabil und kalkulierbar. Aber eine große Menge von Computerdaten muß
zu einer möglicherweise feindseligen *Außenwelt* transportiert werden.

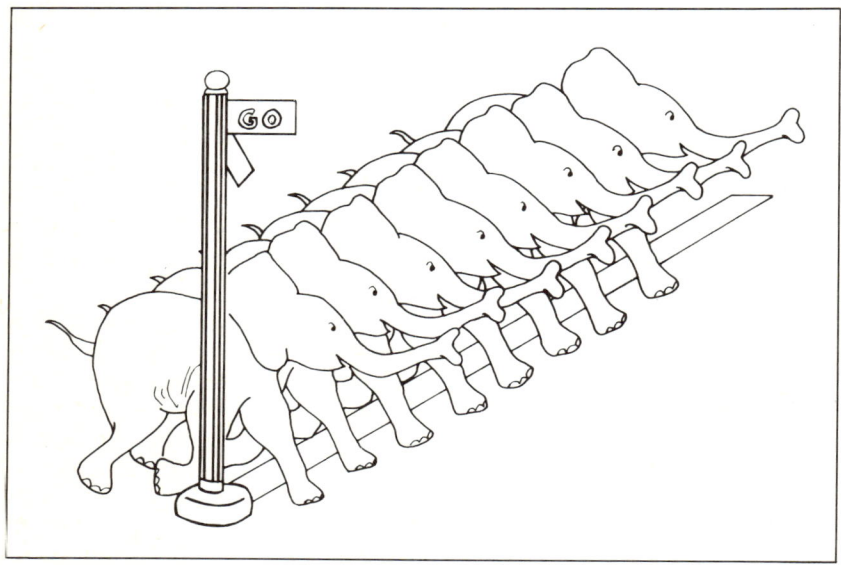

Abb. 1.1: Paralleler Datentransfer

In der Tat steht der kommerzielle Erfolg eines Mikrocomputers oft in direktem Zusammenhang mit der Effektivität, mit der er Daten zu und von den *Peripheriegeräten* wie Druckern, Bildschirmen, Sprachsynthesizern, Modems, Druckerpuffern usw. transportiert. Die Übermittlung von Daten von einem Computer zu einem Gerät außerhalb heißt *Ausgabe*. Dagegen werden die von einem externen Gerät in den Computer übermittelten Daten *Eingabe* genannt. Diese Prozesse werden gemeinhin als *Eingabe/Ausgabe* oder einfach als *E/A* bezeichnet.

DIE SCHNITTSTELLE

Sieht man die interne Umgebung eines Computers als angenehm an, so herrscht außerhalb des Computers Chaos. Vom Konstruktionsstandpunkt aus darf absolut nichts über die Umgebungsbedingungen, denen die Daten außerhalb der gastlichen Umgebung des Computers selbst ausgesetzt sind, angenommen werden. Das durch diese Situation vorgegebene Problem läßt sich einfach zusammenfassen: Wie können wir Daten aus einer Schaltung herausbekommen, die so empfindlich ist, daß das bloße Hinzufügen eines zusätzlichen Leitungsstücks oder selbst die Veränderung der Position vorhandener Leitungen das empfindliche elektrische Gleichgewicht, das zur Aufrechterhaltung der Operation erforderlich ist, durcheinanderbringen können? Wie können wir die empfindlichen Innereien unseres Computers gegen den wohlgemeinten Versuch, eine Türglocke oder einen Toaster mit einem Computer auszustatten, immunisieren? Mit anderen Worten: Wir müssen irgendwie sicherstellen, daß es schädlichen Ereignissen außerhalb des Computers nicht möglich ist, den Computerschaltungen Schaden zuzufügen. Wir brauchen eine *Schnittstelle* als Kontaktpunkt zwischen ungleichen Umgebungen. Da eine Schnittstelle eine Art „Tür" zu der Computerwelt ist, wird sie im Englischen manchmal als *I/O-Port* oder einfach als *Port* bezeichnet (Port heißt übersetzt Tor). Im Deutschen ist der Ausdruck *E/A-Anschluß* gebräuchlich.

Ein vertrautes Beispiel einer Schnittstelle ist die Übertragung elektrischer Energie zwischen unseren Häusern und der Elektrizitätsgesellschaft. Die Elektrizitätsgesellschaft transportiert elektrische Energie in Form extrem hoher Spannung. Es wäre unmöglich, 100 000 Volt in das Heim des Verbrauchers zu bringen, eine todsichere Methode, den Anschluß des Kunden zu zerstören. Deshalb müssen als erster Schritt vor dem Anschluß von Hausgeräten diese hohen Spannungen auf ein sicheres Niveau heruntertransformiert werden. Die Elektrizitätsgesellschaft stellt auch (zusammen mit den Stadtwerken) die Vorschriften für den privaten

Anschluß an das Stromnetz auf. Bevor der Strom angeschlossen werden kann, muß die Elektrizitätsgesellschaft das Baugrundstück untersuchen, um sicherzustellen, daß dessen Verkabelung mit der vorgegebenen Schnittstelle übereinstimmt. In diesem Beispiel dient die Schnittstelle einem dreifachen Zweck: Erstens verhindert sie Schaden an dem Verteilungssystem der Elektrizitätsgesellschaft; zweitens verhindert sie, daß der Verbraucher Schaden nimmt; drittens stellt sie eine vernünftige Kombination von Sicherheit und Brauchbarkeit dar.

Der Selbstschutz ist nur eins der Ziele jeder Schnittstelle; doch das höchste Ziel ist es, ein Medium für den Datentransfer zur Verfügung zu stellen. Der letzte Punkt, die Brauchbarkeit, ist auch wichtig. Wenn der Selbstschutz auf Kosten der Brauchbarkeit erreicht wird, wird die Schnittstelle weder günstig noch einladend sein. Es ist vergleichsweise leicht, eine Schaltung zu konstruieren, die nicht leicht durch externen Mißbrauch zerstört werden kann, aber es ist echtes Geschick erforderlich, um sie selbst für Uneingeweihte leicht handhabbar zu gestalten.

Sobald so eine Schnittstelle eingerichtet ist, ist der Datentransfer in die externe Umgebung möglich. Leider treten beinahe sofort neue Probleme auf. Das erste ist offensichtlich: Wenn die Daten über eine weite Entfernung übermittelt werden müssen, dann werden die Kosten für Leitungsmaterial bedeutend. Zum parallelen Datentransfer werden mindestens neun Leitungen benötigt, acht für die Datenbits, eine für die Betriebserde ('Masse'). Zur Kontrolle des Datenflusses innerhalb der Schnittstelle sind üblicherweise noch mehr Leitungen erforderlich. Jeder, der einmal ein vollständiges paralleles Schnittstellenkabel gebaut hat, wird bestätigen, daß das Hantieren mit seinen ca. 30 Leitungen teuer, lästig und umständlich ist. Ein anderes Problem im Zusammenhang mit dem parallelen Datentransfer liegt in der Natur des Verhältnisses Bit/Spannungen selbst. Wenn es von einem Eins-Zustand in einen Null-Zustand übergeht oder umgekehrt, so geschieht dies sehr schnell – in der Größenordnung von *Nanosekunden* (dem milliardsten Teil einer Sekunde). Diese Schnelligkeit des Übergangs selbst ist ein wesentlicher Teil des Prozesses des Datentransfers. Langsame Übergänge zwischen Null und Eins werden eben nicht als Daten erkannt. Leider ändern sich mit der zunehmenden Länge eines Kabels auch seine elektrischen Eigenschaften (Kapazität und Induktivität), wodurch die Geschwindigkeit des Übergangs, mit dem ein Bit zwischen Null und Eins wechseln kann, beschränkt und Datenverfälschung oder -verlust wahrscheinlich wird. Deswegen macht die für den parallelen Datentransfer typische Geschwindigkeit die Übertragung über lange Leitungen problematisch.

Diese beiden Nachteile des parallelen Datentransfers, Kosten und Datenverfälschung, schränken seinen Gebrauch auf einige wenige Peripheriegeräte (wie etwa Drucker) ein, die gewöhnlich in unmittelbarer Nähe des Computers benutzt werden oder mit sehr hoher Geschwindigkeit arbeiten müssen. Für den Datentransfer im Innern eines Computers bleibt dies jedoch die bevorzugte Methode, da keine langen Leitungen benötigt werden.

Eine robustere, weniger teure Methode des Datentransfers wird sicherlich benötigt. Um eine wettbewerbsfähige Alternative darzustellen, muß sie deshalb wesentliche Verbesserungen in bezug auf Kosten und Aufwand anbieten und gleichzeitig die Datensicherheit gewährleisten.

Die offensichtliche Alternative dazu, alle Bits gleichzeitig auf verschiedenen Leitungen zu senden, ist, sie einzeln ein Bit nach dem anderen zu übermitteln. Am empfangenden Ende wird dieser Prozeß wieder umgekehrt, und das ursprüngliche Byte wird mit den einzelnen Bits wieder aufgebaut. Weil nur ein einziges Bit auf einmal übertragen werden muß, können die Daten über einen einfachen elektrischen Schaltkreis übermittelt werden, der nur aus zwei Leitungen besteht. Diese Methode, bekannt als *serielle* Übertragung, reduziert den Aufwand und einen Großteil der Kosten der parallelen Technik.

Leider werden diese Einsparungen durch einen Verlust an Effizienz aufgehoben: Es dauert achtmal so lange, acht einzelne Bits eins nach dem anderen zu übermitteln, wie sie alle gleichzeitig parallel zu übertragen. Glücklicherweise erweist sich dieser Geschwindigkeitsverlust in den meisten Anwendungen nicht als wesentliche Beschränkung. Betrachten wir einige typische serielle Peripheriegeräte, so erkennen wir eine interessante gemeinsame Eigenschaft – sie sind alle naturgemäß langsam, jedenfalls im Vergleich zu der internen Arbeitsgeschwindigkeit eines Mikroprozessors. In jedem gehen einige zeitraubende, gewöhnlich mechanische Prozesse vor, die seine Geschwindigkeit ziemlich einschränken: Drucker sind eingeschränkt durch die Geschwindigkeit ihrer Druckköpfe, Modems durch die Frequenzbeschränkungen der Telefonleitungen und Plattenlaufwerke durch ihre geringe Rotationsgeschwindigkeit. So wird die dem Prozeß des parallelen Datentransfers zugehörige Geschwindigkeit bei solchen Peripheriegeräten zum großen Teil verschwendet. Die serielle Methode gestattet es deswegen, einen Teil der Geschwindigkeit zu opfern und trotzdem die Peripheriegeräte angemessen zu bedienen. In diesen Fällen ist der Verlust an Geschwindigkeit belanglos im Vergleich zu der erhöhten Zuverlässigkeit und dem größeren Übertragungsbereich.

STANDARDSCHNITTSTELLEN

Bis jetzt haben wir nur festgestellt, daß zwischen dem Computer und der Außenwelt eine Schnittstelle benötigt wird und daß diese die Daten seriell übertragen sollte. Aber da es immer verschiedene Wege gibt, irgendeinen Schaltkreis „korrekt" zu entwerfen, ist eine beliebige Anzahl völlig zweckmäßiger Schnittstellen für eine Anwendung möglich. In dieser Verschiedenartigkeit liegt ein grundlegendes Problem aller Schnittstellenschaltkreise: Kompatibilität mit anderen Schnittstellen. Ein kurzer Blick in die Vergangenheit ist hilfreich, dieses Problem zu verstehen.

Historisch gesehen war die serielle Datenschnittstelle ziemlich verschiedenartig. Viele der in diesem Buch berührten Ideen stammen direkt aus der Technologie des 19. Jahrhunderts. Daten wurden interkontinental seit 1866 übermittelt. Tatsächlich sind die Punkte und Striche des Morsecodes die Vorläufer der Nullen und Einsen, die heute im Computerdatenaustausch verwendet werden. Die wachsende Reife serieller Technologie und der wachsende Einsatz verschiedener Fernschreibgeräte führten unvermeidlich zu einem verwirrenden Angebot serieller Geräte, jedes mit seiner eigenen Schnittstelle. Aus elektronischer Sicht ist die Telegraphenleitung ein grobes Medium, das extrem tolerant ist gegenüber einer großen Vielfalt der elektrischen Eigenschaften der Geräte, die daran angeschlossen werden. Weil sie gegenüber Mißbrauch wenig empfindlich ist, konnten die Konstrukteure serieller Geräte getrost einige Feinheiten des elektrischen Entwurfs vernachlässigen. In einem gewissen Sinn gab es damals keine richtige Motivation, eine Standardschnittstelle zu entwickeln. Das allmähliche Eindringen der Computer in den Bereich der Kommunikation hat diesen Anstoß geliefert. Als die Computer in

Abb. 1.2: Serielle Datenübertragung

Erscheinung traten, war die Fernschreibertechnologie bereits ausgereift und wohldefiniert (obgleich primitiv), so daß es leicht einzusehen ist, warum sie natürlicherweise für Ein-/Ausgabegeräte übernommen wurden.

Wenn wir uns heute einen Computer vorstellen, so sehen wir eine Person an einer Tastatur und einem Bildschirm arbeiten. Aber die ersten Computer wurden nicht in dieser Art bedient; der größte Teil der Ein-/Ausgabe wurde über Lochkarten und Lochstreifen erledigt. Als Computer und ihre Betriebssysteme jedoch leistungsfähiger wurden, wurde es möglich, daß sie direkt mit Menschen in Kontakt traten. Teilnehmersysteme, bei denen mehrere Benutzer gleichzeitig an einen Computer angeschlossen sind, wurden üblich. Bald wurde es für die

Abb. 1.3: Mutter Bell wacht über potientielle Benutzer

Benutzer ökonomisch wünschenswert, Zugang zum Computer von *entfernten* Standorten zu haben. Kurze Entfernungen, ein paar hundert Meter, möglicherweise innerhalb des gleichen Gebäudes konnten durch die Hinzunahme zusätzlicher Leitungen überbrückt werden. Aber der Reiz des entfernten Zugangs verlockte, und Computeringenieure begannen, mit den Telefonleitungen sehnsüchtig zu liebäugeln. Schließlich hatte die Post fast überallhin Leitungen verlegt ... und das Beste war, sie waren billig zu mieten!

Aus Gründen, die wir in Kapitel 12 erörtern werden, „Anschluß von Modems", können Computerdaten nicht direkt in Telefonnetze eingespeist werden. Ein Übersetzungsgerät – das *Modem* – wird benötigt. Als die computerisierte Telekommunikation noch in den Kinderschuhen steckte, lieferte in den USA die Telefongesellschaft Bell das meiste der Ausrüstung zur Datenübertragung über ihre Leitungen. Bell übte natürlich eine strenge Kontrolle über die Modemschnittstelle aus. Aber als die Aktivitäten im Bereich der Telekommunikation schnell anstiegen und mehr und mehr unterschiedliche Arten an Ausrüstung auftraten, überprüfte Bell eingehend das Durcheinander der Ausrüstung, das die Computerindustrie an ihre Leitungen anzuschließen drohte. Die Firma Bell sah wenig, was ihr gefiel und viel, was ihrer Meinung nach die Dienstleistungen im Kommunikationsbereich gefährdete und komplizierte. Die Telefongesellschaften verboten, wie nicht anders zu erwarten war, den Anschluß der meisten dieser Geräte.

DER RS-232-C-SCHNITTSTELLENSTANDARD

Die Situation rief nach einem Standard, und dieser ließ nicht lange auf sich warten. 1969 wurde von der EIA (Electronic Industries Association), den Bell-Laboratorien und den Herstellern von Kommunikationsanlagen gemeinsam der EIA RS-232-Standard formuliert und herausgegeben, der kurze Zeit später kleineren Änderungen unterworfen wurde, um der RS-232-C-Standard zu werden. Eine Empfehlung für die Funktionen und elektrischen Eigenschaften von Schnittstellen wurde von der internationalen Standardorganisation, Consultative Commitee on International Telegraphy and Telephony (CCITT) herausgegeben. Diese Empfehlung erhielt die Bezeichnung V.24 und wurde 1972 überarbeitet und enthält seitdem nur noch die Liste der Schnittstellenleitungen. Die elektrischen Kennwerte der Schnittstellenleitungen sind in einer eigenen CCITT-Empfehlung, V.28, angegeben. V.24 und V.28 zusammen entsprechen RS-232-C bzw. der DIN 66020. Diese Zusammenhänge sind für uns sehr wichtig, wenn wir, wie in Kapitel 6 beschrieben und in den Fallstudien angewendet, die elektrischen Eigenschaften einer RS-232-C Schnittstelle ausnutzen wollen. So ist die Kurzschlußfestigkeit der Schnittstelle nicht in der Empfehlung V.24 definiert, da die elektrischen Kennwerte Gegenstand der Empfehlung V.28 sind. Nur eine Schnittstelle, die zu V.24 und V.28 oder zu DIN 66020 kompatibel ist, entspricht auch, zumindest für unsere Zwecke in diesem Buch, der RS-232-C-Schnittstelle. Damit Mikrocomputerbenutzer diesen ererbten Standard besser verstehen, muß noch einmal betont werden, daß die RS-232-C-Schnittstelle für einen einzigen Zweck entwickelt wurde, der unzweideutig durch seinen Titel beschrieben wird:

Interface Between Data Terminal Equipment and Data Communications Equipment Employing Serial Binary Data Interchange

(Schnittstelle zwischen Datenendeinrichtung und Datenübertragungseinrichtung zum Austausch serieller binärer Daten)

Jedes Wort in dem Titel ist wichtig: Er beschreibt die Schnittstelle zwischen einer *Datenendeinrichtung* (Data Terminal Equipment oder DTE) und einem *Modem* (Data Communication Equipment oder DCE) zur Übertragung serieller Daten. Das Dokument besteht aus vier Teilen.

Eigenschaften der elektrischen Signale Dieser Aspekt beschreibt das elektrische „Gesicht", das die Schnittstelle der Außenwelt zuwendet und von ihr erwartet. Die Spannungsniveaus zur Darstellung der logischen Null und Eins werden hier definiert.

Mechanische Eigenschaften der Schnittstelle (Verbindungselemente) Dieser Teil legt fest, daß die Schnittstelle aus einem Stecker und einer Steckdose besteht und daß die Steckdose auf der Seite des DCE sein muß. Die Numerierung der Anschlußstifte wird vorgenommen, aber es sollte erwähnt werden, daß das eigentliche Verbindungselement nicht spezifiziert wird. Der bekannte D-förmige DB-25-*Stecker*, heute fast gleichbedeutend mit seriellen Schnittstellen, kommt von einem anderen Standard her, dem ISO (International Standard Organization). Die Details dieses Steckers zeigt Abbildung 1.4.

Funktionale Beschreibung der Schnittstellenleitungen Dieser Abschnitt definiert und bezeichnet die Funktionen der benutzten elektrischen Signale. Hier ist zum Beispiel **SENDEDATEN** dem Stift 2 zugeordnet. Es gibt 21 solcher Definitionen, aber nur einige wenige von ihnen sind für Mikrocomputer von Bedeutung.

Standardschnittstellen für ausgewählte Kommunikationssystemkonfigurationen Dies sind Rezepte für übliche Arten von Modem/Terminal-Verbindungen.

WIE DER RS-232-C-STANDARD
AUF MIKROS ANGEWENDET WIRD

„Alles klar", sagen Sie, „dieser DCE/DTE-Kram ist schon prima, aber wo steht, wie ich mein RS-232-C-kompatibles Bandlaufwerk anschließe?" Es tut uns leid, nirgendwo. „Nun gut, aber wie steht es mit meinem RS-232-C-kompatiblen Drucker?" Nein, auch darüber nichts.

Tatsächlich wird der echte RS-232-C-Standard in der Welt der Mikro-computer weitgehend ignoriert und ist dort auch irrelevant. Außer wenn Sie ein „Bell kompatibles" Modem an ein konventionelles Terminal anzuschließen haben, wird Ihnen der Standard nicht viel helfen. Sie werden mit allem allein gelassen. Darüber hinaus findet ihn fast jeder, der in dem Standard nach expliziter Hilfe sucht, verwirrend, irreführend und erdrückend technisch. Wenn man ihn zur Unterstützung bei einem typi-schen Anschlußproblem – zum Beispiel beim Anschluß eines Druckers an einen Mikrocomputer – benutzt, wird man von Stiftnamen, die offensicht-lich weder mit einem Drucker noch mit einem Computer etwas zu tun haben, bombardiert: „ANKOMMENDER RUF" und „EMPFANGS-DATEN-KENNZEICHNUNG". Nachdem Sie alle Hoffnung aufgege-ben haben, in dem Standard selbst Sinn zu finden, wenden Sie sich an den Gerätehersteller und bitten um Aufklärung. Auch das wird nicht weiter-führen, sondern selbst sogenannte „Endbenutzer"-Handbücher wieder-holen die dunkle, abschreckende Terminologie des Standards.

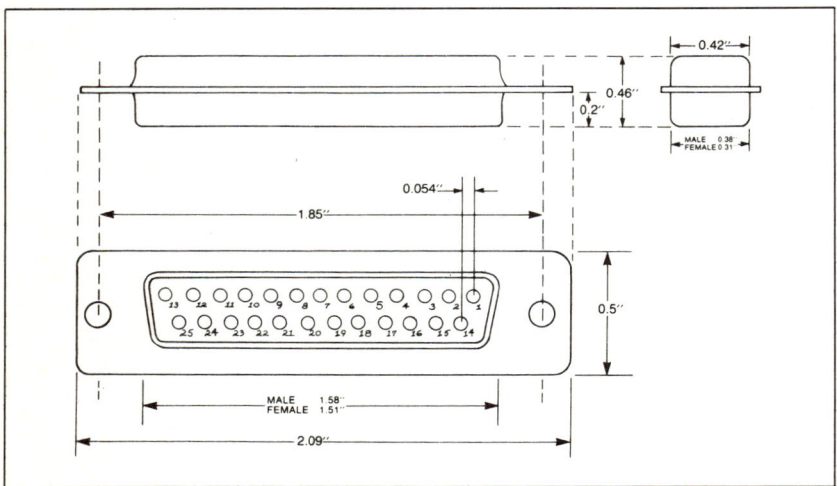

Abb. 1.4: Skizze eines DB-25-Steckers

Was geht denn hier vor? Dies ist nur ein Beispiel des alten Computer-Versteckspiels. Hardware- und Software-Ingenieure stehen auf entgegengesetzten Seiten eines Problems und zeigen anklagend aufeinander. Die Hardware-Hersteller möchten einerseits den werbenden Anspruch auf „RS-232-C-Kompatibilität" aufrechterhalten, geben aber auf der anderen Seite offen zu, daß die strikte Einhaltung des Standards auf Mikrocomputern nicht praktikabel ist. Unterdessen klagen Software-Autoren, daß sie den E/A-Teil ihrer Programme für jede Maschine neu anpassen müssen, aufgrund einer „unvollständigen oder nicht dem Standard entsprechenden Implementierung des RS-232-C-Standards". Überzeugende Argumente können für beide Seiten gebracht werden.

Abb. 1.5: Schnittstellenprobleme

Dieser Zustand der Verwirrung läßt sich direkt auf den Versuch zurückführen, einen komplizierten, hochspezialisierten Standard Anwendungen anzupassen, für die er niemals gedacht war. Aufgrund seiner Komplexität und des engen Bereichs von Geräten, für die er vorgesehen war, kommt die Benutzung des RS-232-C-Standards für gewöhnliche Mikrocomputer-Anschlußprobleme dem Schießen mit Kanonen auf Spatzen gleich.

Bevor Sie sich zu einem vorschnellen Urteil entschließen, müssen jedoch noch einige Dinge zur Verteidigung des vielverleumdeten Standards gesagt werden. Indem sie uns vor dem Ertrinken in einem Meer inkompatibler Schnittstellen rettet, ist die bloße Existenz irgendeines Standards in gewisser Weise ein Segen für die Mikrocomputerindustrie. Anstatt zu beklagen, daß die Hersteller gläubig an einem Standard, der allgemein als ungeeignet für die meisten Anwendungen betrachtet wird, festgehalten haben, sollten wir statt dessen begrüßen, daß sie uns davor gerettet haben, von einem Gewirr von Drähten zum Narren gehalten zu werden. Beachten Sie auch, daß strenge Standards häufig Erfindungen unterdrücken, so sehr sie auch Inkonsistenzen und Inkompatibilitäten ausräumen. Und nicht alle Standards haben das gewünschte Ergebnis. Beispiel sei der berüchtigte EIA-RS-234-C über die Messung der Leistung von Audio-Verstärkern. Naturgemäß irreführend und häufig von der Herstellerwerbung mißbraucht, wurde die Benutzung dieses Standards in der Verbraucherwerbung der USA von der Federal Trade Commission eingeschränkt.

Man macht es sich zu leicht, wenn man beklagt, daß die Computerhersteller den RS-232-C-Standard mißbraucht haben. Diese Sichtweise ist unnötig hart. Aus dem Mangel eines formalen, explizit für den allgemeinen Zweck serieller Schnittstellen entworfenen Standards heraus hätten diese Hersteller leicht den von anderen Industrien gewählten Weg gehen können, nämlich indem jeder seine eigene *Minimal*-Schnittstelle implementiert. In der Tat ist bei billigen Heimcomputern genau dies geschehen. Andererseits ist bei der Mehrheit seriöser Mikrocomputerhersteller tatsächlich das Gegenteil eingetreten: Sie haben sich für die relativ komplizierte RS-232-C-Schnittstelle entschieden, in Fällen, in

---

Zögen wir es denn vor, solange noch kein allgemeiner Standard zum Anschluß serieller Geräte existiert, daß jeder Hersteller sich seinen eigenen austüftelte? Sollte der Hersteller eines 15 000 DM-Mikros (oder auch 300 DM-Mikros) wirklich dafür kritisiert werden, daß die serielle Schnittstelle, von der er erwartet, daß sie ihr Leben damit verbringen wird, einen „Type ’n Talk“ zu bedienen, nicht vollständig den RS-232-C-Standard implementiert, oder daß sie Anschlußstifte benutzt, die nicht im Standard definiert sind? Früher oder später müssen wir dieses kindische Klagegeschrei abbrechen und es schaffen, daß alle übereinkommen, welche der Anschlußstifte für die meisten üblichen Operationen nun benötigt werden. Wir sollten ein paar Anschlußstifte für die Unbelehrbaren freilassen, damit sie damit glücklich werden können. Falls dies erreicht werden könnte, würde eine Atmosphäre von Vernunft und Einfachheit auf den Gegenstand herabsinken und viele übliche Anschlußprobleme würden verschwinden.

---

denen auch eine weniger hoch entwickelte (und weniger teure) genügt hätte.

Wie dem auch sei, der RS-232-C-Standard wird von den meisten größeren Computerherstellern verwendet. Und er wird wahrscheinlich nicht verschwinden. Selbst wenn der Vater, der RS-232-C, stirbt, werden seine Kinder in Form von RS-232-C-kompatiblen Geräten für immer gegenwärtig sein. Darum hat sich die EIA mit den neuen seriellen Standards RS-422-A und RS-423-A beschäftigt.

Wir werden deshalb wenig Zeit für Erklärungen verwenden, wie im Sinne der EIA Modems und Bildschirme logisch richtig anzuschließen sind. Solcher Stoff gehört in ein anderes Buch. Aber da der EIA-Standard tatsächlich die Schnittstelle *definiert*, werden wir nicht zögern, uns darauf zu beziehen. Doch unsere Hauptaufgabe wird immer sein, aus dem RS-232-C-Standard nur die Details herauszulösen, die uns beim Verständnis der Schnittstellen helfen, die man auf typischen Mikrocomputern und Peripheriegeräten implementiert findet. Praktisch *ist* dieser allgegenwärtige D-förmige Stecker an Ihrem Computer die RS-232-C-Schnittstelle. Sie sollten dazu das gleiche Verhältnis wie zu einem Standardschraubengewinde oder vielleicht einer elektrischen Steckdose bekommen. Daß der Stecker irgendwann früher aus einem anderen Grund auf einem anderen Gerät zu einem anderen Zweck benutzt wurde, hat für uns keine Bedeutung.

In diesem Buch verwenden wir einen durch und durch praktischen Ansatz zur Übermittlung der Daten über die Schnittstelle. Wir werden die Daten selbst weitgehend außer acht lassen, also kümmern Sie sich nicht darum, daß Sie vielleicht nicht die blasseste Ahnung haben, woraus die Daten bestehen oder wie sie nun tatsächlich übermittelt oder empfangen werden. Wir sind nur an dem interessiert, was für die Funktion der Schnittstelle notwendig ist, wie die Leitungen verbunden werden sollten und was geschieht, wenn sie es nicht sind. Aus Gründen der Bequemlichkeit tun wir so, als wenn sich die Daten wie durch Zauberei über die Schnittstelle bewegten, falls nur die Leitungen richtig angeschlossen sind. Mit anderen Worten: Wir behandeln die Aufgabe der Datenübermittlung so, als wenn wir eine Kette von sich langsam bewegenden Elefanten über eine Zugbrücke brächten – der erste Schritt ist es, die Brücke herunterzulassen.

Schnittstellengrundlagen

2

In ihrer einfachsten Form besteht die RS-232-C-Schnittstelle aus nur zwei Leitungen, eine, um Daten zu transportieren, plus eine für die *Betriebserde*. Die Betriebserde hat allerdings absolut nichts mit Erde oder Null zu tun. Sie ist nur die absolute Referenzspannung für alle Schaltkreise der Schnittstelle, der Punkt in dem Schaltkreis, von dem alle Spannungen gemessen werden. Das Konzept der Betriebserde ist bekannterweise verwirrend, auch für Leute, die gewöhnt sind, elektronische Schaltungen zu analysieren. Wir wollen solche beiläufigen Ideen nicht in unseren Weg des Verständnisses, wie man die Schnittstelle in Gang setzt, einfließen lassen. Das einzige, woran wir denken müssen, ist, daß diese Verbindung zwischen den Anschlußstiften 7 bei *jedem* RS-232-C-Stecker hergestellt werden *muß*, egal wie einfach oder komplex die Verbindung ist. Dies ist eine der wenigen wahren Grundregeln – stellen Sie die Verbindung her, und vergessen Sie sie.

In dem Beispiel in Abbildung 2.1 beginnen wir mit einem Blick auf ein typisches DTE-Gerät, ein einfaches Bildschirmgerät, das aus einer Tastatur und einem Bildschirm besteht. (Der Unterschied zwischen einem DTE- und einem DCE-Gerät wird bald deutlich werden.) Die Nummern in den Kästchen beziehen sich auf die Nummern der Stifte in dem Stecker.

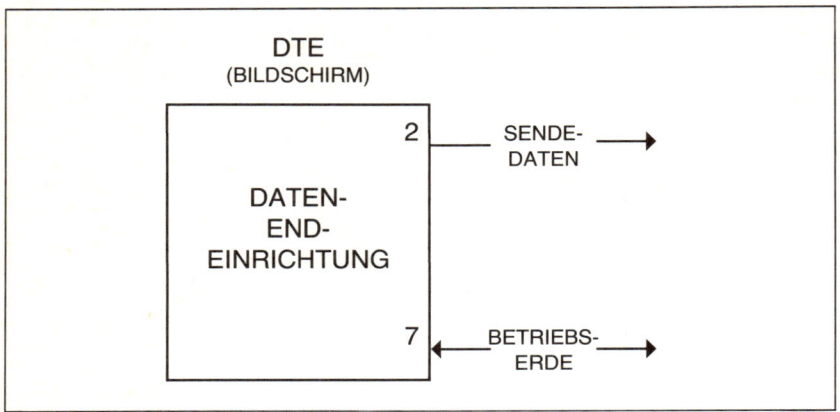

Abb. 2.1: Ein DTE-Gerät

Wenn Sie zuerst die Bezeichnung **SENDEDATEN** lesen, werden Sie möglicherweise unsicher, weil „Senden" vorher nicht definiert worden ist. Geschieht das Senden elektrisch? Geschieht es elektromagnetisch? Wie Sie den Prozeß sehen, ist wirklich nicht von Bedeutung. Das *intuitive* Verständnis der meisten Menschen von diesen Begriffen ist ausreichend, fühlen Sie sich daher frei beim Aufbau Ihres eigenen Modells, und verwenden Sie Ihre eigenen Vokabeln. Sie ziehen es zum Beispiel möglicherweise vor, sich das Senden/Empfangen als „Erzeugen/Aufdecken" oder als „Verursachen/Beenden" vorzustellen. Sie können sich sogar vorstellen, daß austretende Signale aus dem Sender „herauskommen", während eintretende Signale in den Empfänger „hineingehen".

Für eine Schnittstelle braucht man zwei Geräte: Die Existenz gesendeter Daten impliziert das Vorhandensein eines anderen Geräts zum Empfang der gesendeten Daten. In Abbildung 2.2 nehmen wir an, daß dieses Gerät das ursprüngliche DCE-Gerät, ein Modem ist. Sehen Sie sich das Diagramm genau an – die gesendeten Daten kommen aus Stift 2 des DTE-Geräts *heraus* und gehen in Stift 2 des DCE-Geräts *hinein*. Wenn die gesendeten Daten an einem Stift des DCE-Geräts ankommen, ist es vernünftig, anzunehmen, daß das DCE-Gerät deshalb dieselben Daten *empfangen* muß. Dann gehört die Markierung **SENDEDATEN** nicht zwischen die Geräte: Ob die Daten gesendet oder empfangen werden, hängt ganz davon ab, von welchem Gerät aus Sie gucken. Um diese Beziehung klarer darzustellen, wollen wir vorübergehend die Markierungen *in* die Kästchen schreiben, die die Geräte darstellen, wie Abbildung 2.3 zeigt.

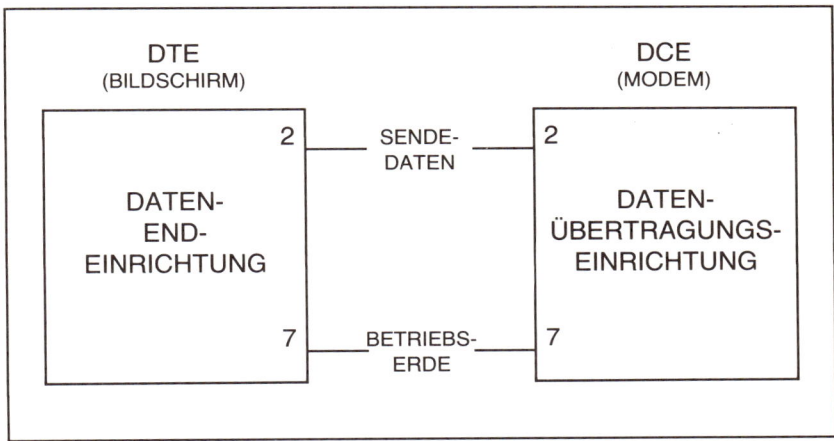

Abb. 2.2: Die Verbindung zwischen einem DTE- und einem DCE-Gerät

So werden Daten an Stift 2 des DTE gesendet, während dieselben Daten an Stift 2 eines DCE empfangene Daten sind. Von hier an bezeichnen wir mit Ausgabe ein ausgehendes (geschicktes) Signal und mit Eingabe ein eingehendes (empfangenes) Signal. *Signal* ist ein allgemeiner Begriff, der grob *jegliche* elektrische Aktivität in der Schnittstelle beschreibt.

Wie in dem vorigen Beispiel werden die Bezeichnungen für Eingabesignale in Kleinbuchstaben und mit einem Fragezeichen gekennzeichnet, während die Bezeichnungen für Ausgabesignale in Großbuchstaben geschrieben und mit einem Ausrufezeichen gekennzeichnet werden. Diese Terminologie erleichtert es, ein anschauliches Bild von dem aufrechtzuerhalten, was tatsächlich passiert, und hilft, Mehrdeutigkeiten bei der Beschreibung der Richtung des Datenaustausches zu vermeiden. Wenn im *Text* (im Gegensatz zu einem Diagramm) der gesamte Name verwendet wird, werden wir ihn weiterhin ganz in Großbuchstaben schreiben. Denken Sie daran, daß das Fragezeichen und das Ausrufezeichen zusammen mit der Groß- und Kleinschreibübereinkunft speziell für dieses Buch erfunden wurden und nicht Teil irgendeines Standards sind oder sich etwa in allgemeinem Gebrauch befinden.

BIDIREKTIONALE DATEN

Unser hypothetisches Bildschirmterminal überträgt Zeichen, die auf seiner Tastatur eingegeben wurden. Ein Modem empfängt diese Zeichen und sendet sie weiter auf der Telefonleitung. Bildschirme und Modems

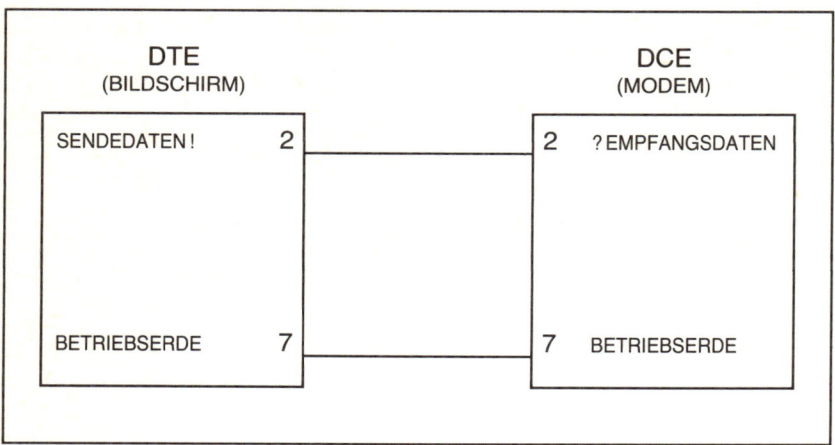

Abb. 2.3: Ein DTE- und ein DCE-Gerät; beide zusammen ein sich ergänzendes Paar

sind jedoch nicht üblicherweise Einweggeräte – jedes kann auch die entgegengesetzte Funktion ausführen. Zum Beispiel holen Modems üblicherweise Zeichen von der Telefonleitung und geben sie zum Bildschirm aus. Ähnlich empfängt das Bildschirmgerät die Zeichen, die vom Modem ausgegeben werden, und stellt sie auf dem Bildschirm dar. Unsere beiden Beispielgeräte müssen deswegen in der Lage sein, *sowohl* zu übertragen *als auch* zu empfangen. Wir wollen diese beiden neuen Funktionen in unserer Abbildung 2.4 ergänzen.

In diesem Beispiel ist der Datenfluß ein Austausch zwischen den beiden Geräten in beiden Richtungen. Dies ist das direkte Analogon zu der Verbindung von zwei Telefonen in Abbildung 2.5.

Nun wird es Zeit, das Versprechen einzulösen, die Unterschiede zwischen DTE- und DCE-Geräten zu nennen. Hier sind sie:

DTEs senden auf Anschlußstift 2 und empfangen auf Anschlußstift 3.
DCEs senden auf Anschlußstift 3 und empfangen auf Anschlußstift 2.

Komplizierte Begriffe werden häufig zu stark vereinfacht, um grundlegende Beziehungen darzustellen... dies ist hier nicht der Fall. Es ist wirklich so einfach! Egal, wie gut ausgearbeitet die Schnittstelle sonst noch ist, wie viele Leitungen einbezogen sind oder wie hoch entwickelt die angeschlossene Ausrüstung ist, Ihre Analyse des Anschlußproblems wird immer mit der Bestimmung des Datenflusses an den Anschlußstiften 2 und 3 beginnen.

(In späteren Standards für die serielle Übermittlung spricht die EIA bei DTE von Data *Terminating* Equipment (Datenendeinrichtung). Die Absicht hier ist, daß ein DCE irgendein Gerät ist, das Daten weiterleitet, während ein DTE-Gerät eine Endstation für die Daten darstellt. Da er beides sein kann, paßt ein Computer in keine dieser Kategorien.)

AUSTAUSCH VON SYNCHRONISATIONSSIGNALEN – HANDSHAKING

Wenn die Dinge so einfach sind, mögen Sie fragen, warum sind da 21 Leitungen? Warum hat ein so einfacher Gegenstand so viele kluge Leute für so lange Zeit durcheinandergebracht? Sicher wird ein ganzes Buch über ein so einfaches Thema nicht benötigt. Für ein sicheres Verständnis, wie der Mikrocomputer die Schnittstelle benutzt, bedarf es noch mehr. Aber nicht viel mehr. Es bleibt nur noch der einfache Punkt der *interaktiven Gerätesteuerung.* Diese verwirrend klingende Bezeichnung wird im Englischen im allgemeinen durch den weniger schweren (und bezüglich seiner Funktion erheblich vielsagenderen Ausdruck) *Handshaking* bezeichnet. Handshaking ist der Weg, bei dem durch den Austausch von Synchronisationssignalen der Datenfluß durch die Schnittstelle reguliert und kontrolliert wird. Wir werden im folgenden auch im Deutschen den Begriff Handshaking beibehalten.

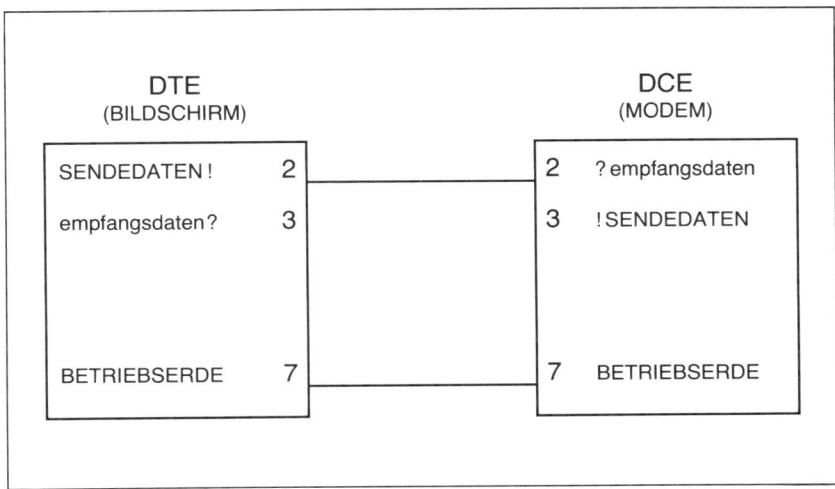

Abb. 2.4: Daten können in beide Richtungen fließen

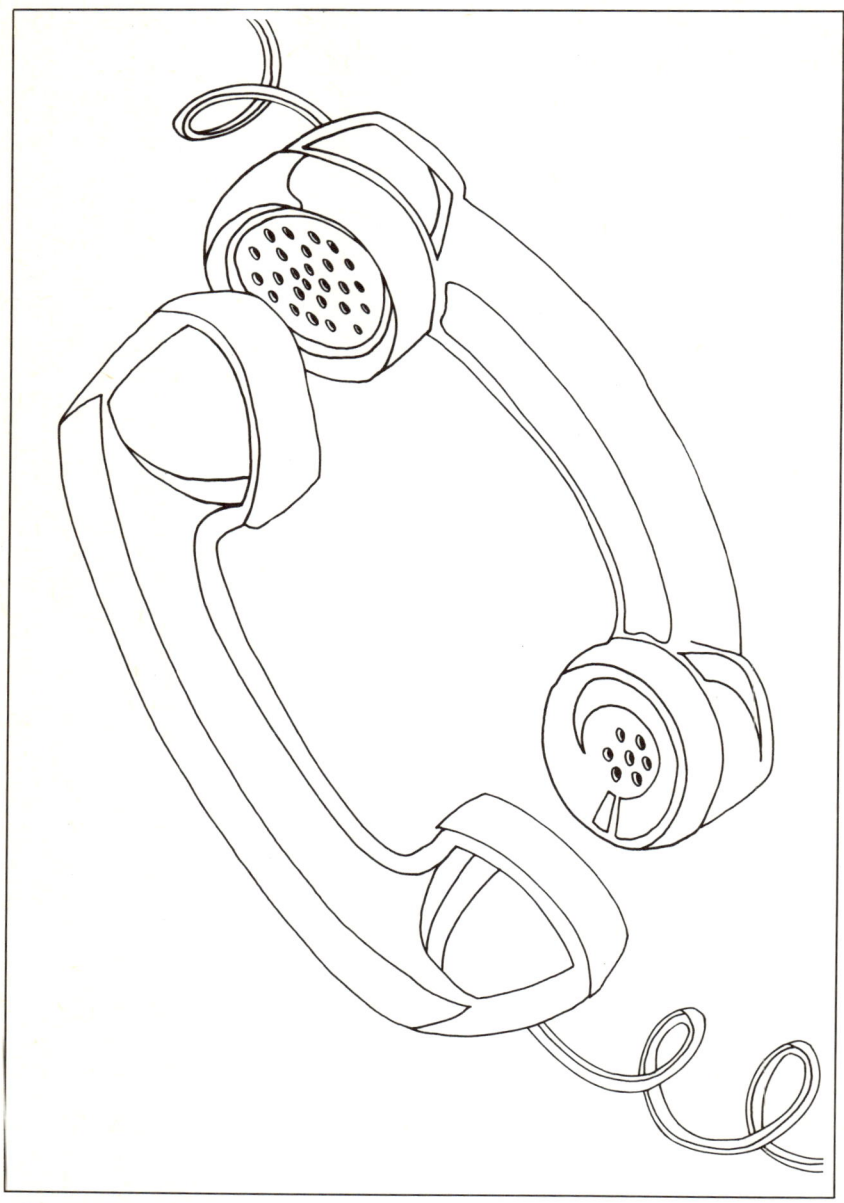

Abb. 2.5: Die Sprechmuschel des einen Telefons „hört" den Lautsprecher des anderen

Obwohl wir zwei verschiedene Arten von Handshaking herausarbeiten und darstellen wollen – *Softwarehandshaking* und *Hardwarehandshaking* – werden wir unser Augenmerk im wesentlichen auf Hardwarehandshaking lenken. Zum Zwecke des Vergleichs wird jedoch hier eine oberflächliche Darstellung des Softwarehandshakings benötigt.

Softwarehandshaking liegt vor, wenn ein Gerät die Kontrolle über ein anderes durch den *Inhalt* der Daten ausübt. Eine Art, einen Drucker zu steuern, ist zum Beispiel, daß der Computer seine Zeichen Zeile für Zeile sendet. Hinter jeder Zeile fügt der Computer automatisch ein Zeichen ein, mit dem er dem Drucker sagt „Dies ist das Ende der Zeile ... Ich warte auf dein Signal, die nächste Zeile zu senden." Der Drucker nimmt die Zeile an, druckt sie und sendet dann ein Zeichen zurück zum Computer mit der Bedeutung „Ich bin bereit für eine weitere Zeile." Dies ist ein einfacher Weg, einen Drucker zu steuern, aber nicht alle Drucker sind in der Lage, solche *Steuerzeichen* in dem Datenstrom zu erkennen oder auf sie zu antworten.

Beim Hardwarehandshaking arbeiten wir im Gegensatz dazu auf einer grundlegenderen Ebene, auf der ein Drucker tatsächlich den Computer zwingen kann, mit dem Senden von Zeichen einzuhalten, indem er die Spannung auf einer Leitung verändert. Dies löst Verständigungsprobleme auf der untersten Hardware-/Mechanikebene – nämlich mit Leitungen und Spannungen anstatt mit Programmen und Codierungen. Der Nachteil dieser Art der Synchronisation ist, daß sie nur dort benutzt werden kann, wo Geräte physikalisch durch ein Kabel verbunden werden können. Dies macht sie ungeeignet für die Benutzung mit Modems. Abbildung 2.6 gibt dies schematisch wieder.

Diese Abbildung zeigt eine bedeutende Unterscheidung auf zwischen den verschiedenen Arten von Signalen der Schnittstelle: *Datensignale* und *Steuerungssignale*. Für unsere Zwecke sind Datensignale ganz einfach die Anschlußstifte, die tatsächlich Daten übermitteln und empfangen, während alle anderen Signale Steuerungssignale sind.

Das von dem Computer eingefügte Zeichen ist üblicherweise das ASCII-Zeichen END OF TEXT (Nummer 3 Control-D) oder ETX, zu deutsch: „Ende des Textes". Wenn das Empfangsgerät zur Aufnahme weiterer Daten bereit ist, ist das Zeichen, das es an den Computer zurückschickt, das ASCII-Zeichen ACKNOWLEDGE (Nummer 6, Control-F) oder ACK, zu deutsch: „Bestätigung". Diese Form des Softwarehandshakings ist deshalb als ETX/ACK-Protokoll bekannt.

Lassen Sie uns zu Abbildung 2.6 noch ein konkretes Beispiel der Synchronisation hinzufügen, um das Konzept zu veranschaulichen. Unterstellen wir, daß Ihr Modem vom dem Typ ist, der automatisch auf einen Telefonanruf antwortet. Nehmen wir weiterhin an, daß es an Ihre Telefonleitung zu Hause angeschlossen ist. Falls Ihre Freunde anrufen, während Ihr Modem eingeschaltet ist, werden sie durch die gräßlichen Töne begrüßt, die Modems produzieren. Sie brauchen eine Lösung, die verhindert, daß Ihr Modem auf Anrufe reagiert, es sei denn, Sie sitzen an Ihrem Computer und sind bereit, auf den Anruf zu reagieren. Ihr Modem muß den Zustand Ihres Computers ständig beobachten und entsprechend reagieren. Das ist Handshaking. Betrachten wir Abbildung 2.7, um zu sehen, wie dies erreicht werden kann.

In diesem Beispiel ist die Spannung am Anschlußstift 20 null Volt, wenn die Stromversorgung des Terminals ausgeschaltet ist. Diese Null-Volt-Spannung wird durch das Schnittstellenkabel auf den Anschlußstift 20 des Modems übertragen. Es entspricht völlig dem Standard, daß ein Modem absolut nichts tut, bis es eine positive Spannung größer als 3 Volt an dem Anschlußstift 20 entdeckt. Auf diese Weise – dank der 0 Volt am Anschlußstift 20 - wird das Modem in unserem Beispiel von jeder Handlung zurückgehalten. Das Bildschirmgerät ist nun intern so verdrahtet, daß das Einschalten genügt, um automatisch eine große Spannung (sagen wir 12 Volt) an dem Anschlußstift 20 erscheinen zu lassen. Diese Spannung wird durch das Kabel zum Anschlußstift 20 des Modems geleitet. Wenn die Schnittstelle des Modems diese Spannung entdeckt, wird seine Schaltung aktiviert, wodurch seine normale Funktion gewährleistet ist.

Beachten Sie, daß aus der Sicht eines DTE-Geräts Anschlußstift 20 ein **Ausgabe**stift (d.h. erzeugt Signale), aber aus der Sicht des DCE ein **Eingabe**stift (d.h. erkennt Signale) ist. Dies ist eine Erweiterung des Konzepts unserer Sicht, die wir über gesendete und empfangene Daten entwickelt haben. Um Verwirrung zu vermeiden, werden Anschlüsse und Signale durch Übereinkunft aus der Sicht des DTE-Geräts benannt und erläutert. Das bedeutet, daß sich jede Erwähnung von **SENDE-DATEN**, solange es nicht explizit anders angegeben wird, auf das Signal am Anschlußstift 2 bezieht; umgekehrt wird von Anschlußstift 2 angenommen, daß er standardmäßig **SENDEDATEN** überträgt. Unsere schematische Darstellung von Eingaben und Ausgaben als ! und ? zusammen mit der Groß- und Kleinschreibung soll helfen, die Sichtweise klarzuhalten.

Diese Grundhandlung, Ausgabe an Eingabe, ist alles, was es mit dem Handshaking auf sich hat. Es gibt im allgemeinen in einer Schnittstelle

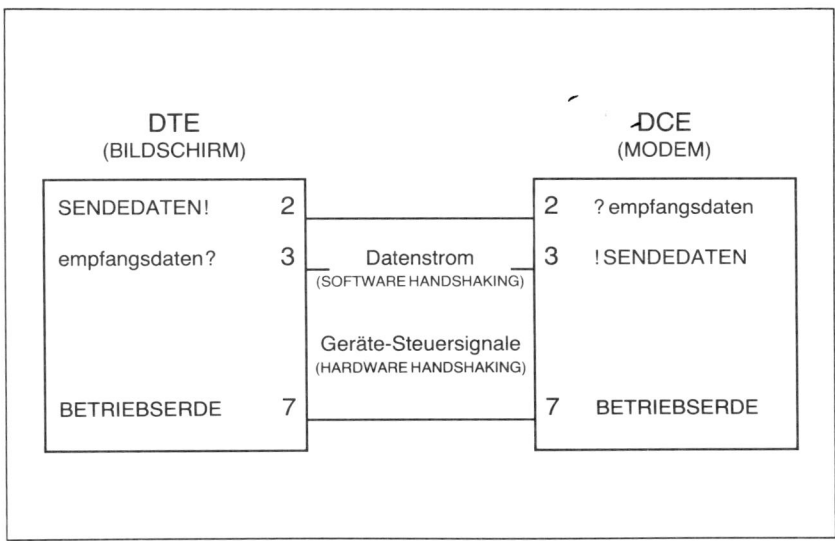

Abb. 2.6: Steuersignale übertragen keine Daten

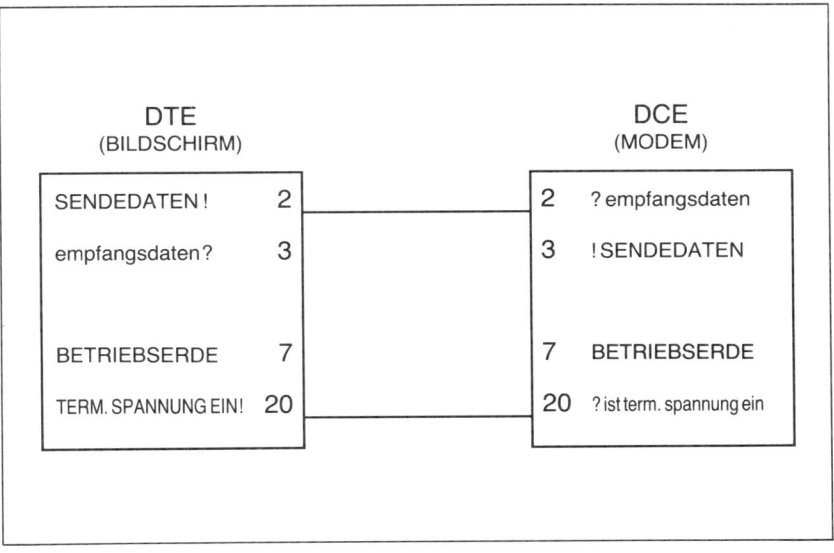

Abb. 2.7: Modems antworten nicht, bis das angeschlossene Gerät eingeschaltet wird

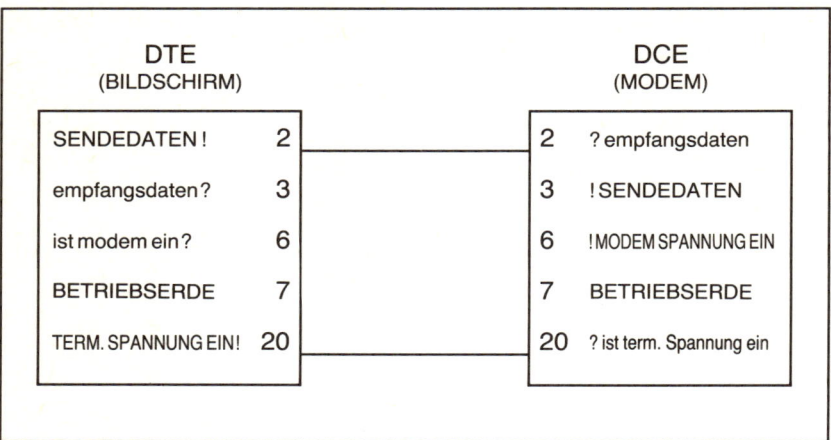

Abb. 2.8: Ein anderes Eingabe-/Ausgabepaar für „Handshaking"

zwei oder drei solcher Eingabe-/Ausgabepaare, die einem Gerät erlauben, mit dem anderen zu „sprechen". Das Gespräch zwischen Geräten ist auch nicht auf eine Richtung beschränkt. Wie Abbildung 2.8 zeigt, könnten wir mit demselben Handshakingschema auch das Bildschirmgerät informieren, daß das Modem eingeschaltet ist.

Dieser zusätzliche Austausch von Synchronisationssignalen zwischen den 6er Stiften ist in der Funktionsweise identisch zu dem zwischen den 20er Stiften: Das Signal eines Ausgabestifts wird von der Eingabe des anderen Geräts erkannt. Der einzige Unterschied ist, daß die Ausgabe (!) an dem DCE-Gerät erzeugt wird, während die Eingabe (?) auf dem DTE-Gerät stattfindet.

Der Austausch von Synchronisationssignalen zwischen Modem und Bildschirm beim Einschalten, so wie wir ihn bis jetzt erläutert haben, entspricht zufällig der in dem RS-232-C-Standard beschriebenen Anschlußtechnik. Wie wir jedoch wiederholt beobachtet haben, gibt es in der Praxis keine Garantie, daß Ihr Modem und/oder Ihr Bildschirm irgendeins oder alle dieser Handshakingmerkmale aufweist. Die Hersteller Ihrer Ausrüstung können beliebig entscheiden, etwas von dem Standardhandshaking anzuwenden, überhaupt kein Handshaking zu verwenden oder ihr eigenes Schema zu erfinden.

Obwohl die Vereinbarungen über Mikrocomputerschnittstellen sonst wenig Ähnlichkeit mit dem offiziellen RS-232-C-Standard haben mögen,

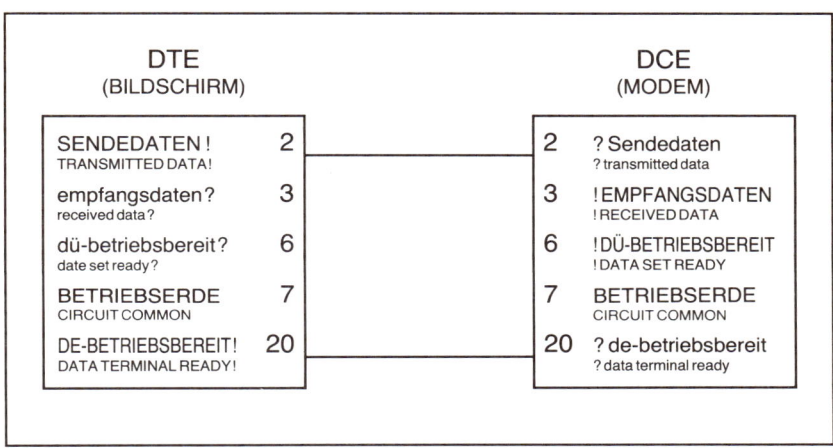

Abb. 2.9: Die Stiftbezeichnungen sind für DTE und DCE gleich

sind die in dem Standard für Daten- und Handshakingsignale verwendeten Namen gebräuchlich und tauchen in der gesamten Literatur über dieses Thema auf. Lassen Sie uns nun diese gängigen Namen zur Veranschaulichung gebrauchen. Erinnern Sie sich, daß „Data set" im amerikanischen Sprachgebrauch nur ein anderer Name für ein Modem ist.

Zusätzlich zu seinem offiziellen Namen hat jedes Signal eine inoffizielle Abkürzung, wie unten gezeigt wird.

TRANSMITTED DATA (Sendedaten)   = TxD (auch TD)
RECEIVED DATA (Empfangsdaten)   = RxD (auch RD)
DATA TERMINAL READY   = DTR
(DE-Einrichtung betriebsbereit)
DATA SET READY   = DSR
(DÜ-Einrichtung betriebsbereit)

In Abbildung 2.9 sehen Sie, wie unsere Schnittstelle mit den offiziellen Namen aussieht. Beachten Sie, daß die Namen der Eingaben und Ausgaben für *beide* Geräte dieselben sind.

Zum Diagramm in Abbildung 2.9 ist ein bedeutender Wechsel eingetreten. Haben Sie ihn bemerkt? Die Namen des Signals *und* seiner Stiftnummern sind für DCE und DTE *exakt* dieselben. In ihrer Funktionsind sie jedoch genau entgegengesetzt, eine Ausgabe auf dem DTE ist eine Eingabe auf dem DCE (und umgekehrt), aber der Name oder die

Stiftnummer ändern sich nicht. Stift 2 des Modems wird offiziell **TRANSMITTED DATA (SENDEDATEN)** genannt, obwohl er in Wirklichkeit von dem DTE Daten *empfängt*; das einzige, das ihn als Eingabe identifiziert, ist unsere Verwendung des Fragezeichens.

Dies kann nicht oft genug wiederholt werden, deshalb denken Sie über die Beziehungen nach, und prägen Sie sie sich ein. Viele finden diese Doppelrolle der Stifte und Namen verwirrend. Tatsächlich ist das Mißverständnis dieser Beziehung für einen Großteil der Verwirrung, die die RS-232-C-Schnittstelle betrifft, verantwortlich. Es ist hilfreich, zu wissen, daß ein einfaches Kabel alle notwendigen Eingabe/Ausgabe- und Ausgabe/Eingabe-Verbindungen herstellt, solange es darum geht, DTEs an DCEs anzuschließen. Trotzdem kann die Existenz von Stiften mit identischen Nummern und identischen Namen ein beachtliches Durcheinander verursachen.

Solange Sie komplementäre Geräte anschließen, erscheint alles *noch* einfach. Aber betrachten wir kurz (ohne uns bei dem Thema jetzt aufzuhalten) die Verbindungen zwischen zwei Geräten desselben Typs, auch als Geräte desselben „Geschlechts" bezeichnet. Nehmen Sie an, der serielle Anschluß Ihres Computers ist als DCE konfiguriert (sendet an Stift 2), aber Sie möchten ein Modem anschließen, das ebenfalls als DCE konfiguriert ist. Nun versuchen beide Geräte, auf derselben Leitung zu senden, empfangen auf derselben Leitung und ihr Einschalthandshaking ist verkehrt.

Fügen Sie zu dieser Situation einige exzentrische Übereinkünfte hinzu und Sie finden sich selbst beim „232-Tango" wieder, getanzt nach der Melodie „Alles ist erlaubt". Zu diesem Zweck, dem nichtstandardgemäßen Anschließen von Geräten desselben Typs, müssen Sie versuchen, in Funktionsbegriffen und nicht in Namen oder Stiftnamen zu denken. Die Namen und Nummern verändern sich, aber die Funktionen nicht. Zur Verdeutlichung kehren wir von Zeit zu Zeit zu diesem Punkt zurück.

In früheren Beispielen haben wir in den Diagrammen für die Geräte die Funktionsnamen der Stifte eingesetzt, zum Beispiel „Ist Modem an?". Nun, wenn die Namen für beide Geräte dieselben sind, können wir ebensogut die Dinge vereinfachen, indem wir die Namen wieder *zwischen* die Geräte setzen, wie Abbildung 2.10 zeigt.

RS-232-C-„KOMPATIBILITÄT"

Während einige Signale der RS-232-C-Schnittstelle fast allgemeingültig auf Mikrocomputern implementiert sind, werden andere ziemlich frei ohne Rücksicht auf irgendeine eingebürgerte Praxis angewendet. Bevor wir fortfahren, wird es hilfreich sein, genau aufzuzählen, was von irgendeinem Gerät erwartet werden kann, das von sich beansprucht, „RS-232-C-kompatibel" zu sein.

Bereiche der RS-232-C-Kompatibilität

Die vorgeschriebenen elektrischen Eigenschaften (Spannungen usw.) der Schnittstelle werden notwendigerweise streng beachtet. Falls ein Gerät von sich beansprucht, „RS-232-C-kompatibel" zu sein, bedeutet dies, daß Sie es ohne Beschädigung oder Zerstörung an ein anderes solches „kompatibles" Gerät anschließen können. Dies garantiert, daß sie sich elektrisch angleichen, um den Austausch von Daten zu gestatten.

Die Spannungspegel für Null und Eins entsprechen den im Standard beschriebenen. Die Spannungs-/Logikdefinitionen sind für Daten- und Steuersignale verschieden, so daß die Benutzung von 0 und 1 tatsächlich zu Mißverständnissen führen kann. Der Unterschied wird ausführlich in Kapitel 5 diskutiert werden, in der Zwischenzeit sei Ihnen geraten, die natürliche Neigung in Ausdrücken von logischen Werten zu denken, zurückzustellen. Um jede Unsicherheit im Bereich der Logik zu vermeiden, werden wir bei Eingabesteuerleitungen immer entweder von *freigegeben* (das heißt eingeschaltet) oder *gesperrt* (ausgeschaltet) sprechen. Ausgabesteuersignale sind *gesetzt*, wenn sie aktiviert wurden und *unterdrückt*, falls sie deaktiviert wurden.

Stecker und Buchsen passen wahrscheinlich zusammen. Diese Ausdrücke – Stecker und Buchse – scheinen eine Quelle ewiger Verwirrung zu sein. Verbindungselemente mit Stiften sind männlich, solche mit Löchern sind weiblich. Die Existenz von Stiften oder Löchern bestimmt den Typ des Verbindungselements, *nicht* welches Steckergehäuse in das andere hineinpaßt. Stifte sind immer so in dem Stecker versenkt, daß der Benutzer vor gefährlichen Spannungen, die möglicherweise anliegen, geschützt ist. So paßt zum Beispiel der weibliche DB-25-Stecker (der mit den Löchern) *in* den männlichen Stecker.

Obwohl die Stiftbelegungen in dem Standard beschrieben werden, gilt dies für die Stecker selbst nicht. Der D-förmige DB-25-Stecker ist jedoch zu einem *Ad hoc-Standard* geworden. Theoretisch ist es möglich, daß ein Hersteller einen nichtstandardgemäßen oder sogar maßangefertigten Stecker verwendet und noch den Anspruch auf RS-232-C-Kompatibilität erhebt. Der Otrona Attaché-Computer zum Beispiel verwendet einen Stecker mit nur 15 Stiften und wird noch in der Werbung als mit dem RS-

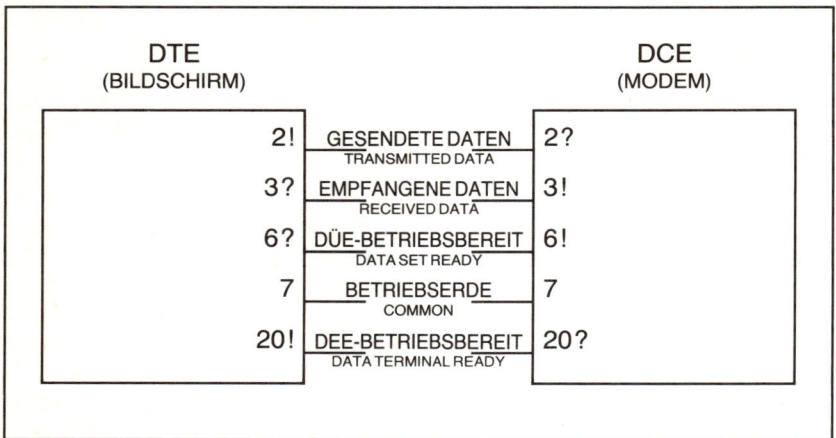

Abb. 2.10: Die Stiftnamen stehen nun zwischen den Geräten

232-C-Schnittstellenstandard kompatibel angegeben. Streng gesprochen muß der Stecker in der Lage sein, alle in dem Handbuch beschriebenen 21 Signale zu übermitteln, *und* muß sie richtig zugewiesen haben, um wirklich kompatibel zu sein. In diesen Fällen jedoch ist die Verwendung eines besonderen Steckers weit bedeutender (und ärgerlicher) als das Weglassen irrelevanter Stifte.

Um die unklare Sprache des Standards zu benutzen, wird die Steckdose mit dem DCE „in Verbindung gebracht" und der männliche Stecker mit dem DTE. Dies ist so zu verstehen, daß DTEs einen weiblichen Anschluß und DCEs einen männlichen Anschluß verwenden sollten. Diese „Verbindung" ist in gewisser Weise sehr wertvoll, weil sie eine leichte Identifizierung eines Geräts als DCE oder DTE erlaubt. Wichtiger jedoch ist,

---

KEIN KOMMENTAR
Aus bestimmten Gründen entschied IBM, einen DB-25-Stecker mit männlichen Stiften auf der Baugruppe für asynchrone Schnittstellen anzubringen. Dieses ist direkt entgegengesetzt zu der üblicheren Praxis, die männliche Stecker an dem Kabel und weibliche Sockel auf dem Gehäuse anbringt.

Das bedeutet, wenn Sie auf den IBM PC mit Ihrem zuverlässigen RS-232-C-Kabel, das Sie hundertmal vorher benutzt haben, zugehen, paßt es nicht! Sie können ein Zwischenstück zur Verbindung zweier weiblicher Ausgänge anfertigen, aber wozu das? (Info World Report Card, 1. September 1983)

---

daß das Vorhandensein zweier identischer Stecker klar anzeigt, daß eine Schnittstelle nicht ohne besondere Behandlung funktioniert. Leider sieht die Praxis meistens anders aus. Der weibliche Stecker ist üblicherweise sowohl an DTE als auch an DCE angebracht. Wenn Sie ein Gerät *finden*, an dessen Gehäuse ein männlicher Stecker montiert ist, können Sie sicher zu sein, daß es sich um ein DTE handelt.

Diese Weigerung, einfache Standards wie den Typ der Stecker zu akzeptieren, ist für jeden, der mit dem Anschließen zu tun hat, ärgerlich. Hersteller sagen, daß sie keine männlichen Stecker verwenden, weil dies erfordert, daß ihre Kunden für jede Anwendung besondere Kabel kaufen müssen. Dies ist eine dumme Ausrede: Die Öffentlichkeit in den USA wurde seit Jahren mit einem ähnlichen Phänomen erfolgreich fertig, als dreiadrige Kabel die zweiadrigen in elektrischen Steckern ersetzten. Stellen Sie sich Ihre Empörung vor, wenn Sie entdecken, daß Ihr neuer Toaster an seiner Schnur anstelle eines Steckers eine Dose hat oder daß Sie Ihr neues Fernsehgerät neu verkabeln müßten, weil dessen Hersteller und der Elektroinstallateur, der es in Ihrem Haus angeschlossen hat, nicht die gleichen Vorstellungen von dem Komfort für den Kunden hatten. Die paar Pfennige, die man für Stecker zusätzlich ausgeben müßte, sind unbedeutend im Vergleich zu den Kopfschmerzen, die dadurch verursacht werden, daß man den elektrischen Typ einer Schnittstelle experimentell feststellen muß.

Einige Stifte an dem Stecker sind deutlich zu erkennen:

Stift 2 Stift 3	Sende- /Empfangsdaten
Stift 7	Betriebserde

Wenn Sie ein Gerät entdecken, daß diese Signale nicht auf diesen Stiften implementiert, können Sie jegliche Unterstützung durch den Schnittstellenstandard vergessen.

Es ist interessant festzustellen, wie der historische Charakter der Drucker uns heute beeinflußt. Wegen der Geschwindigkeitsbeschränkung eines Druckers, wegen des bloßen Aufwands an Papier, den man berechnen muß, und wegen des erzeugten Lärms versuchten Programmierer, die Antworten des Computers auf einem Minimum zu halten. Diese historische Tendenz zur Wortkargheit und Kürze besteht heute weiterhin, allerdings bezeichnen wir solche Programme nicht als „benutzerfreundlich".

Ihre Datenendstation ist wahrscheinlich ein DTE-Gerät. Als die Standards geschrieben wurden, waren Datenendstationen üblicherweise Drucker; es gab keine Bildschirmgeräte. Stattdessen antwortete der Computer auf alle Kommandos, indem er sie druckte. Druckerschnittstellen sind daher traditionsgemäß als DTE konfiguriert.

Mikrocomputerhersteller haben keine Möglichkeit vorherzusagen, ob Kunden ihre Computer an DTE- oder DCE-Geräte anschließen. Wenn sie daher beschließen, ob ihre serielle Schnittstelle als DCE oder DTE konfiguriert werden soll, treffen sie eine Entscheidung, die sich in der Hälfte der Fälle als falsch erweisen wird. Wegen dieser Zweideutigkeit ist es üblich, daß Computer mit zwei seriellen Anschlüssen, einen für einen Drucker (mit DCE-Stiftbelegungen) und den anderen für Informations austausch/Modemanschluß (mit DTE-Stiftbelegungen), geliefert werden.

Ihr Modem ist wahrscheinlich ein DCE-Gerät. Weil der RS-232-C-Standard darauf ausgelegt war, diese Schnittstelle zu standardisieren, sind Modems fast immer DCE-Geräte. Einige Modemhersteller jedoch haben eingedenk der Tatsache, daß Computerhersteller nicht entscheiden können, ob ihre seriellen Anschlüsse DTE oder DCE entsprechen sollten, angefangen, Schalter in ihr Gerät einzubauen, um dem Benutzer zu erlauben, die traditionellen DCE-Stiftbelegungen zu DTE umzuordnen. Daher fängt sogar die heilige Bestimmung, daß ein Modem „per definitionem" ein DCE-Gerät ist, an, sich zu verwischen.

ZUSAMMENFASSUNG

Bevor wir fortfahren, lassen Sie uns auf die wichtigen bisher behandelten Punkte zurückblicken. *Daten können Byte für Byte übertragen werden.* Diese Form byte-orientierter Übertragung ist als parallel bekannt. Obwohl sie schnell ist, ist sie in ihrer elektrischen Umgebung sehr empfindlich. Zusätzlich machen sie die mit dem physikalischen Aufwand an Leitungen verbundenen Kosten ungeeignet für weite Entfernungen.

Daten können Bit für Bit übertragen werden. Diese Art ist als serielle Übertragung bekannt. Diese Übertragungsart ist viel langsamer als die parallele, aber gerade dadurch ist sie viel weniger anfällig (wenn auch nicht immun) gegenüber irgendwelchen üblichen Umgebungsbedingungen. Da mit nur zwei Leitungen übertragen werden kann, ist diese Art für weite Entfernungen wirtschaftlicher.

Um einen sicheren Informationsaustausch mit der Außenwelt zu ermöglichen, ist eine Schnittstelle erforderlich. Die für Mikrocomputer gebräuchlichste serielle Schnittstelle ist die EIA RS-232-C. Diese Schnittstelle, die ursprünglich zur Erleichterung des Anschlusses von Datenendstationen (DTE oder Data Terminal Equipment) und Modems (DCE oder Data Communication Equipment) geschrieben wurde, ist zur Benutzung auf anderen Geräten unpraktisch.

Handshaking ist der Prozeß, in dem ein Gerät den Zustand des anderen überwacht und entsprechend antwortet.

Die folgenden Punkte beziehen sich auf die Details der RS-232-C-Schnittstelle.

– *Daten* werden zwischen den Geräten an den Stiften 2 und 3 ausgetauscht.

– *Softwarehandshaking* geschieht durch Einbettung von Steuerzeichen in den Datenstrom.

– *Hardwarehandshaking* geschieht mit Hilfe von beiden Schnittstellen und deren gemeinsamen Leitungen. Zur Ausgabe (!) bestimmte Stifte sind per Kabel mit den entsprechenden als Eingabe (?) bestimmten Stiften verbunden.

– Obwohl die Namen der Signale und Belegungen der Stifte für DTE- und DCE-Geräte möglicherweise identisch sind, haben sie entgegengesetzte Funktionen.

In dem nächsten Kapitel werfen wir einen Blick auf die Funktionsweise des Geräts, das für den seriellen Datentransfer am gebräuchlichsten ist – das UART. Obwohl es verschiedene Marken und Typen von UARTs gibt, sind sie in der Funktionsweise mehr oder weniger gleich. Die Funktionen dieses Geräts sind wichtig, weil sie fast allein das Gesicht der seriellen Schnittstelle für Mikrocomputer, wie sie heute existiert, vorgeschrieben haben.

Das UART:
Kobolde im Keller

3

Bis jetzt haben wir uns auf die einführenden Konzepte im Zusammenhang mit serieller Datenkommunikation konzentriert. Wir haben den Unterschied zwischen DTE (Data Terminal Equipment) und DCE (Data Communication Equipment) dargestellt. Wir haben gewisse Stifte auf dem RS-232-C Schnittstellenstecker als Begriffseinheiten zum Hin- und Hertransport verschiedener Daten- und Steuersignale behandelt. Wir haben die offiziellen Namen und Nummern der Stifte zugeordnet und ein Gefühl dafür bekommen, daß ein Gerät ein anderes mittels Handshaking steuern kann.

Das Verständnis der Begriffe ist ein unerläßliches Lernhilfsmittel, doch erweist es sich aufgrund seiner sehr theoretischen Natur bei realen Aufgaben als wenig nützlich. Der Versuch, schwierige alltägliche Probleme nur mit dem begrifflichen Verständnis zu lösen, kommt einem Lotteriespiel gleich. Zusätzlich zu unserem begrifflichen Verständnis müssen wir das *Warum* und *Wie* entwickeln. Wir müssen zum Beispiel verstehen, was tatsächlich passiert, wenn **DATA TERMINAL READY** (DEE – BETRIEBSBEREIT) gesetzt ist oder **DATA SET READY** (DÜE – BETRIEBSBEREIT) freigegeben wird oder wie die Doppelrolle von Eingabe/Ausgabe über einen einzigen Anschlußstift erreicht wird. Kurz, wir müssen diese Konzepte in die Realität umsetzen. Zu diesem Zweck schauen wir hinter den Stecker, um die Geräte zu untersuchen, die tatsächlich die serielle E/A ausführen.

Sie sollten nicht überrascht sein, wenn Sie lernen, daß Stecker und Kabel selbst vollkommen passiv sind und keine Daten übertragen oder empfangen. Natürlich müssen andere Geräte hinter dem Stecker an der Arbeit sein. Diese Geräte werden *universelle asynchrone Übertragungs/Empfangsbausteine* genannt und im Englischen „Universal Asynchronous Receiver/Transmitter", kurz UARTs, bezeichnet. Um den Prozeß der Datenübertragung genau zu verstehen, stellen wir unsere Diskussion der Schnittstelle zeitweilig zurück, während wir auf diese wichtigen Geräte schauen. Da unser Ansatz wie immer praktisch sein wird, ist nur ein intuitives Wissen über Elekronik und Schaltkreise erforderlich. Wir kehren zu dem Thema der RS-232-C-Schnittstelle dann mit einem vollständigeren Wissen der Geschehnisse und ihrer Ursachen zurück.

Prozessor-E/A

Mikrocomputerbenutzer sind in einer glücklichen Lage. Tatsächlich wird der gesamte Prozeß serieller E/A von einem einzigen Typ von integriertem Schaltkreis, allgemein als UART bekannt, ausgeführt. Bevor UARTs entwickelt wurden, wurde der E/A-Prozeß bis hinunter zur untersten Ebene direkt von dem Mikroprozessor des Mikrocomputers selbst kontrolliert. Ein Programm war daher selbst für die winzigsten Details verantwortlich, die erforderlich sind, um parallele in serielle Daten umzuwandeln und dann Bit für Bit, eins nach dem anderen genau zur richtigen Zeit an den richtigen Stift der Schnittstelle zu schicken. Weil solche bitorientierten Programme Prozessorzeit und Computerressourcen wahrhaft verschlangen, neigten sie dazu, daß sie teuer und langwierig zu beschreiben waren. E/A wurde verständlicherweise auf ein absolutes Minimum beschränkt, weil Programmierer diese Aufgabe nicht gern codierten und Kunden nicht gern dafür bezahlten.

Das UART gilt als *Serviceeinrichtung*, weil es den Prozessor von den lästigen Einzelheiten serieller E/A entlastet. Im Gegensatz zu prozessorgesteuerter E/A schlägt sich ein Programm, das ein UART benutzt, nicht mit Details herum. Der Programmierer behandelt das UART wie einen Briefkasten, in den für die Außenwelt bestimmte Zeichen zur Abfertigung hineingegeben werden und aus dem für den Prozessor bestimmte Zeichen herausgeholt werden. Schließlich weiß der Programmierer, daß die serielle/parallele Umwandlung, die zeitliche Synchronisierung und die damit verbundene Logik von den Kobolden im Keller erledigt werden.

Es ist nicht schwierig zu verstehen, warum diese Technologie die Mikroszene schnell beherrschte. Da Mikros über beschränkten Speicherraum verfügten und langsamer als größere Computer arbeiteten, wurde das

UART populär, weil es diese wertvollen Ressourcen erhält, indem es die prozessorintensive Programmierung ausschaltet. Obwohl einige frühe Mikrocomputer Prozessor-E/A durchführten (z.B. Morrow's „Keyed-Up 8080" oder „Speak-Easy I/O"-Boards in den frühen 70er Jahren), ist es heute schwierig, Beispiele dieser Technologie selbst als Rarität ausfindig zu machen. In der Tat hat das UART das Denken über serielle E/A so stark beeinflußt, daß Programme, die Prozessor-E/A durchführen, heute als „Software-UART" bezeichnet werden.

Es ist naheliegend, daraus zu schließen, daß UARTs irgendwie untrennbar mit der RS-232-C-Schnittstelle verbunden sind. Doch das ist nicht der Fall. UARTs werden sowohl in einer großen Zahl serieller Anwendungen verwendet als auch in Fällen, die die RS-232-C-Schnittstelle einbeziehen. Die entgegengesetzte Assoziation ist richtig: Wann immer Sie einen DB-25-Stecker an einem Mikrocomputer finden, können Sie beinahe wetten, daß es dahinter ein UART gibt.

Dutzende von UART-Modellen sind verfügbar. Es geht über den Rahmen dieses Buches hinaus, sie zu vergleichen und zu unterscheiden. Stattdessen werden wir langsam ein funktionales Modell eines allgemeinen UARTs aufbauen, indem wir jeden Bereich und sein Zusammenspiel mit der RS-232-C-Schnittstelle erklären. Wie in dem vorangegangenen Kapitel sind das Format oder der Inhalt der Daten für unser Vorhaben irrelevant.

UART-Grundlagen

Funktionsmäßig umfaßt das UART, wie der volle Name besagt, einen SENDEbereich zur Umwandlung eines 8-Bit-Bytes in einen seriellen Strom von 8 Bits und einen EMPFÄNGERbereich, der einen ankommenden Bitstrom in ein Datenbyte zurückverwandelt. Zusätzlich gibt es noch einen Bereich ZUSTANDS-KONTROLLE, der, neben anderen Dingen, den logischen Zustand verschiedener Eingabestifte überwacht und der, *wenn er von einem Programm aufgerufen wird*, den logischen Zustand verschiedener Ausgabestifte verändert. Oben haben wir serielle E/A mit der Führung einer Kette von Elefanten über eine Zugbrücke verglichen. Der Zustandskontrollbereich des UARTs, der in der Mitte von Abbildung 3.2 dargestellt ist, ist die *Instrumententafel*, die von dem Programmierer benutzt wird, um die Zugbrücke herunterzulassen.

Abbildung 3.2 illustriert diese drei Bereiche. Der obere Teil des Diagramms zeigt den SENDEbereich. Hier kommen von rechts an den Datenleitungen (bekannt als Datenbus) parallele Daten an dem Sender an. Die Ausgabe links besteht aus seriellen Bitdaten.

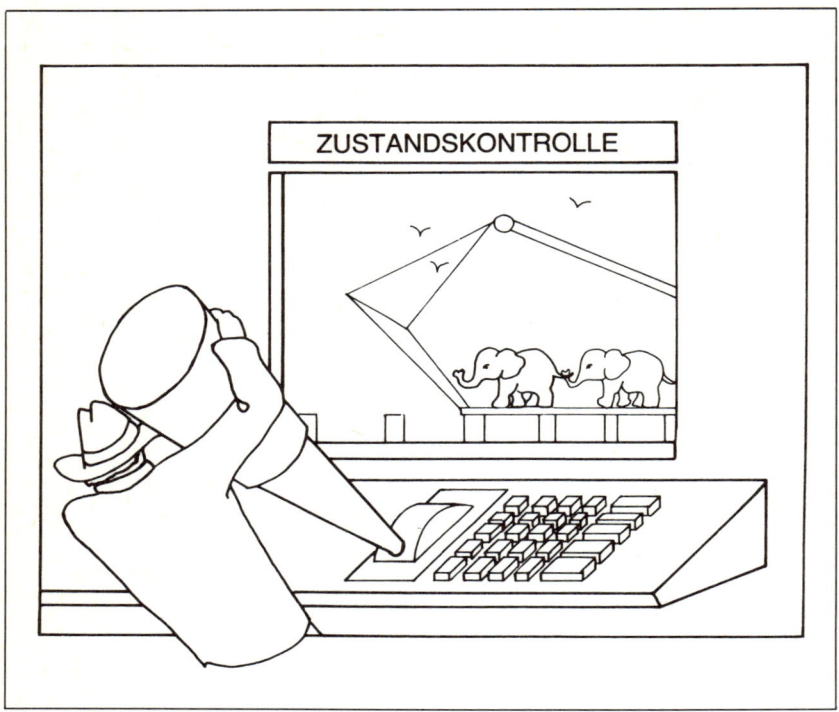

Abb. 3.1: Die Daten zum Fließen bringen

Der untere Teile des Diagramms zeigt den EMPFÄNGERbereich. Beachten Sie, daß die Bits, die von links an dem Empfänger ankommen, in parallele Daten umgewandelt werden und dann nach rechts zu den Datenleitungen geschickt werden.

Es ist wichtig festzustellen, daß EMPFÄNGER- und SENDEbereich dieselben Datenleitungen teilen. Immer wenn ein Zeichen gesendet werden soll, wird der SENDEbereich mit den Datenleitungen verbunden, um das Zeichen zu holen. Wenn dagegen ein Zeichen empfangen und zu einem Byte reassembliert worden ist, wird der Empfänger mit den Datenleitungen während der Byteübertragung verbunden. Durch Steuerkommandos in der Software bestimmt der Bereich ZUSTANDSKONTROLLE automatisch, ob die Datenleitungen mit dem Sender oder dem Empfänger verbunden werden sollten. Diese Umschaltaktion wird in unserem Diagramm durch einen Pfeil auf der Bitleitung symbolisiert.

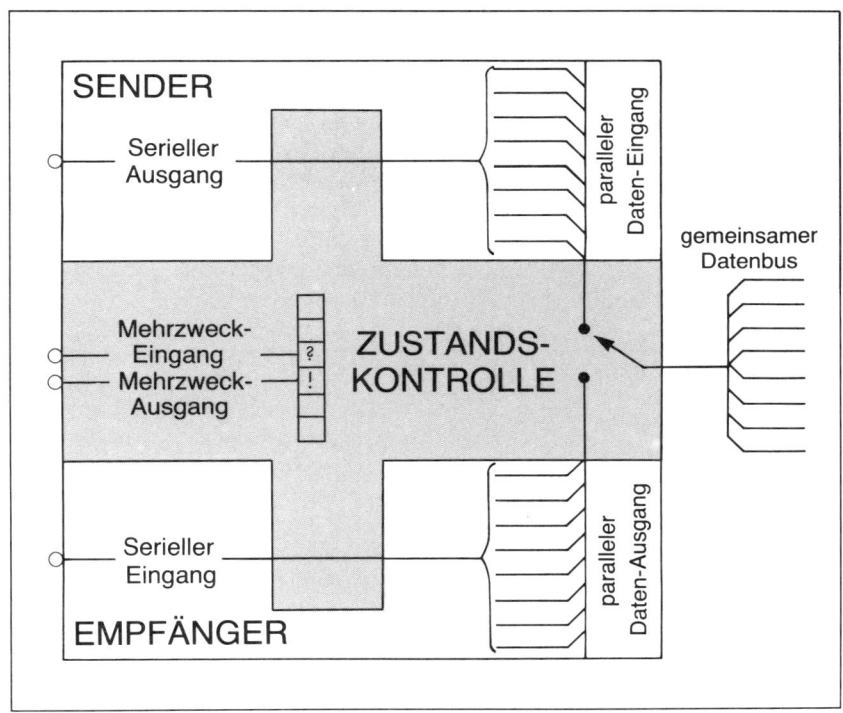

Abb. 3.2: Ein einfaches UART

Eingabe- und Ausgabelogik

Der Bereich ZUSTANDSKONTROLLE entscheidet, welcher Teil an den Datenbus angeschlossen wird, und bestimmt zusätzlich dazu den logischen Status verschiedener Mehrzweckein- und Ausgangsstifte. Diese werden in Abbildung 3.2 durch die Reihe von Kästchen dargestellt, die unser Eingabesymbol (?) und unser Ausgabesymbol (!) enthalten (und von denen einige zur Zeit noch leer sind). Jedes dieser Kästchen stellt eines der „Instrumente" auf der Instrumententafel dar. Durch Prüfung des Inhalts dieser Kästchen zum Beispiel ist das Programm in der Lage herauszufinden, ob der logische Status des MEHRZWECKEINGANGS-STIFTS Nr. 1 logisch Null oder Eins entspricht. Auf der anderen Seite kann der Programmierer den logischen Zustand des MEHRZWECK-AUSGANGSSTIFTS Nr.1 *verändern*.

DAS UART UND DIE RS-232-C-SCHNITTSTELLE

Der Prozeß des Ablesens des logischen Status der Eingaben und der Veränderung des logischen Status der Ausgaben ist ein Mechanismus, bei dem das UART mit der RS-232-C-Schnittstelle zusammenwirkt. Bevor wir in Abbildung 3.3 auf das Diagramm der RS-232-C-Schnittstelle aus dem letzten Kapitel zurückkommen, sollte hervorgehoben werden, daß nicht alle seriellen Peripheriegeräte wirkliche UART-Chips enthalten. Dies ist jedoch unwichtig, weil wir es mit einem allgemeinen UART zu tun haben. Ganz gleich wie eine Schnittstelle konstruiert ist, wenn sie sich wie ein UART verhält, ist sie für unseren Zweck ein UART.

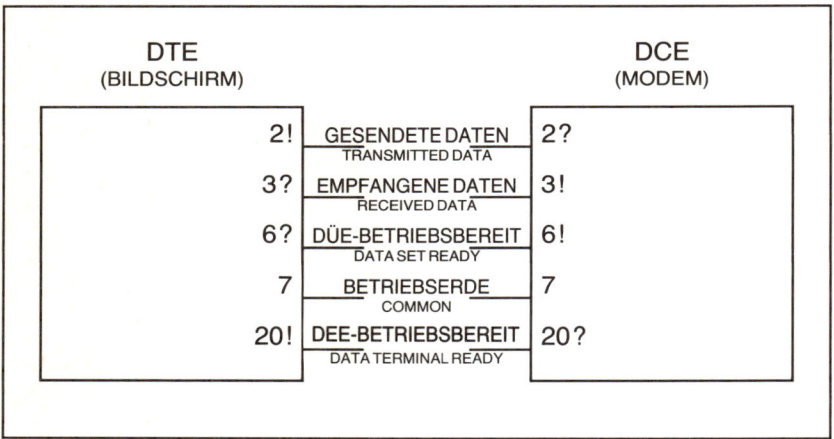

Abb. 3.3: Beziehungen zwischen DTE und DCE

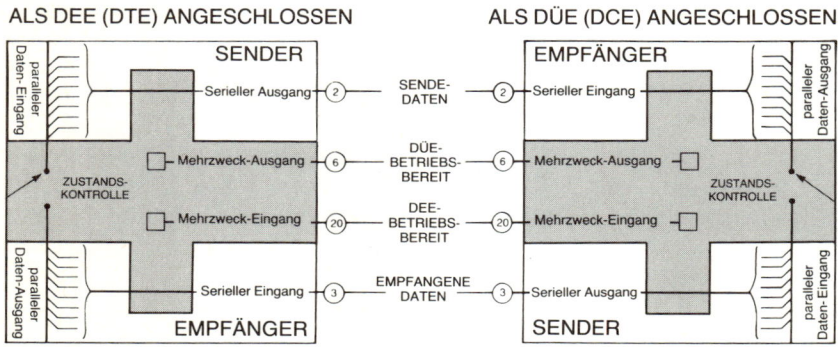

Abb. 3.4: Unsere ideale Schnittstelle aus Kapitel 2

Abbildung 3.4 sollte zur Demonstration der Verbindung zwischen UART und RS-232-C-Schnittstelle für ein paar Sätze gut sein.

Die **SENDEDATEN** (Stift 2) des DTE sind nichts anderes als die serielle Datenausgabe des UART-SENDEBEREICHS. Die **SENDEDATEN**-eingabe (Stift 2) des DCE ist (man höre und staune) mit dem EMPFANGS-BEREICH des UART verbunden.

Die Ausgabe **DÜE-BETRIEBSBEREIT** (Stift 20) des DTE-Geräts ist einfach eine der Mehrzweck-Ausgaben des UART, während die Eingabe **DEE-BETRIEBSBEREIT** (Stift 20) des DCE-Geräts mit der Mehrzweck-Eingabe des UART verbunden ist.

Es ist bedeutsam, daß so großartig klingende Namen wie **DEE-BE-TRIEBSBEREIT** und **DÜE-BETRIEBSBEREIT** sich als bloße „Mehrzweck-"Eingaben und -Ausgaben erweisen. Sie heißen „Mehrzweck", weil ihr Verhalten nicht *automatisch* Einfluß auf das Verhalten des UART hat. Mehrzweck-Eingaben sollte man sich als Indikatorlämpchen auf der Kontrolltafel vorstellen: Sie überwachen den logischen Zustand der Eingabe, aber üben auf das Verhalten des UART keinen inhärenten Einfluß aus. Ebenso verändert sich eine Mehrzweck-Ausgabe nur durch ein Softwarekommando, obwohl ihr logischer Zustand ständig auf der Instrumententafel angezeigt wird.

DAS UART UND DIE PROGRAMMSTEUERUNG

Nun tritt folgende Frage auf: „Wenn nichts passiert bei der Bedienung dieser Leitungen, wie fand dann unser Einschalt-Handshaking statt? Wie wußte der Computer, wie er auf ein freigegebenes **dsr** (DATA SET READY-BETRIEBSBEREIT) zu antworten hatte?" Die Antwort ist sofort einleuchtend und gründlich. Der Computer antwortete, weil ein Programm den Zustand der Eingabe, die mit dem Schnittstellenstift **BETRIEBSBEREITSCHAFT** verbunden war, überwachte. Nach Feststellung dieser Veränderung verfuhr das Programm auf seine Art. Denkt man auf so einem niedrigen Niveau, vergißt man leicht, daß jede intelligente Handlung eines Computers letztendlich das Ergebnis von Software ist. Es ist absolut nichts in die Hardware eingebaut, das festlegt, daß eine Veränderung einer Mehrzweck-Eingabe (die hier *willkürlich* den Namen **BETRIEBSBEREITSCHAFT** auf dem DTE trägt) eine bestimmte Handlung zur Folge haben *muß*. Das Programm könnte zum Beispiel ebenso leicht (aber nicht so wahrscheinlich) die Freigabe der Mehrzweck-Eingabe so interpretiert haben, daß das gesamte System neu geladen werden sollte. Kapitel 12 illustriert, wie ein UART in Zusammenarbeit mit Software in der Lage ist, die RS-232-C-Schnittstelle zu verändern.

UARTs sind – wie irgendetwas anderes, das genauso grundlegend ist – nicht vorprogrammiert, mit der logischen Steuerung, die durch den RS-232-C Standard festgelegt ist, übereinzustimmen. Die Funktionen dieser Mehrzweck-Eingaben und -Ausgaben werden vollkommen dem Programmierer überlassen. In der Tat hat die große Vielfalt unter den RS-232-C-„kompatiblen" Geräten diese Freiheit zur Folge. Manchmal ist der Programmierer vielleicht konservativ und nicht geneigt, vergangene Schnittstellenkonventionen in den Wind zu schlagen. Oder der Programmierer ist möglicherweise ein junger Grünschnabel – sehr klug, aber mit der Lehre von dem RS-232-C-Schnittstellenstandard nicht vertraut – der die Einstellung hat „MODEM – wozu?".

MEHR ÜBER HANDSHAKING

Jemand, der alles wörtlich nimmt, argumentiert jetzt möglicherweise, daß unsere frühere Diskussion über Handshaking überhaupt nicht um Handshaking ging, sondern um Steuerlogik, auch als *Protokoll* bekannt: Signale zur Sicherstellung, daß eine begrenzte Anzahl von Ereignissen nur in einer geordneten vorherbestimmten Abfolge stattfinden kann. In diesem großen Kontext ist der Austausch von Daten nur *eins* der möglichen Ereignisse, die gesteuert werden können. Im Vergleich dazu

---

Im Bereich der Kommunikation ist das Wort Protokoll *ein irreführendes Wort. Es versteckt seine Bedeutung, um sich mit dem Satz, in dem es benutzt wird, zu vermischen. In den meisten Anwendungen ist es ein nebelhaftes Gebilde krauser Gedanken oder ungenügenden Lernens. Selbst im Kontext hat es oft keine eindeutige Bedeutung. Wenn es Leute benutzen, die etwas von der Sache verstehen, soll es im allgemeinen das bedeuten, was wir hier* Gerätekontrollogik *nennen. Wenn es im lockeren Sprachgebrauch benutzt wird, bedeutet es üblicherweise „frühere Vereinbarung". Wenn es in diesem Kontext keinen Sinn gibt, ignorieren Sie alles zusammen: Ein ignoriertes Wort ist besser als ein mißverstandenes.*

Hier sind drei solcher Beispiele aus angesehenen Mikrocomputerbüchern und Zeitschriften:

1. „…der Drucker erkennt alle Standard-ASCII-Protokolle." Es gibt so etwas wie ein ASCII-Protokoll gar nicht.

2. „Baud und Parität sind jedoch zwei der Protokolle, die den Anfänger verwirren." Kein Wunder, daß er verwirrt ist, denn dies sind keine Protokolle. Baud ist eine Maßeinheit der Geschwindigkeit serieller Übertragung. Parität ist eine grundlegende Methode zur Fehlerüberprüfung.

3. Nun folgt der Name eines Kapitels in einem Buch über Datenkommunikation: RS-232-C und andere Protokolle der physikalischen Ebene.

---

bedeutet Handshaking, wie wir es in Kapitel 2 definiert haben, die *Kontrolle und Regulierung* des *Flusses* von *Daten* durch die Schnittstelle. Diese Unterscheidung ist vielleicht etwas pedantisch, aber nichtsdestoweniger eine gute Mahnung, daß unsere eigentliche Aufgabe in diesem Buch darin besteht, herauszufinden, wie *Daten* zwischen zwei Punkten transportiert werden.

Als wir mit der Behandlung des Themas Handshaking in Kapitel 2 begannen, haben wir gesehen, daß der Datenfluß zwischen zwei Geräten entweder durch Hardware oder durch Software kontrolliert werden kann. In diesem Kapitel nehmen wir die Hardwaremethode weiter unter die Lupe, aber zuerst müssen wir erörtern, warum Handshaking jeder Art in erster Linie erforderlich ist. Zu diesem Zweck kehren wir zu dem Problem, unseren fiktiven Drucker anzuschließen, zurück.

Der Druckerpuffer

Da durch die RS-232-C-Schnittstelle serielle Daten gesendet werden, kann man sie sich als eine Zeichenkette vorstellen, die sich zwischen den Geräten bewegt (wie unsere Kette von Elefanten), wobei ein Bit langsam dem vorangehenden folgt. Ein Computer kann üblicherweise Zeichen viel schneller senden, als sie das empfangende Peripheriegerät entgegennehmen kann. Für den Drucker kommen die Zeichen viel schneller an, als sie gedruckt werden können. Ankommende Zeichen müssen deshalb irgendwo in der Reihenfolge ihrer Ankunft gelagert werden, bis sie an der Reihe sind, gedruckt zu werden. Der Platz, an dem die Zeichen aufbewahrt werden, der *Druckerpuffer*, besteht üblicherweise aus nur wenigen hundert Speicherbytes in dem Drucker selbst.

Druckerpuffer-Überlauf

Da Zeichen viel schneller in den Druckerpuffer hineingegeben werden, als sie zum Drucken herausgenommen werden können, wird es früher oder später keinen Platz mehr für ankommende Zeichen geben. Wenn der Druckerpuffer voll ist, werden Versuche, ein neues Zeichen hinzuzufügen, einen unwiederbringlichen Verlust zur Folge haben.

Dieser Zustand, bekannt als Pufferüberlauf, erinnert an einen bestimmten Aufgabentyp in Mathematikbüchern des Gymnasiums. Ein solches Problem nimmt an, daß Sie einen Wasserbehälter schneller füllen als Sie ihn entleeren. „Wie lange dauert es, bis der Behälter überläuft?" oder „Wie groß ist die Wassermenge nach zwei Stunden?" sind typische gestellte Fragen.

Abb. 3.5: Druckerpuffer – Irgendwann ist der Platz voll

Die Druckerlogik beantwortet Fragen wie diese jedesmal, wenn ein neues Zeichen ankommt oder wenn eins gedruckt wird. Auf diese Weise berechnet der Drucker, ob sich der Puffer seinem maximalen Fassungsvermögen nähert. Wenn der Puffer zu ca. 90 % *voll* ist, beginnt der Drucker ein Anhalten der Zeichen zu fordern. Der Zeichenfluß wird vorübergehend unterbrochen. Dann, wenn der Puffer durch Ausdrucken bis auf 10% leer ist, sendet die Druckerlogik eine Anforderung nach weiteren Zeichen. So übt der Drucker die Kontrolle über den Fluß ankommender Daten aus.

Signalisieren eines vollen Speichers

Dies schreit nach klassischem Handshaking. Rufen Sie sich ins Gedächtnis zurück, daß ein Drucker „Pufferüberlauf" signalisieren kann, entweder indem er Kontrollzeichen zurück an den Computer schickt oder indem er den logischen Zustand eines Stifts auf der RS-232-C-Schnittstelle verändert. In jedem Fall fordert der Drucker den Computer auf, die Übermittlung von Zeichen einzustellen, bis ein weiteres Signal mitteilt, daß der Druckerpuffer weitere Zeichen aufnehmen kann.

Der RS-232-C-Schnittstellenstandard definiert ein Ein-/Ausgabepaar, das dem eben beschriebenen Signalisieren sehr nahe kommt: **SENDEBEREITSCHAFT (CLEAR TO SEND)** und **SENDETEIL EINSCHALTEN (REQUEST TO SEND)**. Diese werden zu unserer Drucker/Computerschnittstelle in Abbildung 3.7 hinzugefügt.

Wenn Sie sich gerade mit dem Konzept von Ein-/Ausgabepaaren mit den passenden Namen und Stiftnummern vertraut gemacht haben, nehmen Sie sich vor diesen in acht. Sie haben sich wahrscheinlich angewöhnt,

Abb. 3.6: Druckerpuffer – Der Platz ist voll

Namen aus dem Blickwinkel des DTE-Geräts zu interpretieren. Das ist in der Tat das korrekte Vorgehen. Aber sehen Sie sich diese beiden Namen an: Von seinem Namen her – SENDETEIL EINSCHALTEN (REQUEST TO SEND) – würde man natürlich erwarten, daß dieses Signal eine Eingabe ist. Falsch! Es ist eine DTE-Ausgabe, deren Zweck es ist, ein Signal **SENDETEIL EINSCHALTEN** zu *setzen*. Da es eine Ausgabe ist, wäre die Situation durch den Zusatz ANFORDERUNG besser beschrieben. Ähnlich würden Sie annehmen, daß **SENDEBE-REITSCHAFT (CLEAR TO SEND)** eine Ausgabe wäre, aber statt-dessen ist es eine DTE-Eingabe zur Freigabe der Übertragung. Der beste Weg, dies zu verstehen, ist der, unser UART-Diagramm mit etwas mehr Details zu versehen, wie es in Abb. 3.8 gezeigt wird.

Der ganze Zweck dieses Handshakes besteht natürlich darin, den Sender des Computer-UART auszuschalten. Sehen Sie sich genau an, wie SPEZIALZWECK-EINGANG NR. 1 geschrieben ist. Wie all die ande-ren Ein- und Ausgaben steht es neben seinem Kästchen, um anzuzeigen, daß es Teil des ZUSTANDSKONTROLLBEREICHS ist. Von dort jedoch ist das Kästchen durch eine gestrichelte Linie mit der **SENDE-DATEN**-Linie verbunden, von der ein Teil sich durch den ZUSTANDS-KONTROLL-Bereich erstreckt. Die gestrichelte Linie endet an unserem Symbol für einen Schalter.

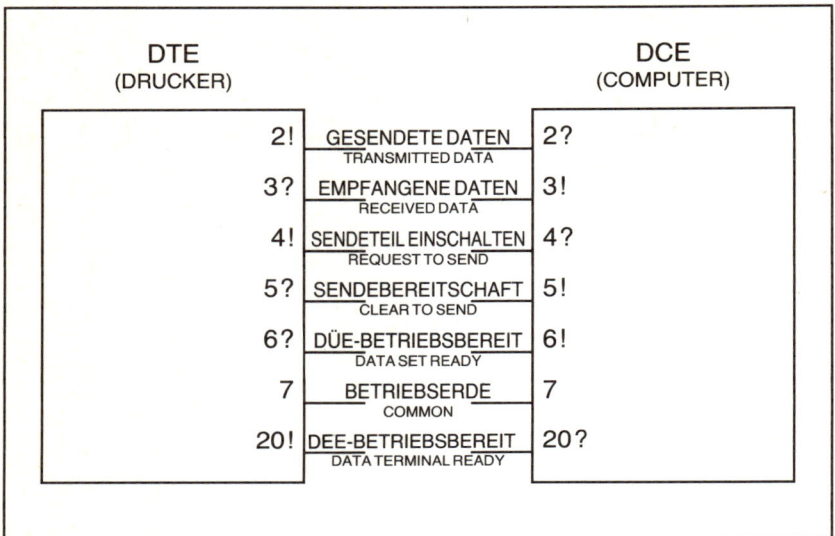

Abb. 3.7: Noch mehr Gerätesteuerleitungen

Unterbrechung des Senders: Spezialzweck-Eingang Nr. 1

Der Verlauf der Sendeleitung durch den ZUSTANDSKONTROLL-Bereich ist einer der Schlüssel zum Verständnis, wie Handshaking durchgeführt wird. Dieser Schalter ist eine zeichnerische Darstellung eines

---

Im vorangegangenen diskutierten wir das ETX/ACK-Softwarehandshaking-Protokoll (End-of-Text/Acknowledge), in dem der Sender die Kontrolle des Handshakes ausübte.

Eine üblichere Art des Softwarehandshaking-Protokolls liegt vor, wenn der Empfänger die Synchronisation steuert. Der Drucker nimmt Zeichen an, bis sein Puffer voll ist, wonach er den Handshake auslöst, indem er ein „Ausschalt"-Zeichen, üblicherweise das ASCII-Zeichen DC3 (Nummer 19 oder Control-S), zurück zum Computer schickt. Sobald der Computer dieses Zeichen empfängt, geht er in einen Wartezustand. Wenn der Druckerpuffer bereit ist für eine weitere Ladung mit Zeichen, sendet der Drucker ein „Einschalt"-Zeichen, üblicherweise das ASCII-Zeichen DC1 (Nummer 17 oder Control-Q), zum Computer. Nach Empfang dieses Zeichens fährt der Computer bei dem Punkt fort, Zeichen zu senden, an dem er gestoppt wurde. Da es einige Variationen in den benutzten Steuerzeichen gibt, wird dieser empfängergesteuerte Softwarehandshake mit dem Sammelnamen X-ON/X-OFF bezeichnet.

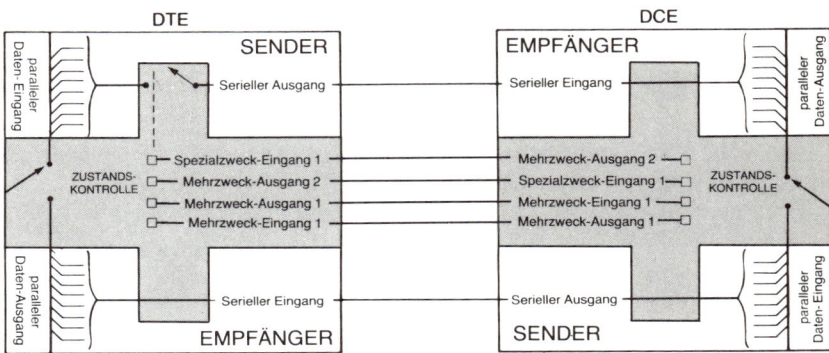

Abb. 3.8: Sperren des Senders

einfachen, aber sehr wichtigen Prozesses: Wenn SPEZIALZWECKEIN-
GANG Nr. 1 freigegeben wird, arbeitet der Sender normal; wenn er
gesperrt wird, wird der Sender unterbrochen und sendet keine Daten.

Der dazugehörige MEHRZWECK-AUSGANG Nr. 2 ist wie der andere
Mehrzweck-Ausgang – sein logischer Zustand wird auf der Kontrolltafel
angezeigt und kann verändert werden, hat aber keinen *inhärenten* Effekt
auf die Operationen des UART.

Wie bei allen Ein- und Ausgängen wird der logische Zustand des
SPEZIALZWECKEINGANGS Nr. 1 auf der Instrumententafel angezeigt. Er wird als Spezialzweck-Eingang betrachtet, weil sein Wert die
Arbeitsweise des UART *beeinflußt* – er schaltet den SENDEbereich an
und aus!

Lassen Sie uns nun Abbildung 3.9 anschauen, ein Diagramm der UARTs,
die durch die RS-232-C-Schnittstelle verbunden sind.

Dies scheint genau die Verbindung zu sein, die wir für den Handshake
zwischen unserem Drucker und unserem Computer brauchen. Wenn sich
der Druckerpuffer seiner maximalen Kapazität nähert, unterdrückt der
Drucker seine **RTS**-Ausgabe (SENDETEIL EINSCHALTEN). Dies
sperrt SPEZIALZWECK-EINGANG Nr. 1 des Computer-UART, der
danach den Sender des Computers ausschaltet. Voilà! Der Computer
unterbricht das Senden bis sein SPEZIALZWECK-EINGANG Nr. 1
wieder gesetzt wird.

Unterbrechung des Empfängers: Spezialzweck-Eingabe Nr. 2

Wir brauchen nur eine zusätzliche Funktion, um ein allgemeines Bild der RS-232-C-Schnittstelle des Mikros zu haben. Wir haben gesehen, wie der Sender eines UART durch Ausschalten seines SPEZIALZWECK-EINGANGS Nr. 1 unterbrochen werden kann. Auf genau die gleiche Art betreiben einige UARTs einen SPEZIALZWECK-EINGANG Nr. 2, um ihre Empfänger auszuschalten. Diese Funktion wird in Abbildung 3.10 zeichnerisch durch eine gestrichelte Linie zwischen der Eingabe und dem Schaltersymbol, das sich in der Empfängerleitung selbst befindet, dargestellt.

Diese Eingabe wirkt mit dem UART in exakt der gleichen Weise wie der andere Spezialzweck-Eingang zusammen – außer, daß er hier den Sender des UART steuert. Wenn dieser Eingang freigegeben wird, darf der Empfänger ankommende serielle Daten in Bytes zurückverwandeln. Wenn der Eingang jedoch gesperrt wird, ignoriert der Empfänger ankommende Daten, und es findet keine Umwandlung statt. Aus Gründen, die in dem Kapitel über Modems genannt werden, ist der SPEZIAL-ZWECK-EINGANG Nr. 2 im allgemeinen mit Stift 8 auf der RS-232-C-Schnittstelle, **DATA CARRIER DETECT (EMPFANGSSIGNAL-PEGEL)**, verbunden.

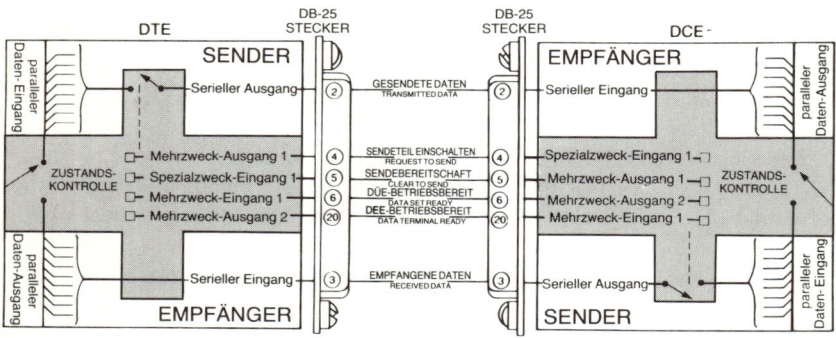

Abb. 3.9: Vervollständigtes Modell mit DB-25-Steckern

Der Name, der in der EIA-Norm dem Anschlußstift 8 tatsächlich zugeordnet wurde, ist RECEIVED LINE SIGNAL DETECT (EMPFANGSSIGNALPEGEL), *nicht gerade ein Name, der einem leicht von der Zunge geht. Obwohl viele Modems keinen echten Träger (carrier) verwenden (siehe Kapitel 12), ist jedoch der Name DCD (DATA CARRIER DETECT) im allgemeinen Gebrauch.*

In Abbildung 3.11 sehen Sie das vervollständigte, von uns entwickelte Funktionsdiagramm der RS-232-C-Schnittstelle. Als eine Hilfe zum Verständnis sollten Sie versuchen, sich das Diagramm vollständig mit den allgemeinen UART-Verbindungen vorzustellen.

Sie werden erfreut sein zu lesen, daß es keine weiteren Stifte, Funktionen oder Signale zu lernen gibt. Der Rest dieses Buches wird von der Handhabung dieser acht Anschlüsse handeln.

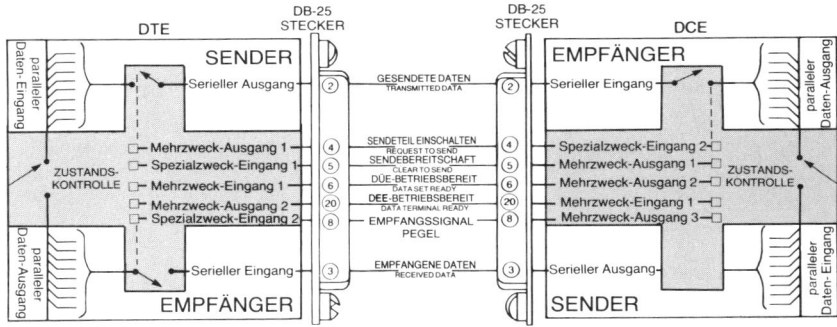

Abb. 3.10: Sperren des Empfängers

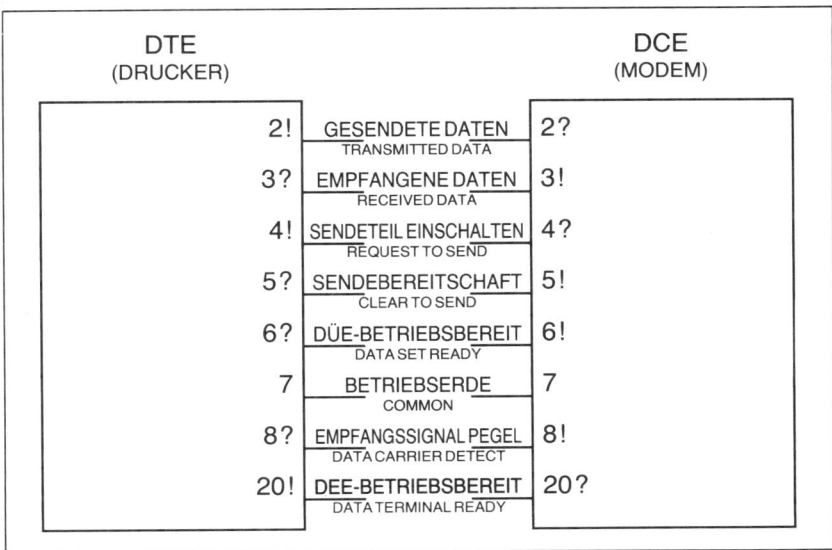

Abb. 3.11: Das vollständige ideale Schnittstellenmodell

Tricks und Kniffe: Herr werden über die reale Welt

4

DUNKLE WASSER

Obwohl es nicht übermäßig betont werden sollte, bemerken wir, daß wir uns nun mit dem RS-232-C-Schnittstellenstandard in unerforschte Gebiete vorgewagt haben. Bis jetzt waren wir in der Lage, ungefähr innerhalb der Grenzen des RS-232-C-Schnittstellenstandards zu bleiben. Aber das Handshaking zwischen einem Computer und einem Drucker ist der Grund für unsere erste echte Entfernung davon. Bedenken Sie, daß er für diese Art von Handshaking nie gedacht war.

Der Zweck dieses Kapitels ist also, speziell zu erforschen, wie uns die Standard-RS-232-C-Schnittstelle in alltäglichen Mikrocomputeranschluß-situationen im Stich läßt. Mit diesem Verständnis können wir fortfahren zu lernen, wie Hersteller die Schnittstelle durch Tricks dazu gebracht haben, auch Dinge zu tun, für die sie nicht vorgesehen war.

Zum Verständnis der Hinweise über den Anschluß eines Druckers an einen Computer wollen wir sehen, wie **SENDETEIL EINSCHALTEN** und **SENDEBEREITSCHAFT** arbeiten sollten. Betrachten Sie die Schnittstelle in Abbildung 4.1.

Beachten Sie, daß in diesem Diagramm der Computer ein DCE und der Drucker ein DTE ist.

SENDETEIL EINSCHALTEN ist die Art, in der ein DTE ein DCE informiert, daß es Daten übertragen möchte. Wenn die REQUEST TO SEND-Eingabe (SENDETEIL EINSCHALTEN) des DCE freigegeben ist und wenn dieses Daten empfangen kann, antwortet es durch die **SENDEBEREITSCHAFT**-Meldung (**CLEAR TO SEND**). Wenn das DTE-Gerät diese Antwort sieht, also dessen CLEAR TO SEND-Eingabe freigegeben ist, beginnt es, Daten zu senden. So ist **RTS/CTS** ein Hardwareprotokoll, das dem Senden von Daten *von* einem DTE *zu* einem DCE vorausgeht.

Dies klingt einfach, nicht wahr? Das ist es auch, aber dies ist nicht *exakt* das, was wir tun müssen, um den Drucker an den Computer anzuschließen. Bei unserem fiktiven Drucker und Computer ist die einzige Richtung, in der Daten fließen, die *entgegengesetzte* Richtung, vom Computer zum Drucker oder vom DCE zum DTE. Aber unser DTE-Drucker überträgt keine Daten! Deshalb braucht der Drucker (ein DTE) zu keiner Zeit das **RTS** (REQUEST TO SEND), um den Status des DCE-Computers abzufragen.

Damit unsere Schnittstelle mit dem RS-232-C-Schnittstellenstandard übereinstimmt, braucht sie einige Ein-/Ausgabesignale, mit deren Hilfe das DCE die Erlaubnis, Daten an das DTE zu senden, anfordern und empfangen kann. Die Methode, die wir gerade erdacht haben, in der der Drucker dem Computer Signale schickt, scheint möglicherweise auf den ersten Blick gerade so ein Mechanismus zu sein. Aber nicht ganz: Unser DTE erteilt dem DCE nicht die Erlaubnis, Daten zu senden, es hindert es vielmehr gewaltsam am Senden.

Wie Sie vielleicht schon erraten haben, ist die Funktion, die wir brauchen, kein Teil des RS-232-C-Schnittstellenstandards. Dies bedeutet, daß es keinen „offiziellen" Prozeß gibt, mit dem ein DTE-Drucker abgefragt werden kann, um sicherzustellen, ob er bereit ist, Daten zu empfangen. Dies führt zu einem erschreckenden Schluß: Ein DTE muß **immer** bereit sein, Daten zu empfangen. Leider **können** Drucker aufgrund ihrer Beschaffenheit aber **nicht** immer bereit sein, Daten zu empfangen.

BLUTIGE ANFÄNGER
... die Lösung ist, die Handshakingsignale zwischen Computer und Drucker zu prüfen. Bei einem seriellen Anschluß sind dies die Signale „Sendeteil einschalten" (RTS = Request to Send) und „Sendebereitschaft" (CTS = Clear to Send) ... (BYTE, Juni 1983)

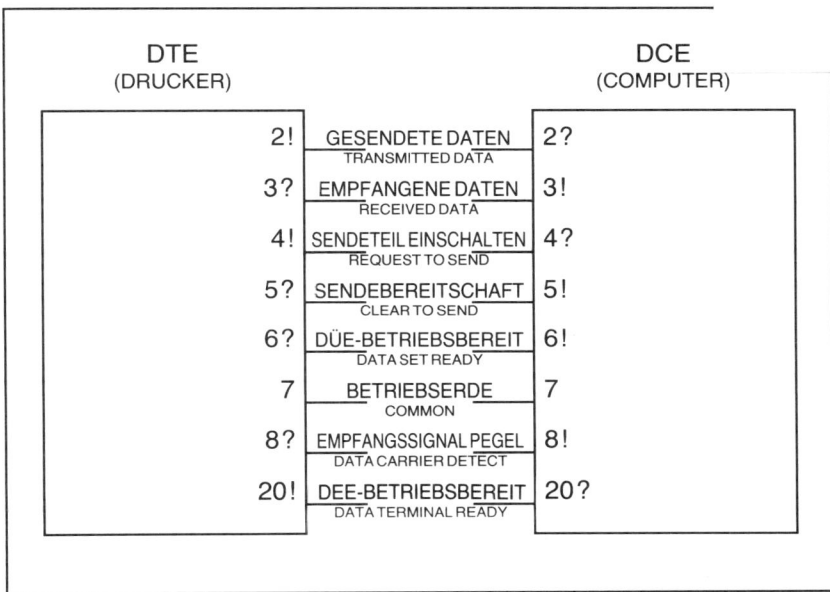

Abb. 4.1: Eine ideale Drucker/Computer-Schnittstelle

Dies veranschaulicht, warum der RS-232-C-Schnittstellenstandard versagt, wenn es um etwas anderes als die Modem/Bildschirm-Schnittstelle geht.

Die bloße Tatsache, daß der Drucker ein DTE- und der Computer ein DCE-Gerät ist, zwingt uns von den normalen RS-232-C-Anschlußtechniken Abstand zu nehmen. Um die meisten Drucker zum Laufen zu bringen, sind die Hersteller gezwungen zu improvisieren. Sobald sie erkannt haben, daß es *beim Anschluß eines Druckers nicht möglich* ist, den *Standard einzuhalten*, müssen einige Kompromißentscheidungen getroffen werden. Die erste ist, den Stift festzulegen, der für das Handshaking verantwortlich ist. Gut, **RTS** (REQUEST TO SEND – SENDE-

---

Es gibt tatsächlich offizielle Unterstützung, um einen unbelegten Stift auf Handshaking festzulegen. Abschnitt 4 des Standards enthält diesen wunderbaren Satz: „Zusätzliche Schnittstellenleitungen (Lesesignale), die hier nicht definiert sind... können in gegenseitigem Einverständnis zur Verfügung gestellt werden."

TEIL EINSCHALTEN) *klingt* vernünftig, nicht wahr? Oder wie wäre es mit **DTR** (DATA TERMINAL READY DEE – BETRIEBSBEREIT), weil der Drucker tatsächlich nicht *bereit* ist, Zeichen aufzunehmen? Eine noch bessere Idee: Kompatibilitätsprobleme insgesamt zu vermeiden, indem man das Handshakingsignal auf einen Anschlußstift legt, dessen Funktion im RS-232-C-Standard nicht einmal definiert ist.

Sobald die Notwendigkeit einer Abweichung eingesehen wurde, wird die Frage nach dem Umfang strittig und andere Modifikationen scheinen plötzlich vernünftig. Solange zum Beispiel Softwarehandshaking nicht benutzt wird (bei dem gefordert wird, daß der Drucker Steuerzeichen zurück zum DCE sendet) kann die RECEIVED DATA-Leitung (EMP-FANGENE DATEN) weggelassen werden. Oder falls Handshaking etwa dem **DTR**-Stift 20 (DATA TERMINAL READY = DEE-BETRIEBSBEREIT zugeordnet ist, ist **SENDEBEREITSCHAFT** (CLEAR TO SEND) entbehrlich.

Dies ist genau die Klasse von Problemen, denen man jedesmal bei dem Entwurf eines RS-232-C-Geräts begegnet, und fast jeder Hersteller behandelt sie unterschiedlich. RS-232-C-Mikrocomputerkomponenten anzuschließen, ist weitgehend eine Aufgabe der Entschlüsselung der jedem Hersteller eigenen Improvisationen. Einige Hersteller versuchen ihr Gerät, *wirklich* „RS-232-C-kompatibel" zu machen, während andere nur einen minimalen Gebrauch an Signalen zur Verfügung stellen. Der bedeutende Punkt, den man im Gedächtnis behalten sollte, ist, daß man, um die RS-232-C-Schnittstelle zu benutzen, eine Konstruktionsentscheidung treffen muß, wie weit die Schnittstelle verunstaltet werden soll. Der Rest dieses Buches ist der Erläuterung der üblichen Entscheidungen gewidmet.

WIE MAN DIE SCHNITTSTELLE ÜBERLISTET

Die Anschlußstifte und Signale variieren stark unter den Schnittstellen. Ein Hersteller mag entscheiden, die **DTR/dsr**-Steuersignale mit einzuschließen, ein anderer die **RTS/cts**-Steuersignale. Demgemäß kommen Sie möglicherweise in eine Situation, wo ein Eingabesignal auf der einen Seite der Schittstelle nicht das entsprechende Ausgabesignal von der anderen Seite empfängt. Unser Drucker zum Beispiel läuft schließlich nicht, wenn nicht seine **dsr**-Eingabe freigegeben ist. Aber was ist, falls der Computer, an den wir ihn anschließen, diese Signale nicht zur Verfügung stellt?

In Fällen wie diesen müssen wir die Schnittstelle *überlisten*, so daß sie denkt, daß die Signale, die sie erwartet, tatsächlich da sind. Es ist zum

Beispiel nicht unüblich, daß man DTE-Geräte findet, die **DTR-**, aber nicht **RTS**-Signale zur Verfügung stellen. Falls ein solches Gerät an ein DCE angeschlossen wird, das ein Freigabesignal auf seiner **rts**-Eingabe erwartet, kann die Steuerlogik nicht durch ein einfaches gerade durchverbundenes Kabel zufriedengestellt werden, wie in Abbildung 4.2 illustriert wird.

Unterstellen wir, daß das DCE nicht arbeiten wird, wenn nicht seine **rts**-Eingabe freigegeben wird, und daß das DTE sein **RTS**-Ausgabesignal nicht zur Verfügung stellt. Wie sollen wir fortfahren? Das notwendige Signal wird von dem **dtr**-Eingabesignal des DCE geborgt, das ja aufgrund der Ausgabe des DTE gesetzt ist. Präziser, nutzen wir die Spannung am Anschluß **DATA TERMINAL READY (DEE-BETRIEBSBEREIT)** des DTE gemeinsam mit dem Eingabesignal **REQUEST TO SEND (SENDETEIL EINSCHALTEN)** des DCE, wie in Abbildung 4.3 gezeigt wird.

In dieser Abbildung wird das freigegebene dtr-Eingabesignal des DCE mit dem **REQUEST TO SEND (RTS)**, d. h. **SENDETEIL EINSCHALTEN**, *verbunden*. Diese Verbindung, im Englischen „jumper" genannt,

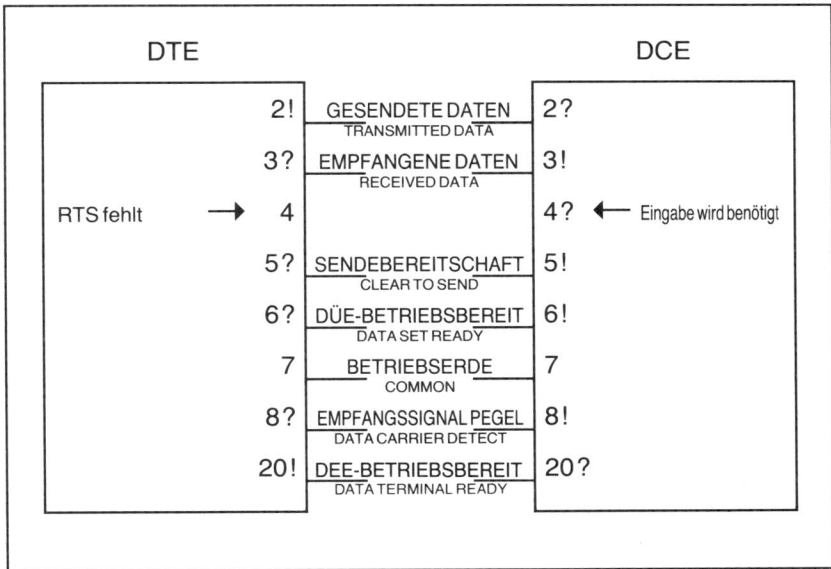

Abb. 4.2: Ein fehlendes Steuersignal

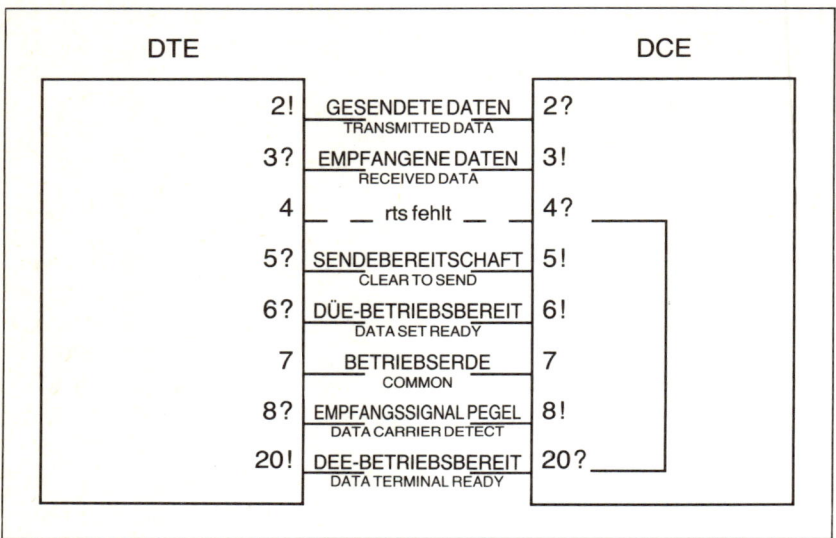

Abb. 4.3: Eine gesetzte Spannung wird „geborgt"

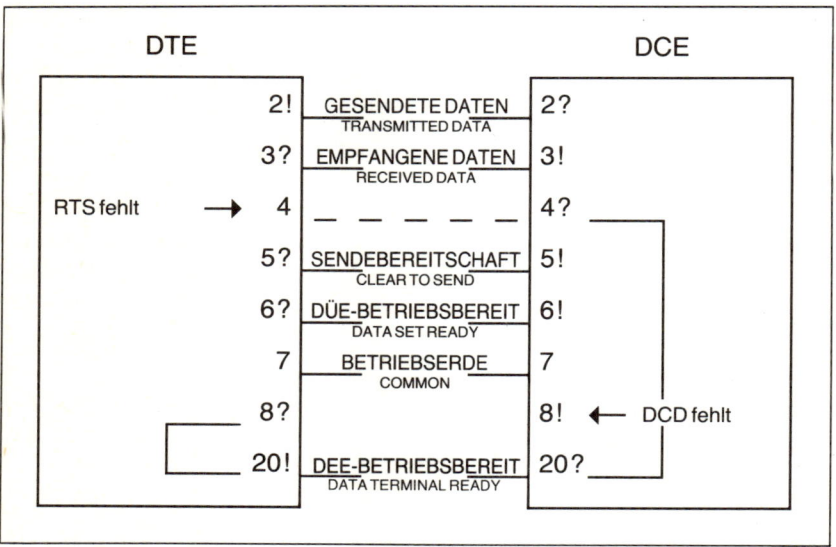

Abb. 4.4: Manche Schnittstelle braucht eine Reihe von „Tricks"

wird durch einen Draht zwischen den beiden Anschlußstiften realisiert. Wie können wir so gelegentlich Spannungen von Anschlußstiften gemeinsam benutzen? Das funktioniert genauso wie die elektrischen Steckdosen in Ihrem Haushalt – verschiedene Küchengeräte (Eingaben) können sich leicht eine elektrische Steckdose teilen. Die Schnittstelle ist sehr großzügig in diesem Gebiet: Ein einziges Ausgabesignal kann benutzt werden, um mehr als 40 Eingabesignale freizugeben!

Ein ähnliches Problem tritt häufig bei Druckern auf, die ein *Empfänger*handshaking auf Anschlußstift 8, **DATA CARRIER DETECT (dcd)**, **EMPFANGSSIGNALPEGEL**, benötigen. Wenn nicht das angeschlossene **DCE** ein Modem ist, kann seine **DCD**-Ausgabe niemals zur Verfügung gestellt werden. Wie in dem Beispiel oben muß das notwendige Signal von einem anderen Anschlußstift herübergebracht werden, wie in Abbildung 4.4 gezeigt wird.

Der Anschluß von Geräten gleichen logischen Typs

Eine spezielle Art von Anschlußproblemen tritt auf, wenn man beabsichtigt, zwei Geräte des gleichen logischen Typs miteinander zu verbinden. Falls Puristen sich beklagen, wenn die Standard-232-C-Schnittstelle benutzt wird, um einen DCE-Computer mit einem DTE-Drucker (also zwei Geräte entgegengesetzten Typs) zu verbinden, ruft der Anschluß von Geräten des gleichen Typs lautes Protestgeschrei hervor. Diese Situation wird ungefähr in der Hälfte der Fälle auftreten, abhängig davon, wie der Computer konfiguriert ist. Falls Ihr Computer ein DTE-Gerät ist, werden Sie Schwierigkeiten haben, einen Drucker anzuschließen. Falls Ihr Computer ein DCE-Gerät ist, stellt sich Ihnen das Problem beim Anschluß eines Modems. Zählen Sie sich zu den glücklichen Menschen, falls Ihr Computer eine Anschlußbuchse von jeder Sorte besitzt.

Um zu illustrieren, was der Anschluß von Geräten gleichen Typs bedeutet, lassen Sie uns annehmen, daß unser fiktiver Computer kein DCE-, sondern ein DTE-Gerät ist, wie in Abbildung 4.6 gezeigt wird. Diese Situation produziert einige extrem unnatürliche Verbindungen.

Beachten Sie, daß Ausgaben (!) mit Ausgaben und Eingaben (?) mit Eingaben verbunden sind. Diese Verbindungen ermöglichen keine Gerätekontrolle, kein Handshaking und natürlich keinen Fluß von Daten.

Wir benötigen eine Technik, die komplementäre „Standard"-Beziehung der Ein- und Ausgaben wiederherzustellen. Das heißt, wir müssen den Typ *eines* der Geräte verändern!

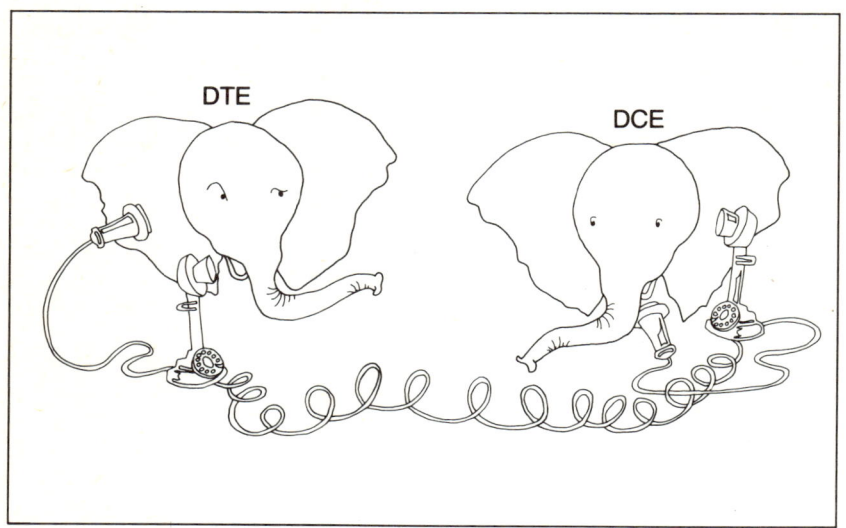

Abb. 4.5: Richtig verbunden?

Dies kann auf einem von drei Wegen erreicht werden.

1. Öffnen Sie eins der Geräte, lokalisieren Sie die Leitung der RS-232-C-Schnittstelle und vertauschen Sie dann die Ein-/Ausgabepaare. Einige Geräte stellen sogar interne Schalter zur Verfügung, die diese Prozedur erleichtern.

2. Stellen Sie ein spezielles Kabel her, in dem die Paare an einem Ende vertauscht werden.

3. Konstruieren Sie einen maßangefertigten Stecker.

Wir werden die relativen Vorteile jeder dieser Methoden in den später folgenden Fallstudien diskutieren. Zu diesem Zeitpunkt sollten Sie sich darauf konzentrieren zu verstehen, *warum* es notwendig ist, die Leitungen zu vertauschen. In Abbildung 4.8 ist dies in einem Diagramm dargestellt.

Der Vorgang, die korrekten Ein-/Ausgabebeziehungen zwischen den Signalen wiederherzustellen, wird im Englischen „flipping" („wegschnippen") genannt, und ein *flipped cable* oder *flipped connector* ist ein Verbindungselement, das diese Paare über Kreuz vertauscht. Egal welche Methode verwendet wird, die Eingabesignale werden mit ihren kom-

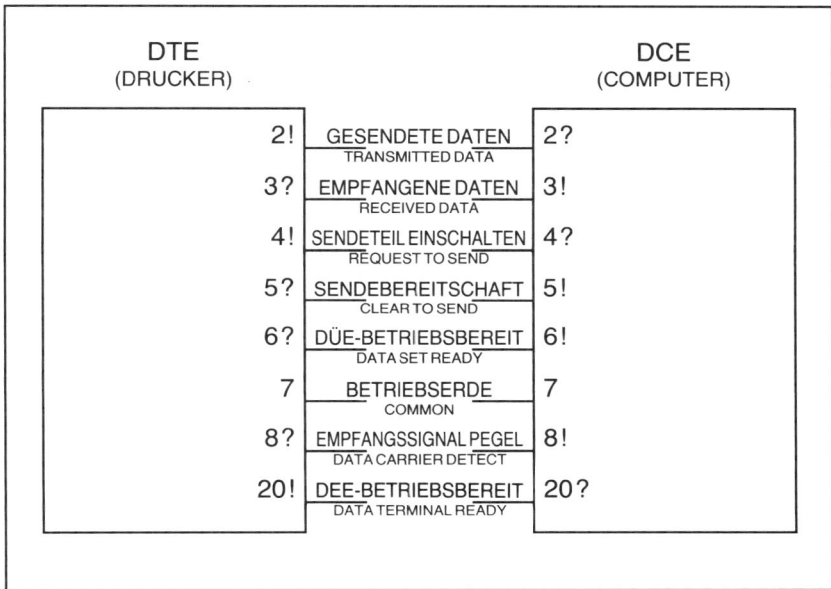

Abb. 4.6: Eine Schnittstelle mit Geräten desselben Typs

plementären Ausgabesignalen und umgegekehrt verbunden. Die Vertauschung mag an jeder Seite der Schnittstelle vorgenommen werden: Der Drucker hätte genausogut zu einem DCE-Gerät verändert werden können.

Aber, was kann man mit dem **dcd** (DATA CARRIER DETECT = EMPFANGSSIGNALPEGEL) am Anschlußstift 8 machen? Es hat kein entsprechendes Ausgabesignal, mit dem es vertauscht werden kann. Die Behandlung solcher Unregelmäßigkeiten ist ein praktisches Anschlußproblem, das wir in einem späteren Kapitel behandeln werden. In der Zwischenzeit ignorieren Sie es oder stellen Sie sich an den **DTR** (DATA TERMINAL READY = DEE-BETRIEBSBEREIT) angeschlossen vor.

Solche Installationstricks – „Herumschnippeln" an den Schnittstellen, das Umlegen von Steuersignalen und Handshakingsignalen – ist Routinearbeit beim Anschluß von RS-232-C-Schnittstellen. Und wenn nicht beide Teile der Ausrüstung von demselben Hersteller kommen, so ist es sehr wahrscheinlich, daß Sie sich Ihre Konfiguration selbst austüfteln müssen.

Abb. 4.7: Die Veränderung des Typs nur auf einer Seite

BEDEUTUNG DER ANSCHLUSS-STIFTE

Hier folgt nun eine oft benötigte Zusammenstellung der wichtigen Anschlußstifte der RS-232-C-Schnittstelle. Wie sonst erfolgen die Definitionen aus der Sicht des DTE-Geräts.

Stift 1 **PROTECTIVE GROUND** Dieser wird inoffiziell „Gehäusemasse" genannt. Falls ein Gerät einen Anschlußstecker ohne Fehlerstromschutzleiter hat, so sollte es über den Anschlußstift 1 mit einem Gerät, das einen solchen besitzt, verbunden werden. Dies sollte geschehen, um einen elektrischen Schock im Falle eines Fehlers in der Stromversorgung zu vermeiden. Dies kann erreicht werden, indem man ein Kabel benutzt, das die Anschlußstifte 1 der Geräte verbindet.

Die Funktion dieses Anschlußstifts wird häufig mit der von Stift 7 durcheinandergebracht, bekannt als „gemeinsame Masse". Dem Schutzleiter der Wechselstromversorgung wird nun *unterstellt*, daß er schließlich zurück zur Mutter Erde führt, deswegen der Ausdruck „Erde". In der Praxis kann dieser Weg jedoch über einige Umwege laufen, und so einen beträchtlichen Widerstand zwischen dem Gerät und der Erde verursachen. Wenn zwei Geräte einer Anlage an zwei verschiedene Stromkreise angeschlossen sind (zum Beispiel in einem sehr großen Gebäude), so kann ihr Erdanschluß elektrisch unterschiedlich sein. Das hat zur Folge, daß ihre Gehäuse elektrisch nicht das gleiche Potential haben.

Diese Bedingung kann tatsächlich die Kommunikation unmöglich machen, aber sie kann durch die Verbindung der beiden Gehäuse über die beiden Anschlußstifte 1 ausgeschaltet werden.

Diese Situation tritt nicht häufig auf. Unter normalen Umständen ist es sogar wahrscheinlicher, daß Sie durch die Verbindung der beiden

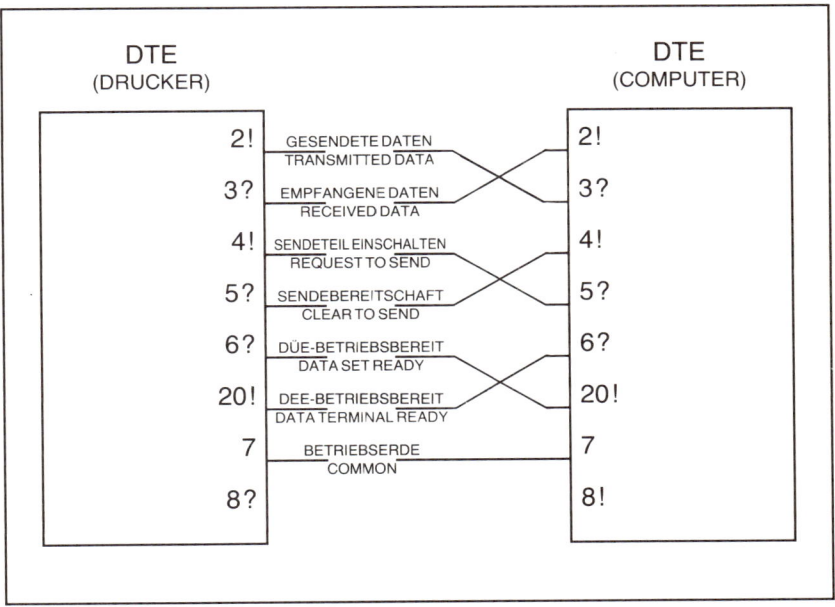

Abb. 4.8: Die Umwandlung des Typs erfolgt ganz einfach durch das Vertauschen der Ein-/Ausgabepaare

Anschlußstifte 1 Probleme schaffen. Ein viel eigenartigeres Problem, *Erdschleife* genannt, kann die Folge der unnötigen Verbindung der Gehäuse untereinander durch das Kabel sein. Erdschleifen führen dazu, daß sich Ihre Anlage fehlerhaft verhält und scheinen von ungewöhnlichen Kombinationen der Hardware, Schalterstellungen usw. abzuhängen. Falls sich Ihre Peripheriegeräte wie verhext verhalten, prüfen Sie, ob bei Ihren Kabeln die Anschlußstifte 1 verbunden sind. Vielleicht können Sie den Spuk beenden, indem Sie ganz einfach die Verbindung zwischen den Anschlußstiften 1 wieder auftrennen.

Wie dem auch sei, nach dem RS-232-C-Standard ist der Anschluß 1 optional.

STIFT 2 **TRANSMITTED DATA (SENDEDATEN)** übermittelt Daten vom DTE zum DCE.

STIFT 3 **RECEIVED DATA (EMPFANGSDATEN)** übermittelt Daten vom DCE zum DTE.

STIFT 4 **REQUEST TO SEND (SENDETEIL EINSCHALTEN)** Mehrzweck-Ausgabe. Die Verwendung variiert stark.

STIFT 5 **CLEAR TO SEND (SENDEBEREITSCHAFT)** Mehrzweck-Eingabe. Die Verwendung variiert stark.

STIFT 6 **DATA SET READY (DÜE-BETRIEBSBEREIT)** Mehrzweck-Eingabe, um dem DTE mitzuteilen, daß das DCE eingeschaltet wurde und betriebsbereit ist.

STIFT 7 **COMMON (BETRIEBSERDE)** Referenzpunkt für alle Schnittstellenspannungen. OBLIGATORISCH.

STIFT 8 **DATA CARRIER DETECT (EMPFANGSSIGNALPEGEL)** Seine Verwendung ist unterschiedlich, bei einem DTE wird er häufig dazu benutzt, den Datenempfang zu unterdrücken.

STIFT 20 **DATA TERMINAL READY (DEE-BETRIEBSBEREIT)** Mehrzweck-Ausgabe. Wird üblicherweise verwendet, um dem DCE mitzuteilen, daß das DTE eingeschaltet wurde und betriebsbereit ist.

Viele andere Anschlußstifte werden bei Mikrocomputerschnittstellen benutzt, aber die meisten der wichtigen Abläufe finden auf diesen neun Anschlußstiften statt. Die Stifte 2,3,4,5,6,7,8,20 werden die GROSSEN ACHT genannt. Wo andere Anschlußstifte benutzt werden, stellen sie üblicherweise nur zweitrangige oder optionale Möglichkeiten zur Verfügung, die auf den jeweiligen Hersteller beschränkt sind.

Logikpegel

5

Wir sind nun soweit, die elektrischen Definitionen der Daten untersuchen zu können. Beachten Sie, daß wir noch nicht mit dem *Format* der Daten beschäftigt sind, nur mit den Beziehungen zwischen den logischen Ebenen und wie diese durch Spannungen repräsentiert werden.

Dieses kurze Kapitel ist nicht als eine oberflächliche intellektuelle Übung gedacht. Es enthält Erklärungen über viele Aspekte der Schnittstelle, die weithin nicht verstanden wurden. Es muß gesagt werden, daß Sie wirklich nicht erwarten können, RS-232-C-kompatible Mikrocomputer ohne ein fundiertes Wissen seiner logischen Charakteristiken anzuschließen. Vertrautheit im Umgang mit diesen Ideen wird Sie vielmehr sicherer machen, wenn Sie zu den tatsächlichen Fallstudien in den Kapiteln 7 bis 11 kommen.

Aus Gründen der klaren Darstellung zeigen unsere Abbildungen sämtlich die UARTs direkt mit dem DB-25-Stecker verbunden. In Wahrheit ist diese Darstellung nicht korrekt. UARTs werden selbstverständlich von derselben 5-Volt-Spannungsversorgung wie die anderen integrierten Schaltkreise innerhalb des Computers versorgt. Die RS-232-C-Schnittstelle definiert jedoch ihre eigene elektrische Umgebung. Spannungen im Bereich von +25 bis −25 Volt sind unter bestimmten Umständen möglich. Computerkomponenten definieren häufig die logischen Pegel in

Form der *Größe* einer Spannung; der Standard definiert jedoch *bipolare logische Pegel*. Dies bedeutet, daß die Positivität und Negativität der Spannung ihren logischen Wert definiert.

So muß zwischen dem UART und dem Stecker selbst eine andere physikalische Schicht von elektronischen Bauelementen existieren, um die Spannungen des UART auf die der Standard-RS-232-C-Schnittstelle zu konvertieren. Typischerweise wird diese Umformung mit integrierten Schaltkreisen erreicht, die speziell für die RS-232-C-Schnittstelle entworfen wurden. Ein Typ dieser ICs, der *RS-232-C-Leitungstreiber*, übersetzt die UART-Ausgabespannungen auf die, die bei der RS-232-C-Schnittstelle benötigt werden, während ein anderer, der *RS-232-C-Leitungsempfänger* die RS-232-C-Spannungen auf die Pegel, die vom UART benötigt werden, umsetzt. Abbildung 5.1 stellt diesen Prozeß elektrischer Umformungen dar.

Mit Ausnahme der Darstellung seiner Bedeutung im allgemeinen Schema der RS-232-C-Schnittstelle sind wir absolut nicht daran interessiert, Details des Umsetzungsprozesses selbst zu betrachten.

Definition der Spannungsniveaus

Daten werden „das unterste zu oberst" („upside-down") übertragen. Im Vergleich zu den Logikkonventionen, die üblicherweise in Gebrauch sind, ist die Spannung-Logikbeziehung auf der Schnittstelle invertiert: Eine positive Spannung auf der Schnittstelle stellt eine 0 dar, während eine negative Spannung eine 1 darstellt.

Falls wir darangingen, zuverlässige Techniken für den Schnittstellenbau zu entwickeln, wären wir verpflichtet, die Details dieser Beziehungen zu verstehen. Abbildung 5.2 illustriert die logischen Definitionen für die RS-232-C-Schnittstelle.

Beachten Sie die invertierte Logik: Die 1 wird einem *negativen* Spannungsniveau zugeordnet, die 0 einem positiven. Um 0 sicherzustellen, muß ein Ausgabeanschlußstift eine Spannung zwischen +5 und +15 Volt bereitstellen. Ähnlich muß eine sichere 1 zwischen −5 und −15 Volt liegen. Der

---

Die serielle Golden Eagle-Schnittstelle ist als DTE konzipiert und richtet sich nach dem EIA-Standard. Alle Signale basieren auf den EIA RS-232-C-Niveaus. MARK = −3 Volt bis −27 Volt, SPACE = +3 Volt bis +27 Volt. (Golden Eagle Handbuch)

„tote Bereich" zwischen +5 und −5 ist als *Übergangsbereich* bekannt, in dem Logikpegel nicht definiert sind. Dies bedeutet, daß irgendeine Ausgabe zwischen +5 und −5 Volt *nicht eindeutig* als 1 oder 0 interpretiert werden kann. Abbildung 5.3 veranschaulicht die logischen Definitionen für *Eingaben*.

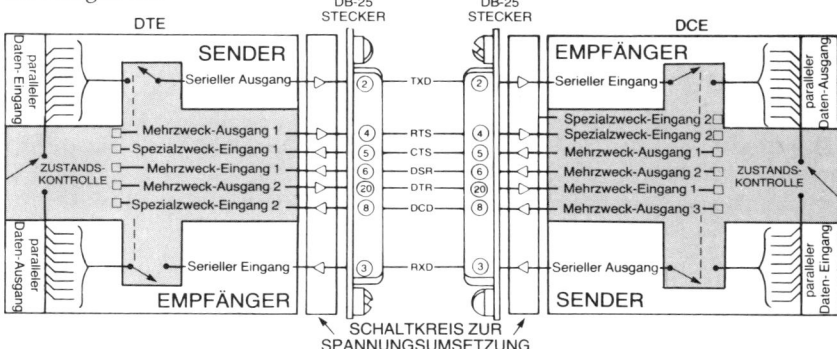

Abb. 5.1: Eine Schicht elektronischer Bauelemente trennt UART von den hohen RS-232-C-Spannungen

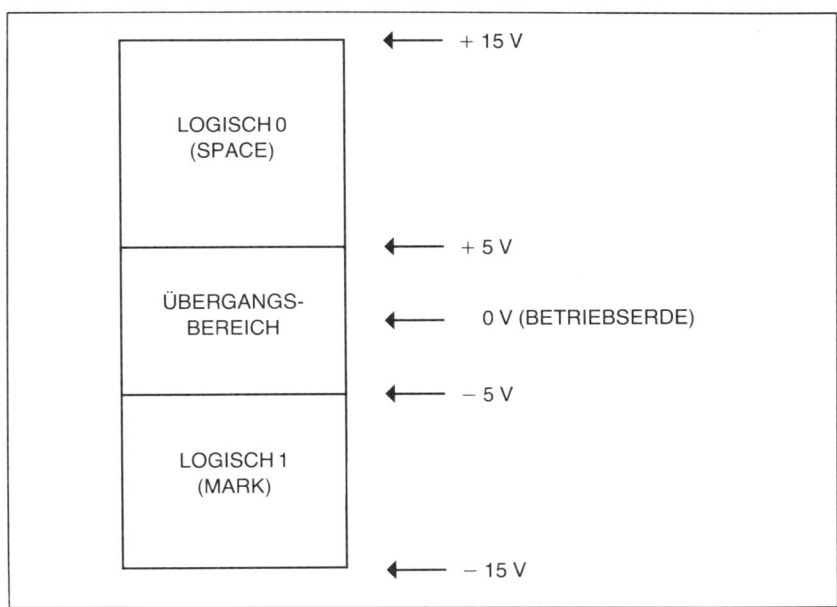

Abb. 5.2: Logikdefinitionen für RS-232-C-Ausgaben

Der einzige Unterschied zwischen dieser Definition und derjenigen für *Ausgaben* ist die Breite des Übergangsbereichs. Die undefinierte logische Zone einer Eingabe beträgt nur 6 Volt (von +3 bis −3 Volt), während der entsprechende Bereich für eine Ausgabe 10 Volt beträgt (von +5 bis −5 Volt). Dieser offenbar zufällige Unterschied ist ungeheuer wichtig.

TECHNISCHE BEMERKUNG:
Leute werden häufig durch die Zusammenhänge zwischen der Geschwindigkeit des Datentransfers und der Kabellänge verwirrt. Obwohl zum vollen Verständnis dieses Themas elektronisches Wissen erforderlich ist, hier eine kurze, wenn auch etwas technische Erklärung.

Mit der Zunahme der Übertragungsrate werden Datensignale für Spannungsverluste anfällig, die durch Kapazität und Induktivität in dem Kabel verursacht werden. Diese Verluste, bekannt als Hochfrequenzeffekte, nehmen mit der Kabellänge zu. Die Breite der Übergangszone, die aufgrund dieser Verluste entstehende Signalschwächungen abfängt, limitiert direkt die maximale Geschwindigkeit, mit der Daten übermittelt werden können, ohne daß sie entarten.

Da die Rauschgrenze durch den RS-232-C-Standard festgelegt ist, wird die maximale Übertragungsrate in der Tat durch die Kabellänge bestimmt. Und da die Größe des Spannungsverlusts von der Kabellänge abhängt, bestimmt die Breite des Übergangsbereichs direkt die maximale Entfernung, über die Daten sicher übertragen werden. Wie lang darf ein RS-232-C-Kabel genau sein? Die EIA limitiert die gesamte Kabelkapazität auf 2500 Picofarad. Da ein Durchschnittswert für Kabel 40−50 Picofarad pro Fuß (1 Fuß = 12 Zoll = 30,48 cm) ist, darf ein Kabel maximal ca. 50 Fuß lang sein.

Das folgende Experiment wurde unter beinahe wissenschaftlichen Bedingungen durchgeführt: Elf 250-Fuß-Rollen von dreiadrigem nichtabgeschirmten 22-AWG-Kabel wurden nach und nach während des Testens zu einem einzigen Kabel verbunden. Jedes Ende wurde mit einem RS-232-C-Anschluß eines Computers verbunden. Es wurde ein kurzes Programm geschrieben, so daß das ASCII-Zeichen „U" an einem Ende des Kabels gesendet und am anderen Ende empfangen wurde. (Der Buchstabe „U" wurde wegen seines alternierenden Bitmusters gewählt: 01010101.) Das Programm zählte die Fehler durch Überprüfung irgendwelcher Abweichungen zwischen den geschickten und ankommenden Zeichen. Der Buchstabe wurde ständig gesendet, während zusätzliche 250 Fuß in die Leitung eingefügt wurden. Die angegebene Länge ist die größte Drahtlänge, bei der das System ungefähr 65000 Zeichen ohne Fehler senden konnte.

Baudrate	Kabellänge in Fuß
110	2750
300	2500
600	2500
1200	1750
2400	750
4800	500
9600	250
19200	< 250

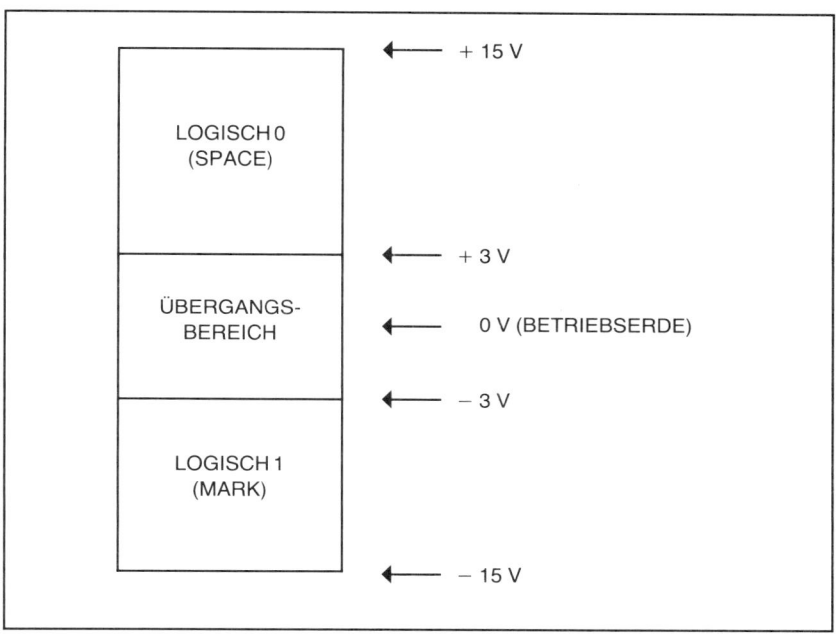

Abb. 5.3: Logikdefinitionen für RS-232-C-Eingaben

Rauschgrenze

Offiziell ist dieser Unterschied zwischen den Definitionen der zulässigen Minimalspannungen als *Rauschgrenze* (*Noise Margin*) des Schaltkreises bekannt.

Dies bedeutet, daß etwas elektrisches Rauschen neben der Ausgabespannung erlaubt ist, ohne den Logikpegel an der Eingabe ungünstig zu beeinflußen. Diese Eigenschaft ist extrem wertvoll, wo Kabel nahe an Geräten verlaufen müssen, die elektrische Interferenzen erzeugen: elektrische Motoren, flureszierende Beleuchtung, Dimmer und andere Übertragungseinrichtungen.

Die Ungleichheit der Übergangsbereiche für Eingaben und Ausgaben dient auch als eine allgemeine Sicherheitsschranke zur Kompensierung von Spannungsverlusten in dem Kabel. Zwei Volt können bei der Übertragung durch das Kabel verlorengehen, ohne daß die Spannung in die undefinierte Übergangszone der Eingabe „fällt".

Bei Gleichstrom jedoch sind Spannungsverluste in dem Kabel üblicherweise unbedeutend, selbst bei langen Kabeln. Da die Steuer- und Handshakingsignale mit Gleichstrom übermittelt werden, sind sie im Vergleich zu Datensignalen durch die Kabellänge relativ unbeeinflußt. Aus diesem Grund stellt der RS-232-C-Standard an Steuersignale weniger strenge Anforderungen als an Datensignale.

Ordnung der Bitübertragung

Die Daten werden „rückwärts" übermittelt: Das am *wenigsten signifikante* Bit wird zuerst übermittelt, gefolgt von den anderen in der umgekehrten Reihenfolge ihrer Signifikanz. Da in logischen graphischen Darstellungen (Wahrheitstafeln, Bitmustern usw.) das *signifikanteste* Bit links steht und da wir im Westen gewöhnt sind, von links nach rechts zu lesen, sind wir natürlich geneigt, uns die Bitübertragung in der gleichen Art vorzustellen. Daß sie rückwärts übermittelt werden, hat absolut keine Bedeutung. Es ist nur als ein weiteres Beispiel kleinerer intellektueller Hürden interessant, die genommen werden müssen, um sich vorzustellen, was physikalisch passiert.

Mark und Space

Viele Leute finden die logischen RS-232-C-Definitionen verwirrend und halten sie geradezu für eine Gemeinheit der Konstrukteure. Aber wie viele Aspekte serieller Kommunikation können Vereinbarungen wie diese am besten durch einen Rückblick auf die Fernschreibertechnologie, aus der sich die modernen Praktiken entwickelt haben, verstanden werden. Frühere Konstrukteure elektromechanischer Geräte (so wie die Fernschreiber) entdeckten, daß die Zuverlässigkeit durch Beibehaltung eines festen Stroms auf der Übertragungsleitung während der Leerlaufzeit (d.h. wenn keine Daten übermittelt werden) stark verbessert werden konnte. Datenübertragung wurde durch Unterbrechung dieses ruhigen Stroms erreicht. Diesem untätigen Status (Stromfluß) wurde willkürlich der Wert 1 zugewiesen. Bei serieller Kommunikation heißt dieser Status auch die MARK-Bedingung. Dagegen ist das Fehlen von Stromfluß (d.h. die tatsächliche Übertragung von Daten) als 0 oder SPACE-Bedingung definiert.

Die erste Seite des CCITT-Dokuments „Data Transmission Over Telephone Networks" (Datenübertragung über Telefonnetze), enthält diese die Geschichte erklärende Bemerkung:

Datenübertragung auf einem Schaltkreis wird oft durch ein perforiertes
Band kontrolliert. Auf perforierten Bändern, die in der Telegraphie
benutzt werden, ... wird die (MARK-)Bedingung durch eine Perforation
dargestellt. Wenn binäre Zahlen mittels Perforationen dargestellt werden, ist es üblich, das 1-Symbol mit einer Perforation darzustellen. Es ist
daher logisch, dieses Symbol... der (MARK-) Bedingung entsprechen zu
lassen.

Wenn wir eine Mehrzweckschnittstelle konstruieren müßten, die auf
heutigen logischen Konventionen basiert, würden wir höchstwahrschein-
lich den anderen Weg wählen. Uns scheint es „logischer", daß das Fehlen
von Daten (ein untätiger Zustand) dem logischen Zustand 0 anstelle des
logischen Zustands 1 zugewiesen werden sollte. Aber während uns die
Tradition unlösbar an diese invertierten Definitionen bindet und uns
einen weiteren Schritt an Verständnis aufzwingt, haucht sie auch Zauber
und Abwechslung in ein sonst unerträgliches trockenes Thema. Auf diese
Weise sind solche Bezeichnungen wie MARK und SPACE eine Ein-
ladung, sich an eine anregende, etwas romantische Vergangenheit zu
erinnern.

Zusätzlich zu dem geringen Aufwand an Gedankenarbeit, der nötig ist,
um diese logischen Definitionen in ihre konventionellen Gegenstücke zu
übersetzen, sind diese Umsetzungen wichtig während des Durcheinanders, das sie verursachen, wenn Leute wagen, die RS-232-C-Schnittstelle
zu erklären, darüber zu schreiben oder auch nur darüber zu diskutieren.

Sie wurden früher davor gewarnt, den RS-232-C-Schnittstelleneingaben
und -ausgaben logische Werte zuzuweisen. Diese Warnung gilt immer
noch. Wegen der Verwirrung, die dadurch verursacht wird, daß in dem
Standard die invertierte Logik verwendet wird, ist die Literatur über
dieses Thema hoffnungslos inkonsistent und verwirrend geworden. Die
Tabelle in Abbildung 5.4 faßt einige der im Gebrauch befindlichen Terme
zusammen.

PEGEL FÜR STEUERUNG UND HANDSHAKING

Solange wir über die logischen Pegel wirklicher Daten sprechen, ergeben
die meisten Terme in dieser Tabelle Sinn. Aber wenn Steuerungs- und
Handshakingsignale erörtert werden, kann die unpräzise Sprache zu Verwirrung führen. Zum Beispiel sind die Terme „HI" und „LO" echter
technischer Slang, der aus modernen Computerkonstruktionen abgeleitet
ist, in denen eine positive Spannung (HI) eine 1 darstellt und eine beinah
0-Spannung (LO) für 0 steht. Aber diese Unterscheidungen sind nicht für

die RS-232-C-Schnittstelle relevant, in der eine positive Spannung eine logische 0 darstellt und eine negative Spannung eine 1. Ein ähnliches semantisches Problem tritt auf, weil eine *Ausgabe*, wenn sie gesetzt ist, *positiv* − logisch 0 − ist. Dies bedeutet zum Beispiel, daß die Datenendstation betriebsbereit *ist*, wenn **DATA TERMINAL READY (DEE-BETRIEBSBEREIT**) auf logisch 0 − FALSCH − steht.

Um diese ärgerlichen Ungereimtheiten zu entfernen, ist es vielleicht leichter, die Datenleitungen (**SENDEDATEN** und **EMPFANGSDA-TEN**) in Termen invertierter Logik zu untersuchen, aber konventionelle Logik für die Steuer- und Handshakingsignale zu verwenden. Dieses kleine Gehirntraining ist keineswegs obligatorisch, aber wenn Sie Schwierigkeiten haben bei der Vorstellung, daß eine aktivierte (*freigegebene*) Eingabe FALSCH ist, hilft es möglicherweise.

Doch für die Praxis können Sie wahrscheinlich die Logikinversion insgesamt vergessen. Warum? Weil eigentlich jedes Anschließen im Alltag darin besteht, Steuer- und Handshakingleitungen zu manipulieren und zu überlisten. Praktische Anschlußprobleme werden selten von Ihnen verlangen, mit der Polarität von Datensignalen umzugehen. Da Steuer- und Handshakingeingaben und -ausgaben konventioneller positiver Logik (1 = gesetzt, wahr, an und HI) gehorchen, können die meisten Anschlußprobleme durch die Anwendung konventioneller Logik gelöst werden.

Wir werden das Problem unsererseits einfach umgehen, indem wir WAHR/FALSCH, 1/0, zugunsten der früher erwähnten unzweideutigen Terminologie vermeiden:

EINGABEN sind *freigegeben*, wenn sie positiv sind; *gesperrt*, wenn sie negativ sind.

LOGISCH 0	LOGISCH 1
SPACE	MARK
AUS	EIN
START	STOP
FALSCH	WAHR
POSITIV	NEGATIV
LO	HI
PERFORATION	KEINE PERFORATION
ZURÜCKSETZEN	SETZEN

Abb. 5.4: RS-232-C Pegel und eine Reihe unterschiedlicher verwirrender Bezeichnungen

AUSGABEN sind *gesetzt*, wenn sie positiv sind; *unterdrückt*, wenn sie negativ sind.

Seien Sie sich bewußt, daß die Hersteller diese Terme in ihren Handbüchern auch nicht vereinheitlichen können. Ein Druckerhersteller stellt zum Beispiel unpräzise fest: „Das Signal, daß der Puffer voll ist, tritt auf, wenn Stift 20 falsch ist." Ein Experiment ergab, daß an Stift 20 eine Spannung von zirka −10 Volt anlag, als der Puffer voll war. In den Begriffen, die in dem RS-232-C-Schnittstellenstandard festgelegt sind, war die Beschreibung des Herstellers nicht korrekt: FALSCH ist eine positive Spannung! Deshalb hätte es in dem Handbuch richtig heißen müssen: „Das Signal, daß der Puffer voll ist, tritt auf, wenn Stift 20 *negativ* wird." Diese Art sprachlicher Verwirrung durchzieht das ganze Feld der RS-232-C-Dokumentation. Stellen Sie daher sicher, daß Sie die Begriffe in Ihrem Kopf vereinheitlicht haben, bevor Sie versuchen herauszufinden, wie andere sie mißgedeutet haben.

Der Werkzeugkasten des Schnittstellenbauers

6

Bis jetzt haben wir ziemlich akademisch über den „Datenfluß durch die Schnittstelle" und die Unterschiede zwischen Gerätesteuerlogik und Handshaking gesprochen. Das anregende intellektuelle Streben nach dem Verständnis der Arbeitsweise der Schnittstelle ist vorbei. Wir brauchen nun einige praktische Kapitel: „Wie man es macht." Wir gehen dazu über, eine richtige Ausrüstung anzuschließen mit richtigen Namen, Markenzeichen und Modellnummern. Alles, was übrigbleibt, ist Arbeit: Stifte zu überbrücken, Eingaben zu überlisten, Kabel zu entwirren. Wenn es daran geht, zwei RS-232-C-Geräte dazu zu bringen, miteinander zu funktionieren, bedeutet das schön klingende Wort „anschließen" plötzlich „Kabel herstellen".

Der erste Schritt des Anschließens besteht darin, auf beiden Teilen der Ausrüstung die Baudrate zu setzen. Da die Baudrate *„per se"* kein Teil der RS-232-C-Schnittstelle ist und da die Vorgehensweise, sie zu setzen, von Gerät zu Gerät unterschiedlich ist, müssen wir das Bedienungshandbuch befragen. Aber nachdem die Baudrate gesetzt ist, werden wir unsere RS-232-C-Testbeispiele *ohne* Unterstützung von Handbüchern anschließen. Unter Benutzung einfacher Hilfsmittel werden wir die Logikpegel an jedem Teil der Ausrüstung überprüfen, sie graphisch darstellen und dann Arbeitshypothesen entwerfen, die auf unserem Wissen über den RS-232-C-Standard basieren. Die Ausgangsannahmen werden deduktiv sein. Das bedeutet: Mit Hilfe der Durchführung von Tests werden wir verifizieren, wie genau die DTE/DCE-Ein- und Ausgabe und die elektrischen Spezifikationen des RS-232-C-Schnittstellenstandards im Experiment beobachtet werden. Wenn die Geräte während des Experiments von unseren Erwartungen abweichen, so müssen wir induktiv vorgehen, indem wir Informationsmaterial sammeln und nach Anhaltspunkten zur Aufstellung einer neuen Hypothese über die Schnittstelle suchen. Die Ergebnisse dieser Analyse werden ausgetestet und verfeinert, bis wir eine funktionierende Schnittstelle und schließlich eine detaillierte Spezifikation für die Herstellung eines Verbindungskabels haben.

OHNE DOKUMENTATIONEN

Es gibt nichts Frustrierenderes oder Nutzloseres als das Arbeiten mit ungeeigneten oder ungenauen Dokumentationen. Die Entscheidung, ohne Dokumentationen zu arbeiten, entstand daher nicht aus Übermut, sondern weil die Handbücher der Hersteller oft unkorrekt, häufig irreführend und immer verwirrend sind. In einigen Fällen kann das Anschließen nicht erfolgreich sein, wenn man sich ganz auf die Handbücher verläßt. Häufig liegt das an der hastigen, flüchtigen Umgangssprache, die als Dokumentation angeboten wird, aber bei einer nicht unwesentlichen Anzahl getesteter Geräte offenbaren die Fehler einen Mangel an Verständnis fundamentaler RS-232-C-Schnittstellenkonzepte. Wenn ihre Geräte nur nach der Klarheit und Genauigkeit ihrer RS-232-C-Anschlußhinweise beurteilt würden, wäre die Mikrocomputerindustrie in schwerer Bedrängnis.

RS-232-C-GRUNDREGELN

Zwei elektrische RS-232-C-Spezifikationen erlauben uns, primitive und unkomplizierte Anschlußtechniken zu verwenden.

Die wichtigste Spezifikation für Anschlußtechniker ist beinahe zu gut, um wahr zu sein. Der EIA-Standard lautet:

Jede Schaltung für die Signalerzeugung wird so ausgeführt, daß sie weder bei Kurzschluß mit einer Erdleitung oder einer anderen Schnittstellenleitung noch im Leerlauf beschädigt wird.

Der Erfolg eines Handshaking-Mechanismus in einer RS-232-C-Schnittstelle kann nicht vorausgesagt werden, ohne die Handbücher für beide beteiligten Geräte zu studieren. (BYTE, Mai 1982)

Jeder Stift kann jederzeit an jeden anderen Stift angeschlossen werden, ohne daß Schaden entsteht. Solange Sie echte RS-232-C-Geräte anschließen, können Sie durch Kurzschluß nichts zerstören! Keiner der in diesem Buch beschriebenen Tests kann einer echten RS-232-C-Schnittstelle Schaden zufügen. Allerdings ist jede Schnittstelle, die unseren Tests nicht standhalten kann, nicht wirklich „RS-232-C-kompatibel" (ein schwacher Trost). Eine Schnittstelle, die nur der CCITT-Empfehlung V.24 und nicht gleichzeitig der Empfehlung V.28 entspricht, kann jedoch durch Kurzschluß beschädigt werden. Kompatibilität zu RS-232-C und damit Kurzschlußfestigkeit garantiert auch eine Schnittstelle gemäß DIN 66020.

Warum ist diese Spezifikation solch ein Segen für Anschlußtechniker? Das bedeutet, daß wir blind Stifte überbrücken können, Spannungen teilen oder unerwünschte Spannungen abklemmen können - das alles ohne Zögern oder Sorge. Dieser Sicherheitsfaktor erlaubt uns auch, grobe Spannungsmessungen durchzuführen, indem wir *Licht emittierende Dioden (LEDs)*, wo immer wir möchten, anschließen. Auf diese Weise können wir Logikpegel messen, ohne Voltmeter oder andere teure Geräte zu benutzen.

Hier ein Wort zur Vorsicht: Diese Spezifikation meint nicht, daß die RS-232-C-Schnittstelle gegenüber Beschädigungen unverletzbar ist. Sie kann zum Beispiel durch den Anschluß irgendeines Schaltkreises, der Spannungen außerhalb des Bereichs von +25 und −25 Volt erzeugt, zerstört werden. Hüten Sie sich besonders vor hausgemachtem Schaltungsmaterial, das in Hobbymagazinen angeboten wird. Setzen Sie darüber hinaus nie voraus, daß das Vorhandensein eines DB-25-Steckers eine RS-232-C-Schnittstelle oder auch nur eine serielle Schnittstelle garantiert. Einige Geräte, der IBM PC zum Beispiel, benutzen DB-25-Stecker sowohl als serielle als auch als parallele Schnittstellenstecker.

Die zweite Schlüsselspezifikation fordert, daß an dem Sender immer eine negative Spannung anliegt (logisch 1 oder MARK), wenn nicht gerade Daten gesendet werden. Wir wissen schon, daß Daten entweder über Stift 2 oder Stift 3 gesendet werden müssen, in Abhängigkeit von der Art des Geräts. Deshalb können wir durch Testen dieser beiden Stifte (mit Hilfe einer LED) feststellen, ob das getestete Gerät ein DTE- oder ein DCE-Gerät ist.

Bevor wir unser Handwerkzeug zusammensuchen, sollten Sie verstehen, daß die hier beschriebene Vorgehensweise zum Anschluß einwandfreier Geräte gedacht ist, auf die die RS-232-C-Spezifikationen über elektrische und logische Pegel zutreffen. Obwohl aus den Ergebnissen unserer Tests sicher diagnostische Informationen abgeleitet werden können, sind diese nicht für störende Defekte oder modifizierte Geräte konzipiert. Das Vorgehen funktioniert möglicherweise nicht, wenn mehr als ein Gerät an andere Schnittstellen gehängt wird (dies ist als *Gruppenverbindung* bekannt). Zum Beispiel ist es *wahrscheinlich* nicht möglich, fünf Drucker über den einzigen RS-232-C-Anschluß Ihres Computers zu betreiben.

DIE AUSRÜSTUNG

Die Prüfklemme

In der Einführung haben wir versprochen, daß für die Methoden in diesem Buch Löten nicht erforderlich ist. Dieses Versprechen gilt. Löten ist allerdings immer noch von unschätzbarer Hilfe, wenn man sich tatsächlich mitten im Anschlußvorgang befindet. Mit Federkraft haltende Prüfklemmen – nützliche kleine Helfer, die im Englischen auch als „Grabber" bezeichnet werden – sind als ausgezeichneter Ersatz für das Löten zu empfehlen. Diese Geräte, die ungefähr wie subkutane Spritzen benutzt werden, sind in Abbildung 6.1 dargestellt.

Grabber finden Sie leicht in Läden für Elektronikbedarf. Es gibt sie in zwei Größen. Die Klemmen der größeren Ausgabe sind möglicherweise zu groß, um zwei Grabber gleichzeitig an benachbarten Anschlußstiften eines DB-25-Steckers anzubringen. Andererseits ist der Umfang des Hakens des kleineren „Mikrograbbers" zu gering, um die Anschlußstifte sicher zu packen. Der Haken des Mikrograbbers kann allerdings mit einer kleinen Zange einfach umgeformt werden. Falls Sie lieber keine Drähte löten möchten, brauchen Sie sechs oder sieben Grabber in verschiedenen Größen und Farben. Man kann Grabber kaufen, die bereits mit Kabeln versehen sind, oder Sie kaufen sie in größerer Menge und löten so lange Kabel daran, wie Sie sie brauchen.

Kabel und Stecker

Ganz gleich, ob Sie sich entschließen, Ihre Verbindungen zu löten oder Grabber zu benutzen, Ihre Enttäuschung bei den Anschlußarbeiten wird schnell wachsen, falls Sie versuchen mit den Steckern zu arbeiten, die direkt an dem Gerät angebracht sind. Die Rückwand Ihrer Computerausrüstung ist wegen des Durcheinanders von Kabeln und Steckern keine gastliche Arbeitsumgebung. Sie sehen den Bildschirm nicht, während Sie arbeiten, die Lichtverhältnisse sind schlecht, und es ist ausgesprochen unbequem, auf so engem Raum zu arbeiten. Schließen Sie also zuerst ein *25-adriges, durchverbundenes Kabel* (d.h. eines ohne Tricks oder Kniffe) an jedes Gerät an. Führen Sie die Kabel zu einer geeigneten und bequemen Arbeitsfläche, von der Sie Ihren Bildschirm sehen und Ihre Tastatur leicht erreichen können.

Arbeiten sie *nicht* direkt an den Enden des Kabels! Bringen Sie stattdessen, wenn Ihr Kabel gut handhabbar auf der Arbeitsfläche liegt, einen offenen *Leer*stecker an dem freien Ende jedes Kabels an. Dadurch steht eine geeignete Menge von Anschlußstiften zum Löten oder zum Anbringen von Grabbern zur Verfügung. Alle Testverbindungen werden auf diesen Leersteckern durchgeführt. Nachdem Sie die Schnittstelle verstanden haben, kann das endgültige Arbeitskabel mit einem Minimum von Leitungen hergestellt werden.

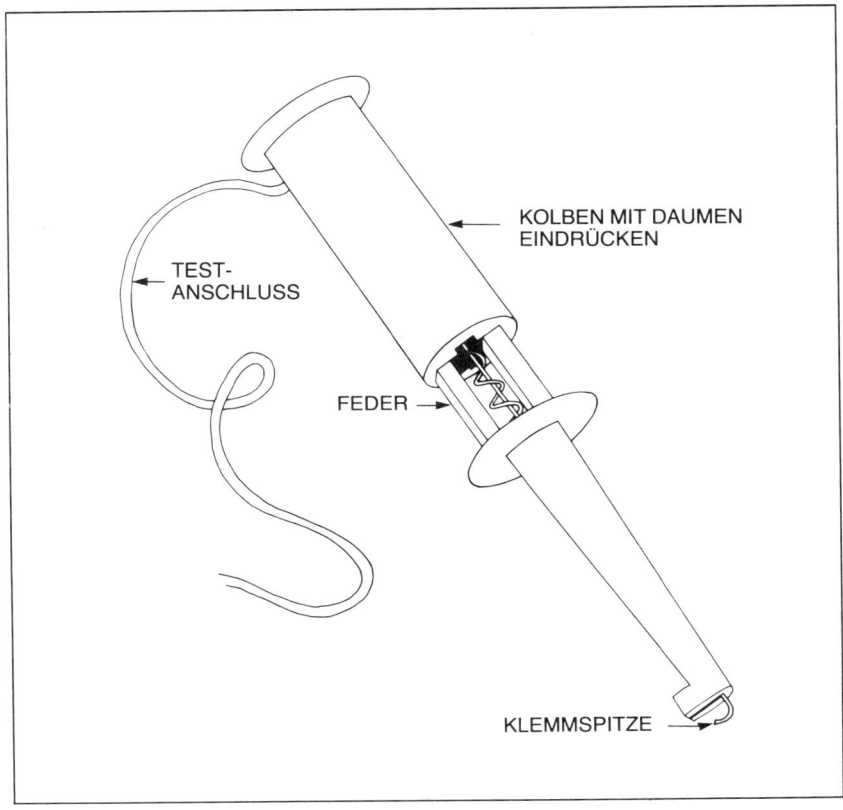

Abb. 6.1: Grabber gibt es in zwei Größen und verschiedenen Farben

Falls Sie löten, ziehen Sie vielleicht Stecker mit gewöhnlichen Lötstiften vor. Falls Sie Grabber benutzen, bieten die längeren Stifte von *Wickel-verbindern* (*„Wire-wrap"-Stifte*) geeignete Stützpunkte, an denen die Grabber angeschlossen werden können. Die Wire-wrap-Stifte können Sie nach Ihrem Geschmack verkürzen. Abbildung 6.2 veranschaulicht diese beiden Steckertypen.

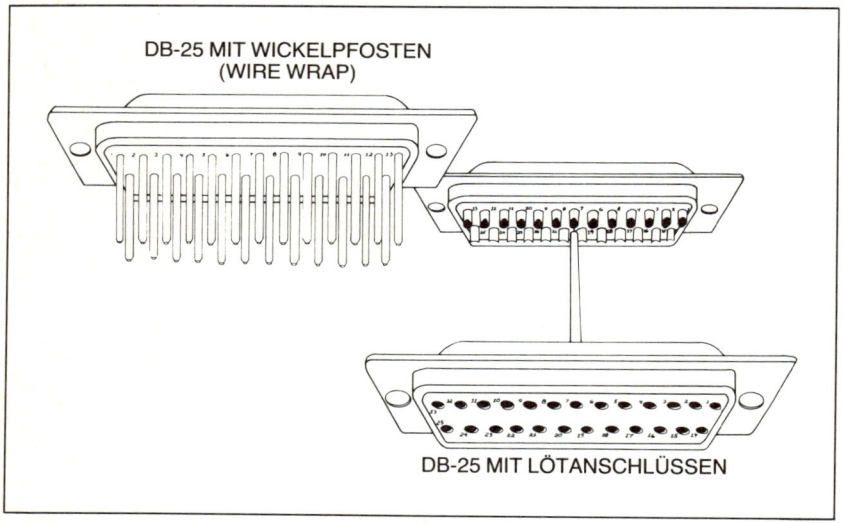

Abb. 6.2: Die Wire-wrap-Verbinder des linken Steckers sind gute Anschlußpunkte für Grabber. Man kann Grabber aber auch gut mit dem rechts abgebildeten zu lötenden Stecker benutzen.

Löten scheint unter nicht technisch Interessierten ein richtiges Schreckgespenst zu sein. In dem Maß an Spitzfindigkeit und Talent, das erforderlich ist, ist das Löten mit dem Einschlagen eines Nagels oder vielleicht mit dem Schmieden eines Hufeisens auf dem Amboß vergleichbar. Was könnte leichter sein, als zwei Drähte zu erhitzen, bis der Lötzinn schmilzt und über sie fließt? Obwohl lötfreie Kabelstecker existieren, sind sie häufig schwer zu finden, unvermeidlich teurer und arbeiten oft nicht zuverlässig. Fertige, maßgeschneiderte Kabel kosten ein Vermögen. Man kann sicher sagen, daß ein Lötkolben sich für mehr als seinen eigenen Preis bezahlt macht, wenn Sie nur ein einziges Kabel mit ihm herstellen.

In einer zunehmend elektronischen Welt wird Löten schnell zu einer zum Überleben notwendigen Fertigkeit. Diese Fertigkeit kann in ungefähr fünf Minuten erlernt werden. Warum fangen Sie nicht sofort an?

Falls Sie anfangen, Leitungen zwischen diese beiden DB-25-Leerstecker zu bringen, wird der gesamte Aufbau schnell schludrig und unhandlich. Die beiden Stecker sind einfacher zu handhaben, wenn sie in Form eines *Testadapters* fest miteinander verbunden werden. Mit einem Gewinde versehene Abstandsstücke von 3−4 cm Länge können dazu benutzt werden, die beiden Stecker voneinander zu trennen, wodurch eine stabile Plattform entsteht, an die Grabber angeklemmt oder Drähte angelötet werden können. Alternativ können Sie 5 cm lange Stücke gewöhnlichen Haushaltsdrahtes ausreichender Stärke an die seitlichen Flanschstücke des Verbinders anlöten, um sie an Ort und Stelle zu halten. Da die **BE-TRIEBSERDE** an Anschlußstift 7 *immer* benötigt wird, ist es eine gute Idee, sie *fest* auf dem Testadapter anzulöten, wie es in Abbildung 6.3 gezeigt ist.

Falls Sie ihren Testadapter mit Abstandshaltern herstellen, verwenden Sie bitte Flachkopfschrauben zum Befestigen der Abstandsstücke zwischen den beiden DB-25-Steckern; Schrauben mit großen Köpfen verhindern nämlich den sicheren Sitz des Kabelsteckers auf dem Adapter. Falls Sie Ihren Adapter mit Haushaltsdraht herstellen, sollten Sie aus dem gleichen Grund den Draht *nicht* durch die Löcher des Steckers führen. Benutzen Sie Draht, der ungefähr 5 cm lang ist, winkeln Sie an jedem Ende ungefähr einen Zentimeter um 90 Grad ab und löten Sie dann die Drähte an die Metallrahmen auf der *Unterseite* der DB-25-Stecker.

Wenn Sie drei Adapter herstellen − männlich/männlich, männlich/weiblich und weiblich/weiblich – brauchen Sie in Ihrem Testbaukasten nur ein einziges Kabel (männlich/weiblich), gleich welchen Typs die Stecker der anzuschließenden Ausrüstung sind. Die Adapter haben so die Doppelfunktion, sowohl eine stabile Arbeitsplattform zur Verfügung zu stellen als auch die Anzahl der benötigten Kabel zu reduzieren.

Als andere Möglichkeit ziehen Sie es vielleicht vor, ein *Universalkabel* einzusetzen, eins mit einem männlichen und einem weiblichen Stecker an

---

Es ist eine gute Idee, beide Stecker am Testadapter so anzubringen, daß ihr D-förmiger Umriß in der gleichen Richtung orientiert ist. Dies stellt sicher, daß die Stifte an einem Stecker denen des anderen Steckers mit derselben Nummer direkt gegenüberliegen. Sonst ist es möglich, abhängig vom Typ des Steckers, daß die Positionen der Stiftnummern invertiert sind. Da es gefährlich einfach ist, Stifte auf gegenüberliegenden Steckern zu verwechseln − ein fataler Fehler − ist es eine gute Idee, die Steckerummantelung mit den Nummern der GROSSEN ACHT zu beschriften (benutzen Sie einen nicht abwischbaren Stift mit feiner Spitze).

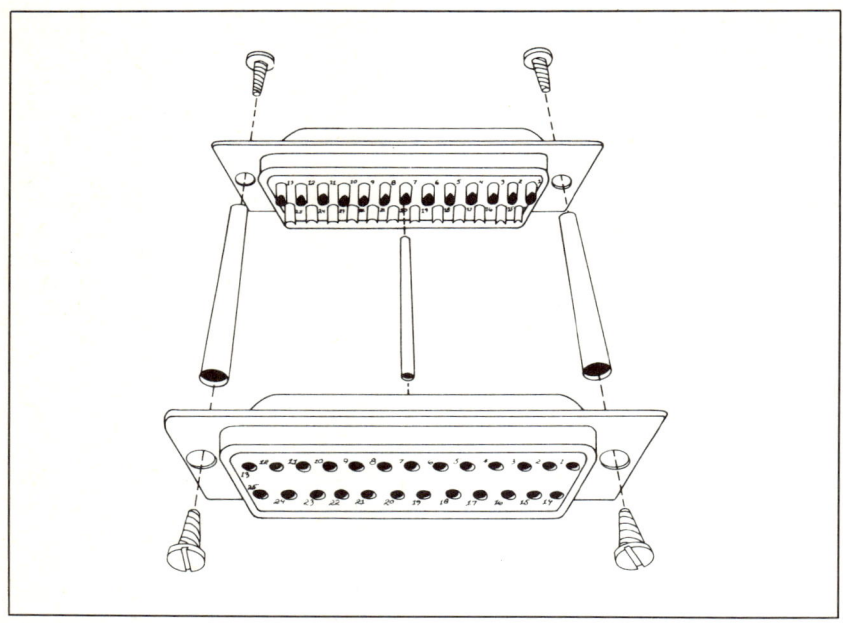

Abb. 6.3: Der komplette Testadapter. Wenn Sie wollen, benutzen Sie Stecker mit Wire-wrap. Die Abstandshalter und Schrauben können durch Haushaltsdraht ausreichender Stärke ersetzt werden.

beiden Enden. Ein Universalkabel, ein einzelner Testadapter (männlich/weiblich) und ein einzelnes Kabel (männlich/weiblich) decken alle Möglichkeiten ab.

DER „RUCK-ZUCK"-LED-SPANNUNGSDETEKTOR

Da die RS-232-C-Schnittstelle binäre Logik benutzt, sind wir mit der puren Anwesenheit oder Abwesenheit eines Signals mehr beschäftigt als mit seiner Größe. Im Vorangegangenen haben wir gelernt, daß die „logischen Auslösepunkte" einer Eingabe +3 und −3 Volt sind. Ob die Spannungen größer sind (in negativer oder in positiver Richtung), ist unbedeutend. Tatsächlich arbeitet in praktischen Anwendungen der größte Teil der Ausrüstung tadellos mit Logikpegeln von ungefähr +1 und −1 Volt.

(Erinnern Sie sich jedoch, daß die Schnittstelle nicht *garantiert*, daß Logikpegel zwischen +3 und −3 Volt funktionieren.)

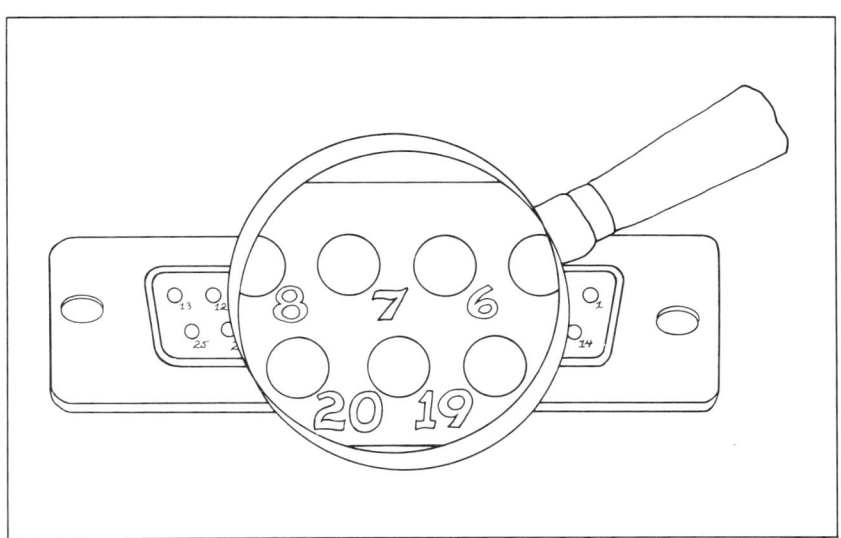

Abb. 6.4: Stellen Sie sicher, daß Sie die Stecker mit direkt gegenüberliegenden Stiften 7 montieren.

Zur Unterstützung unserer Analyse von Schnittstellen, muß ein einfaches Testgerät zur Prüfung des Vorhandenseins oder Nichtvorhandenseins einer Spannung an den Stiften erfunden werden. Dieses Testgerät sollte in der Lage sein, zusätzlich zu der Minimalspannung von 3 Volt auch die Polarität der Spannung festzustellen; das heißt es muß anzeigen, ob eine Spannung negativ oder positiv ist.

Die Licht emittierende Diode, oder LED, ist ideal für diesen Zweck. Wie alle Dioden spricht die LED nur auf Spannungen einer Polarität an. Abbildung 6.5 veranschaulicht diese besondere Eigenschaft.

Wir werden dieses Phänomen nutzen, um anzuzeigen, ob Stifte an der RS-232-C-Schnittstelle positiv oder negativ sind. Beachten Sie, daß ein Bein an der LED kürzer ist als das andere und daß es am Rande der Linse eine Abflachung gibt. Diese Kennzeichen markieren das negative Ende der LED. Wenn dieser Anschluß mit der **BETRIEBSERDE** (COMMON) Stift 7 einer RS-232-C-Schnittstelle verbunden wird und der andere Anschluß mit irgendeinem Stift einer **positiven** (d.h. einer gesetzten) Spannung, so leuchtet die LED. Glücklicherweise hat die LED absolut keinen Einfluß auf die Schnittstellenschaltung, wenn sie nicht leuchtet. Abbildung 6.6 zeigt das LED-Testgerät komplett mit Grabbern.

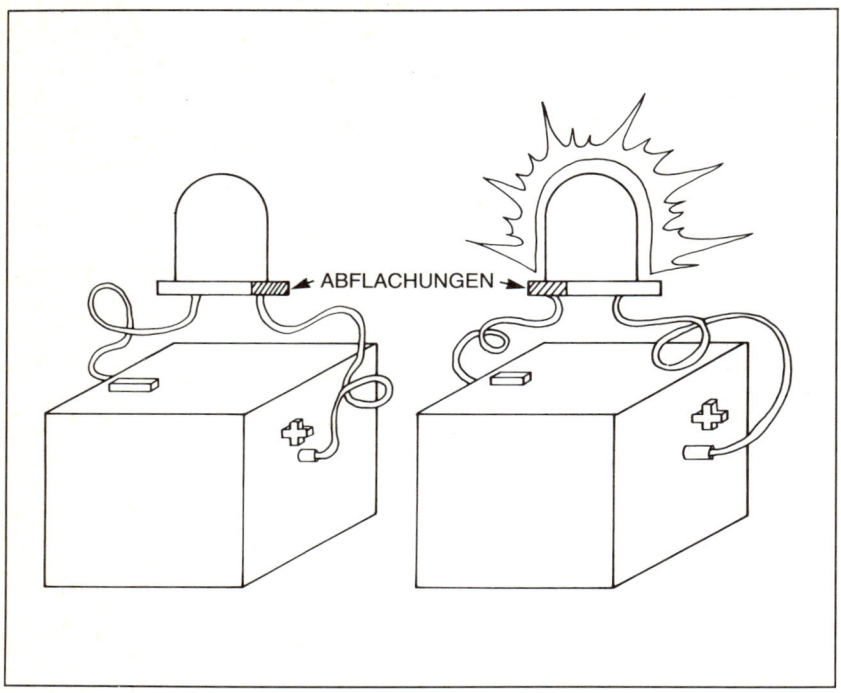

Abb. 6.5: LEDs leuchten nur, wenn die Spannung richtig angelegt wird. Beachten Sie,
daß die Abflachungen die negativen Anschlüsse markieren.

Ein identisches Testgerät für negative Spannungen kann konstruiert
werden, indem man ganz einfach die Anschlüsse an der LED umdreht, so
daß der *positive* Anschluß nun mit der **BETRIEBSERDE** am Anschlußstift 7 verbunden wird. Nun wird die LED nur leuchten, wenn der zu
testende Schnittstellenanschluß negativ ist. Da eine Spannung nicht
gleichzeitig positiv und negativ sein kann, und da eine nicht leuchtende
LED die Spannungen auf der LED nicht beeinflußt, gibt es keinen
Grund, warum wir nicht zwei LEDs verschiedener Farben kombinieren
können, um einen bipolaren Spannungsprüfer zu bauen.

Falls der Anschluß mit der Bezeichnung ERDE mit der *BETRIEBS-
ERDE* verbunden wird, leuchtet die rote LED, wenn eine positive Spannung an dem Anschluß mit der Bezeichnung TEST angelegt wird. Falls
eine negative Spannung angelegt wird, leuchtet die grüne LED auf.

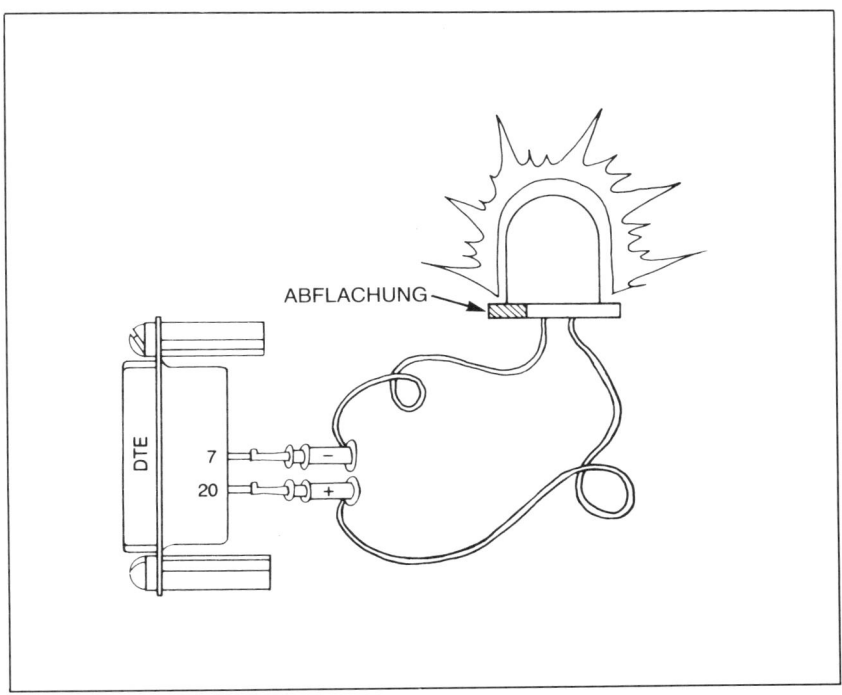

Abb. 6.6: Ein einfacher LED-Tester leuchtet, wenn er, wie hier gezeigt, mit einem gesetzten Ausgang verbunden wird.

Abbildung 6.7 zeigt das endgültige Spannungstestgerät komplett mit einem 470 Ohm, 1/2 Watt-Widerstand zur Strombegrenzung. Stellen Sie sicher, daß die Abflachung der grünen LED entgegengesetzt ist zu der der roten. Es wird dringend empfohlen, daß die Widerstand-Dioden-Schaltung gelötet wird. Sie können sich ebenfalls entscheiden, die Grabber-Anschlüsse zu löten.

Eine einzelne zweifarbige LED kann ebenfalls benutzt werden. Da es jedoch keine Übereinkunft gibt, welche Farbe bei einem gegebenen Schema aufleuchtet, müssen Sie experimentell bestimmen, welcher ihrer Anschlüsse mit der **BETRIEBSERDE** verbunden werden muß. Der 470 Ohm Widerstand wird ebenfalls noch benötigt.

Der Werkzeugkasten ist nun vollständig: Grabber, Testadapter und Spannungsprüfer. Mit Ausnahme der Kabel (die Sie möglicherweise schon besitzen) sollten die Kosten für einen einzelnen Testadapter, sechs Grabber und den LED-Tester gut unter 40 DM liegen. Es wird nun Zeit, diese technischen Werkzeuge mit den gedanklichen Werkzeugen, die wir in den vorangegangenen Kapiteln erworben haben, zu kombinieren.

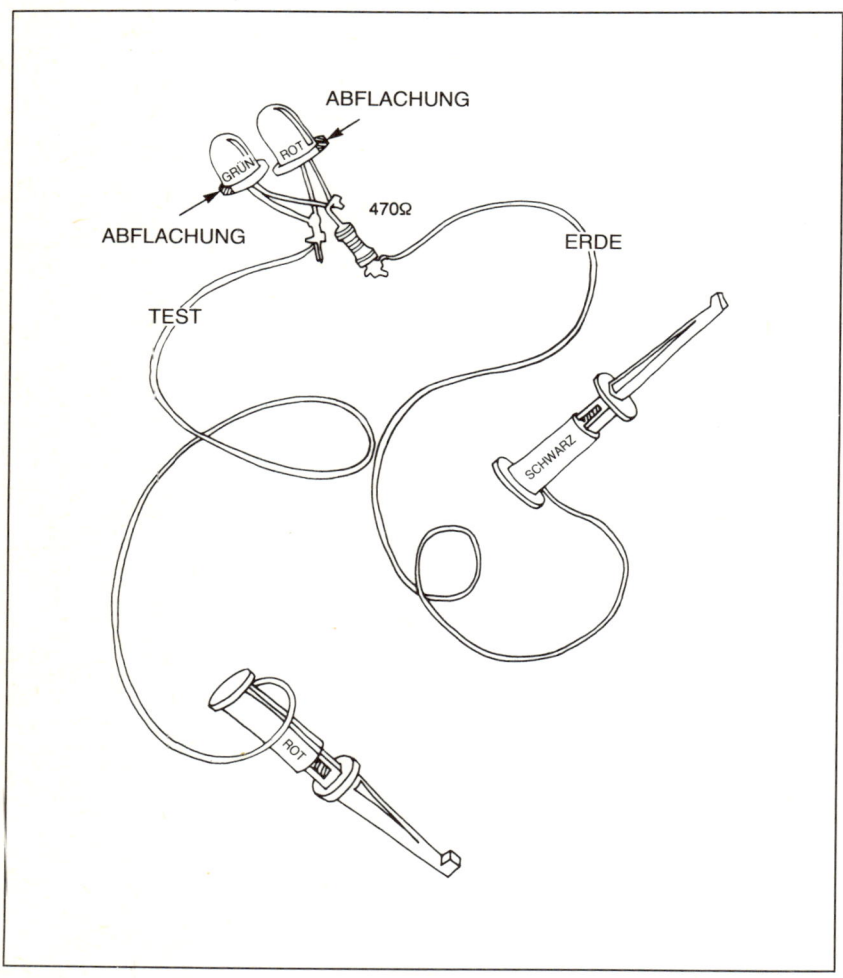

Abb. 6.7: Der vollständige LED-Tester. Der Wert des 470 Ohm Widerstands kann um 20 % variieren. Der Anschluß TEST ist mit der nicht abgeflachten Seite der roten LED und der abgeflachten Seite der grünen LED verbunden.

TEST-STECKER-ZUBEHÖR (FÜR 3 EXEMPLARE):

3   männliche Stecker

3   weibliche Stecker

6   3 x 10 mm Flachkopfschrauben

6   5 cm lange Abstandshalter mit 3 mm Gewindebohrung
     oder geeignete Drahtstücke

LED-TESTGERÄT

1   470 Ohm, 1/2 Watt Widerstand (Wert ist nicht kritisch)

1   grünes Licht emittierende Diode

1   rotes Licht emittierende Diode oder eine einzelne zweifarbige,
     Licht emittierende Diode

2   20-40 cm lange Anschlußenden mit Grabbern an einem Ende,
     falls gelötet, sonst an beiden Enden.

VERMISCHTES

2   25-adrige Kabel mit 25-poligen Steckern,
     die gerade durchverbunden sind. *

6   Testdrähte, Grabber in verschiedenen Farben an den Enden.
     Falls Sie eigene Grabber anschließen, achten Sie darauf, daß die
     Anschlußleitungen flexibel genug sind. Verwenden Sie Litzendraht.

*_Falls eines der Männlich/Weiblich-Kabel durch ein universelles Kabel ersetzt wird,
wird nur ein einziger Männlich/Weiblich-Testadapter benötigt._

Abb. 6.8: Stückliste für den Werkzeugkasten

ANSCHLIESSEN SCHRITT FÜR SCHRITT

Gute Nachrichten

Wir haben unseren Drucker und Computer als „fiktiv" beschrieben und zwar deshalb, weil sie, wie Sie vielleicht bemerkt haben, mit einem standardmäßig durchverbundenen Kabel ausgezeichnet funktionieren. Das Signal, das anzeigt, daß der Puffer des Druckers voll ist, liegt an Stift 4, **REQUEST TO SEND (SENDETEIL EINSCHALTEN)**, an. Stift 4 an der Schnittstelle wird direkt mit dem SPEZIALZWECKEINGANG NR. 1 des UART verbunden und unterbricht das Senden des Computers. Da der Drucker keine Daten an den Computer zurückschickt (d.h. kein Software-Handshaking stattfindet), haben wir gesehen, daß die Leitung **REQUEST TO SEND (SENDETEIL EINSCHALTEN)** und die **RECEIVED DATA-Leitung (EMPFANGSDATEN)** theoretisch überflüssig sind. Es ist eine verständliche Schnittstelle, die einfach bleibt, weil sie den RS-232-C-Schnittstellenstandard nur wenig erweitert. Selbst der Name der Handshakingleitung **REQUEST TO SEND (SENDETEIL EINSCHALTEN)** deutet an, was passiert.

Schlechte Nachrichten

Bevor dieser rosige Optimismus zu weit geht, ist es an der Zeit zuzugeben, daß nur schwache Hoffnung besteht, daß unsere Schnittstelle auf vielen realen Drucker/Computer-Kombinationen funktioniert. Hier die Gründe:

1. Wenige Drucker signalisieren an Stift 4 (RTS), daß der Puffer voll ist.

2. Die Hälfte der Computer *sind* als DTEs (DE-Einrichtungen) konfiguriert.

3. Von den Computern, die als DCEs (DÜ-Einrichtungen) konfiguriert sind, verbinden nur wenige die **SPEZIALZWECK-EINGABE** NR. 1 ihres UART mit Stift 4 **REQUEST TO SEND (SENDETEIL EINSCHALTEN)**.

Obwohl unsere hypothetische Schnittstelle als Beispiel für reales RS-232-C-Anschließen nicht sehr wertvoll ist, veranschaulicht sie gut den Prozeß, wie zwei Geräte angeschlossen werden. In den nächsten fünf Kapiteln werden wir diese allgemeinen Ideen auf verschiedene Fallstudien anwenden, indem wir die von unserer hypothetischen Schnittstelle abgeleiteten Prinzipien auf reale Geräte anwenden und uns unseren Weg durch die Probleme bahnen, die sich durch eigenartige Geräte, Typenunverträglichkeiten und die „Kreativität" der Hersteller bezüglich der Schnittstellen im allgemeinen ergeben. Hier ist eine kurze Zusammenfassung, wie wir beim Anschließen vorgehen werden:

1. Setzen der Baudrate
2. Feststellen des Gerätetyps
3. Erfüllen der Gerätesteuerlogik
4. Lokalisieren des Handshaking
5. Spezifizieren des Kabels

ALLGEMEINE BETRACHTUNGEN

In jeder Studie beginnen wir mit allgemeinen Informationen, indem wir wichtige Fakten vorstellen und einleitende Erklärungen zu neuen Themen geben.

Bevor Sie wegen des Anschließens zweier RS-232-C-Geräte beunruhigt sind, zögern Sie nicht, sie mit einem durchverbundenen Kabel zu verbinden, und lassen Sie es auf einen Versuch ankommen. Sie haben nichts zu verlieren: Selbst die größte Unverträglichkeit, die man sich vorstellen kann, wird keinem der Geräte schaden.

Erinnern Sie sich, daß nicht jede Ausrüstung sowohl Gerätesteuerung als auch Handshaking benötigt. Modems zum Beispiel erfordern Gerätesteuerung, aber brauchen kein Handshaking. Für Bildschirmgeräte ist häufig keins von beiden erforderlich. Viele der notwendigen Tricks und Vertauschungen können mit internen Schaltern erledigt werden. Hersteller haben seit kurzem begonnen, Schalter zu installieren, zu dem Zweck, alle Gerätesteuerungserfordernisse gleichzeitig abzudecken. Einige Drucker und Modems stellen sogar einen Schalter zur Vertauschung der **SENDEDATEN**-Leitung und der **EMPANGSDATEN**-Leitung zur Verfügung.

Setzen der Baudrate

Wenn parallele Datenbits zerlegt werden, so werden sie durch die Schnittstelle mit einer bestimmten Geschwindigkeit oder *Bitrate* gesendet. Unter den meisten Bedingungen ist die Bitrate synonym zu dem gebräuchlicheren Begriff *Baudrate*. An dem Empfangsende muß die Geschwindigkeit, mit der die Bits wieder zu einem Zeichen zusammengesetzt werden, dieser Rate natürlich *sehr* nahe sein. Diesen Prozeß kann man sich wie eine Eimerkette zum Feuerlöschen vorstellen, wo die Sendeschnittstelle Bits an die Empfangsschnittstelle weiterreicht. Wenn die Baudrate auf eine Geschwindigkeit eingestellt ist, die für eines der Geräte unerreichbar ist, oder wenn die beiden Geräte mit sehr verschiedenen Baudraten arbeiten, bewegen sich die Daten vielleicht durch die Schnittstelle, aber werden in irgendeiner Art durcheinander gebracht. Fehler in der Baudrate können die Ursache dafür sein, wenn von einer Vielfalt gesendeter Zeichen nur eine bestimmte Art von Zeichen oder eine Mischung falscher Zeichen ankommt. In Fällen extremer Baudratenunverträglichkeit kann es jedoch vorkommen, daß das Empfangsgerät überhaupt keine Daten empfängt. Aus diesem Grund muß das Setzen der Baudrate der erste Schritt sein. Sonst könnte die Weigerung, Daten weiterzureichen, wegen

einer einfachen Baudratenunverträglichkeit irrtümlich für ein Geräte-
steuer- oder Handshakingproblem gehalten werden.

Baudraten können auf verschiedene Arten gewählt werden. Erstens
können sie durch Veränderung der Stellung eines oder mehrerer Schalter
innerhalb des Geräts ausgewählt werden. Zweitens spricht die Baudrate
an Computern möglicherweise nur auf Softwarekommandos an. In
diesem Fall ist es notwendig, ein Konfigurationsprogramm laufen zu
lassen. Solche Programme stellen dem Benutzer im allgemeinen ein
Menü vor, aus dem die gewünschte Baudrate ausgewählt werden kann.
An manchem Gerät ist es möglicherweise notwendig, die Baudraten-
schalter einzustellen *und* ein Systemprogramm laufen zu lassen, um die
gewünschte Baudrate zu erreichen. „Intelligente" Geräte stellen die
Baudrate eines ankommenden Datenstroms automatisch fest und passen
ihre eigene Baudrate an.

Weitere Details über dieses Thema werden vorgestellt, sobald sie
relevant werden. Deshalb betrachten Sie das Setzen der Baudrate für den
Augenblick nur als einen der fünf zu erledigenden Punkte zum erfolg-
reichen Anschließen.

Feststellen des Gerätetyps

Ein anderer Name für diesen Schritt· könnte lauten „Lokalisieren der
Datensignale". Diese Überschrift wurde gewählt, weil sie hervorhebt,
wie das Lokalisieren des Senders eine Fülle anderer zusätzlicher Information liefert. Wenn Sie mit der Vorgehensweise vertrauter werden,
werden Sie feststellen, daß sich die Unterscheidungen zwischen den
Schritten verwischen.

Der Typ eines Geräts kann experimentell bestimmt werden, indem man
einfach herausfindet, an welchen Stiften es empfängt oder sendet. Jedes
Gerät, das an Stift 2 sendet und an Stift 3 empfängt, ist laut Definition
ein DTE (DE-Einrichtung). Ein DCE (DÜ-Einrichtung) tut das Umge-
kehrte. Wenn zwei Geräte von demselben Typ sind, muß ein Gerät verändert werden („umgepolt werden"), so daß seine Eingaben und Ausgaben
zu denen des anderen Geräts komplementär sind.

Erfüllen der Gerätesteuerlogik

Unser Grundansatz wird immer der sein, beide Seiten der Schnittstelle
jede für sich zu überlisten, was erforderlich ist, um das Senden der Daten
anzuregen oder den Empfang von Daten zu ermöglichen. Erinnern Sie
sich, daß die Steuerlogik den Datenfluß nicht reguliert, sondern ihn nur

ermöglicht. Dieser Schritt ist erfolgreich ausgeführt, wenn *beide* Geräte in der Lage sind, Daten zu übertragen, selbst wenn die Daten möglicherweise durcheinander, verzerrt oder sonst irgendwie unbefriedigend sind. Wenn Sie zum Beispiel einen Drucker an einen Mikrocomputer anschließen, besteht Ihre erste Aufgabe darin, den Drucker dazu zu bringen, auf Kommando *irgendetwas* zu drucken. Es ist Ihnen gleich, wenn er nur Fragezeichen oder A's druckt, oder wenn er immer die falschen Zeichen druckt. Wenn der Drucker einmal *in der Lage ist* zu drucken, arbeitet der Steuerlogikteil der Schnittstelle korrekt.

Zögern Sie nicht, jede Steuer- und Handshakingeingabe an beiden Enden des Kabels zu überlisten. In diesem Stadium sind Sie nicht daran interessiert, einen geordneten Fluß von Daten zu erreichen, sondern die Daten überhaupt in Bewegung zu setzen.

Wie wir gesehen haben, wird die Steuerlogik, wann immer sie benutzt wird, üblicherweise über die Signale **DATA TERMINAL READY/ DATA SET READY (DE-/DÜ-EINRICHTUNG BETRIEBSBEREIT)** und **REQUEST TO SEND/CLEAR TO SEND (SENDETEIL EIN- SCHALTEN/SENDEBEREITSCHAFT)** implementiert.

Lokalisieren des Handshaking

Während die Steuerlogik den Fluß von Daten ermöglicht, reguliert und steuert das Handshaking diesen. Wie wir gesehen haben, geschieht dies, wenn ein Gerät dem anderen signalisiert, daß bestimmte Bedingungen eingetreten sind. Das angesprochene Gerät ändert dann sein Verhalten, basierend auf einer vorher festgelegten Interpretation des Signals. Unser Drucker zum Beispiel signalisiert, daß sein Druckerpuffer voll ist, indem er das Signal an einem Stift der RS-232-C-Schnittstelle unterdrückt. An dem Computerende veranlaßt diese Stillegung das UART schließlich, den Fluß von Daten durch seinen Sender zu unterbrechen. So ist unser nächstes Ziel nach der Erfüllung der Steuerlogik einfach, an jedem Gerät den Stift zu identifizieren, der dem Handshaking gewidmet ist.

Wie wir früher bemerkt haben, sehen einige Geräte Handshaking vor, um ihre Empfänger ebenso wie ihre Sender zu sperren. Diese Handshaking-*Eingabe* wird üblicherweise mit Stift 8, **DATA CARRIER DETECT (EMPFANGSSIGNALPEGEL)**, verbunden. Eine Empfängerunterbrechung wird oft an Geräten angetroffen, die zur Fernsteuerung über Modems konstruiert sind. Einige Drucker zum Beispiel benötigen ein freigegebenes dcd (DATA CARRIER DETECT), bevor sie irgendetwas tun. Es ist wichtig, diese einfache Steuerlogik nicht für ein Handshaking- problem zu halten.

Spezifizieren des Kabels

Der gesamte Prozeß der Erfüllung des Handshakings bedeutet dann vereinfacht, den Stift auf dem *kontrollierenden* Gerät, das das Handshakingausgabesignal generiert, zu lokalisieren, anschließend den Stift auf dem *kontrollierten* Gerät, das das Handshakingsignal aufnimmt, zu lokalisieren und dann die beiden zu verbinden.

Wenn die Geräte aktiv und erfolgreich das Handshaking durchführen, können Sie die während der Phase der *Erfüllung der Steuerlogik* installierten Tricks entfernen. Manchmal haben diese Tricks nur eine sehr einfache Funktion erfüllt, zum Beispiel das Handshaking beim Einschalten. Die Regel ist einfach: Wenn die gesperrte Steuerlogik nicht irgendetwas, das für Sie von Wert ist, steuert, lassen Sie die Tricks an ihrem Platz. Wenn Sie die Tricks entfernen, entfernen Sie einen nach dem anderen und testen Sie die Schnittstelle jedesmal, wenn einer entfernt wurde.

In jeder Fallstudie werden wir gemäß dieser Zusammenfassung vorgehen und Verschönerungen und Verfeinerungen, wenn nötig, hinzufügen. Das Hauptziel dieser Fallstudien ist, neben der Bereitstellung einiger realer Informationen über gängige Computer, eine verallgemeinerte, stets gültige Formel zum Anschluß zweier RS-232-C-Geräte aufzustellen. Da die RS-232-C-Schnittstelle binär ist, kann der gesamte Prozeß durch ein *Flußdiagramm* dargestellt werden. Innerhalb der Schranken unserer 5-Schritt-Kurzfassung entwickeln wir, während wir uns durch die verschiedenen Fallstudien arbeiten, solch ein Diagramm.

UND NUN: BAHN FREI

Nun haben wir die RS-232-C-Schnittstelle aus der Perspektive eines zum Weiterreichen elektrischer Impulse zwischen digitaler Ausrüstung gedachten Geräts betrachtet. Wir haben sie aus der Perspektive des UART betrachtet, dem Gerät, das den Laden schmeißt. In der Zwischenzeit haben wir eine andere Art von Geräten gesehen, die dazu verwendet wird, UART-Spannungen in Spannungen umzuwandeln, die durch den RS-232-C-Standard definiert sind.

Auf diesem Weg haben wir bestimmte Arten des Anschließens kennengelernt – Geräte entgegengesetzten Typs zum Beispiel können Verwirrung auslösen. Zur Lösung dieser Probleme haben wir eine Trickkiste entwickelt, die uns erlaubt, Geräte anzuschließen, die nicht offiziell durch den RS-232-C-Standard unterstützt werden. Spannungs-/Logikpegel sind behandelt worden, und ihre Terminologie wurde erklärt.

Alles, was bleibt ist, einige reale, lebensnahe Beispiele für das Anschließen zu studieren, aber bevor wir uns in das Abenteuer stürzen, wollen wir
noch etwas philosophieren. In dem Geist, ein gut gehütetes Geheimnis zu
lüften oder ein Rätsel zu lösen, läßt sich die Aufgabe am besten angehen.
Sinn für Humor hilft ebenfalls. Nach nur wenigen Versuchen werden Sie
beinah in der Lage sein zu fühlen, wie eine Schnittstelle konzipiert ist. Sie
werden bald feststellen, daß Sie selbst vertraute Ein-/Ausgabemuster und
ihre Bedeutung erkennen. Das Schönste ist, denn gute Ergebnisse befriedigen immer – Sie haben die Dinge zum Laufen gebracht.

Obwohl die graphischen Darstellungen in den folgenden Kapiteln in
Anlehnung an reale Geräte entwickelt wurden, seien Sie nicht überrascht, wenn Sie feststellen, daß sie nicht der Information entsprechen,
die Sie von anderen Geräten dieses Typs erhalten, selbst wenn sie identische Modellnummern haben. Hersteller verändern häufig die Konstruktion ihrer seriellen Anschlüsse als Reaktion auf Preisveränderungen bei
UARTs oder anderer Hardware. Zusätzlich ist die serielle Schnittstelle in
Ihrer Ausrüstung möglicherweise nicht von dem Hersteller Ihres Computers gefertigt. Zum Beispiel gibt es mindestens 20 Hersteller von seriellen
E/A-Baugruppen für den IBM PC. Die logischen Diagramme und Kabel-
diagramme, die Sie herleiten, sind deshalb möglicherweise von den hier
gezeigten völlig verschieden.

SB-80/ADDS

7

FALLSTUDIE 1:

COLONIAL DATA SB-80 Computer (s/n 305-1):CP/M
Einplatinencomputer
ADVANCED DIGITAL DATA SYSTEMS VIEWPOINT
Datensichtgerät (s/n 698901)

ALLGEMEINE INFORMATION

Dieses Datensichtgerät ist zur Benutzung als logische CP/M-Konsole (**CON:**) gedacht. Als solche hat es zwei Funktionen: Es übersetzt Tastenanschläge in Zeichen mit paralleler Darstellung, wandelt diese zu einem Strom serieller Bits um und sendet sie dann vom RS-232-C-Anschluß. Dabei wird der Sendebereich des UART benutzt. Wenn das Gerät keine Zeichen sendet, muß es ebenso den Empfängerbereich des UART beobachten, um irgendwelche Zeichen anzunehmen, die vom Computer auf den Weg geschickt wurden. Der Computer führt natürlich entgegengesetzte Funktionen durch: Empfangen der Zeichen, die vom Datensichtgerät gesendet wurden, und Ausgeben von Zeichen, die für den Bildschirm des Datensichtgeräts bestimmt sind.

Obwohl die Geräte unserer ersten Fallstudie kaum gängige Markennamen haben, hat dieses Paar seinen Platz hier verdient – es wurde benutzt, um dieses Buch zu schreiben.

... 1: Setzen der Baudrate

Der serielle Anschluß der SB-80-Konsole wird durch das CP/M-Betriebs-system auf 9600 Baud gesetzt. 9600 Baud ist de facto der Standard für Datensichtgeräte, obwohl die meisten Datensichtgeräte und Computer ausgezeichnet mit 19200 Baud (der nach dem RS-232-C-Schnittstellen-standard maximal zulässigen Geschwindigkeit) arbeiten. Die Baudrate des Datensichtgeräts wird mit Hilfe eines Satzes von Mikroschaltern an der Rückwand auf 9600 Baud gesetzt.

Schritt 2: Feststellen des Gerätetyps

Unsere erste Aufgabe besteht darin, den Typ des seriellen Anschlusses des Computers zu bestimmen. Die Tatsache, daß dieser vom Computer-hersteller als Schnittstelle zu einem Datensichtgerät konzipiert wurde, ist keineswegs eine Garantie dafür, daß es sich um ein DCE-Gerät handelt.

Der Computer und das Datensichtgerät werden beide mit einem 25-poli-gen Männlich/Männlich-Kabel mit einem Weiblich/Weiblich-Testadapter verbunden. Anschlußstift 7 ist bereits auf dem Adapter verbunden. Zuerst bestimmen wir den Typ des Computers. Wie? Verbinden Sie den Masse-anschluß des bipolaren LED-Testers mit einem der Anschlußstifte 7 auf dem Testadapter, verbinden Sie dann den TESTanschluß mit dem Stift 2 auf der Seite des Computers. Falls dieser ein DTE ist, sollte Stift 2 der Sender sein und seine negative Spannung die grüne LED hell aufleuchten lassen. Wie oben bemerkt, muß gemäß dem RS-232-C-Schnittstellen-standard ein Sender im Ruhezustand eine negative Spannung haben (MARK). Die Eingangsspannung des Empfängers ist nicht spezifiziert.

Beim Anschluß des Testers an den **TxD**-Anschluß des Computers **(SENDEDATEN)** am Stift 2 leuchtete jedoch die grüne LED nicht auf.

Nehmen Sie nicht an, nur weil ein Gerät kein DTE ist, müßte es auto-matisch ein DCE-Gerät sein. Im Gegenteil, es könnte eine nicht dem RS-232-C-Standard entsprechende Schnittstelle sein, die nur zufällig einen DB-25-Stecker benutzt. Wir müssen Anschlußstift 3 auf eine negative Spannung untersuchen, um sicherzugehen. Stift 3 läßt die grüne LED aufleuchten.

Wir haben nun festgestellt, daß der Computer den Stift 3 als Sender benutzt und deswegen ein DCE-Gerät sein muß. Dieser Teil des Testvor-gangs ist in dem Flußdiagramm in Abbildung 7.1 zusammengefaßt.

Das Flußdiagramm stellt Tests in Rechtecken dar, während Rauten Ab-fragen bedeuten. Eine Verzweigung zum nächsten Test wird in Abhängig-

keit der Antwort auf die JA/NEIN-Frage durchgeführt. Dieser Verzwei-
gungsprozeß wird so lange wiederholt, bis eine logische Entscheidung erreicht ist. In unserem Fall ist eine von vier Entscheidungen möglich: Unser zu testendes Gerät kann ein DTE, ein DCE oder keins von beidem
sein. Oder es kann ein RS-232-C-Gerät ohne Sender sein. Erinnern Sie
sich, daß zum Beispiel viele Drucker keine Daten senden müssen. Wenn
kein Sender vorhanden ist, dann ist dieser Test nicht schlüssig, aber meistens zeigt der Rest der Schnittstelle den Typ des Geräts klar an. Studieren Sie das Flußdiagramm, bis Sie den logischen Prozeß, den es schematisch darstellt, verstanden haben.

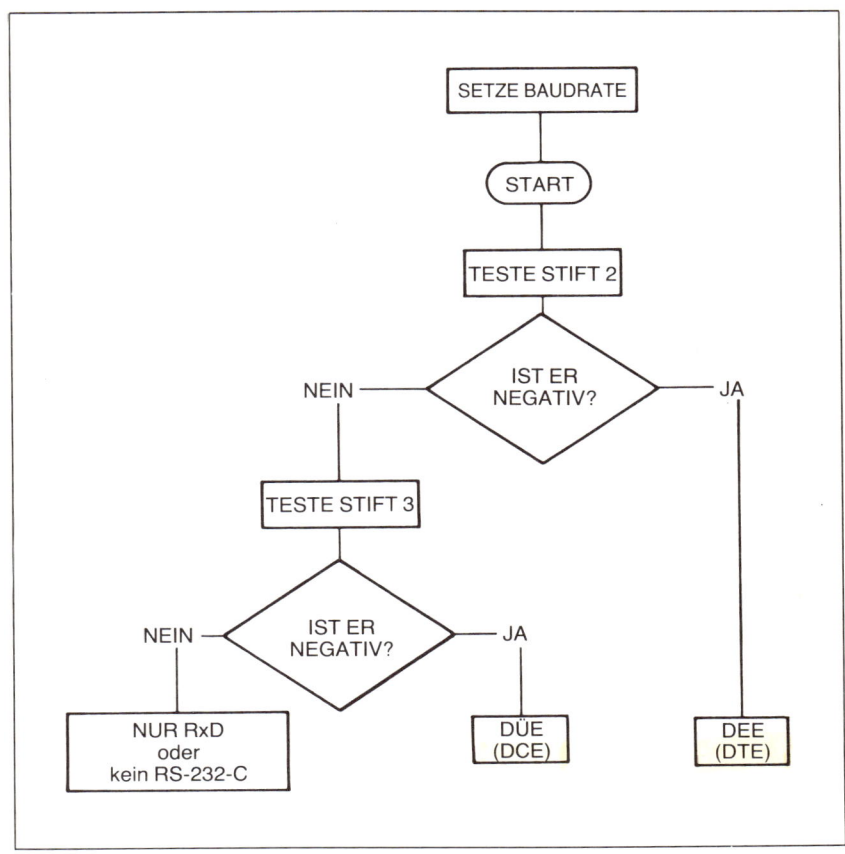

Abb. 7.1: Ein Flußdiagramm zum Bestimmen des Gerätetyps

In ähnlicher Weise wurde das Datensichtgerät getestet. Hier läßt jedoch Stift 2 die grüne LED aufleuchten – das Datensichtgerät ist ein DTE-Gerät.

Da die beiden Geräte komplementär sind, sollte das Verbinden von Steuerleitungen über Kreuz (flipping) im *weitesten Sinne* nicht notwendig sein.

Schritt 3: Erfüllen der Gerätesteuerlogik

Wie vorhin testen wir zunächst den Computer. Bevor wir die Steuerlogik zufriedenstellen können, müssen wir sie zunächst in Tabellenform aufschreiben. Dies wird ebenfalls mit dem LED-Tester durchgeführt. Wie immer wird dessen MASSEanschluß mit Anschlußstift 7 verbunden. Alle Stifte des Steckers werden einer nach dem anderen in der folgenden Tabelle eingetragen. Es gibt drei Möglichkeiten:

1. Negativ - die grüne LED leuchtet auf
2. Positiv - die rote LED leuchtet auf
3. Übergangsbereich - keine LED leuchtet auf

Wir schreiben NEG für negativ, POS für positiv. Nichtaktive Anschlußstifte, die keine der LEDs aufleuchten lassen, sollten *nicht* frei gelassen werden – sonst wissen Sie möglicherweise nicht, ob Sie 0 Volt gemessen haben oder einfach vergessen haben, den Anschlußstift zu testen. Benutzen Sie stattdessen ein X, um irgendeinen undefinierten Zustand darzustellen. Neben jeder Stiftnummer steht die Abkürzung des Namens genauso wie das bekannte Ausrufezeichen für eine Ausgabe und das Fragezeichen für eine Eingabe. Wenn der Stecker aufgezeichnet ist, haben Sie einen guten Überblick über die benutzte Steuerlogik. In Abbildung 7.2 sehen Sie die Tabelle für den Computer.

Um Verwirrung zu vermeiden, zeigen unsere Tabellen stets den Status der oben gezeigten sieben Anschlußstifte. Im Interesse der Übersichtlichkeit sind andere *inaktive* Anschlußstifte nicht aufgeführt. Abbildung 7.3 zeigt die Aufstellung für das Datensichtgerät.

Um festzustellen, ob die Steuerlogik des Datensichtgeräts zufriedengestellt wird, müssen wir nun versuchen, es dazu zu bringen, seine Sende- und Empfangsfunktionen auszuüben. Welche Art von Test steht für ein Datensichtgerät zur Verfügung? Da das Datensichtgerät sowohl über einen Sender als auch über einen Empfänger verfügt, gibt es keinen Grund, warum die Anschlußstifte 2 und 3 nicht miteinander verbunden

DCE: SB-80 COMPUTER Konsolanschluß

STIFT	E/A	SPANNUNGSTEST
2 TxD	?	X
3 RxD	!	NEG
4 RTS	?	X
5 CTS	!	POS
6 DSR	!	X
8 DCD	!	X
20 DTR	?	X

Abb. 7.2: Logikdiagramm für den SB-80-Computer, Konsolanschluß

DTE: ADDS A2 Datensichtgerät

STIFT	E/A	SPANNUNGSTEST
2 TxD	!	NEG
3 RxD	?	X
4 RTS	!	POS
5 CTS	?	X
6 DSR	?	X
8 DCD	?	X
11 –		POS
20 DTR	!	POS

Abb. 7.3: Logikdiagramm für das ADDS-Datensichtgerät

werden können. Dies wird als *Loop-back-Test* bezeichnet. Falls die Steuerlogik zufriedengestellt ist, sollte jedes Zeichen, das Sie auf der Tastatur eintippen, sofort auf dem Bildschirm erscheinen.

Diese RxD/TxD-Brücke ist in Abbildung 7.4 dargestellt.

In der oben beschriebenen Weise überbrückt, gibt das ADDS-Datensichtgerät jedes Zeichen, das auf der Tastatur eingegeben wurde, korrekt auf dem Bildschirm aus.

Dieses Ergebnis stimmt uns dazu, die Analyse für beendet zu erklären. Wen kümmert schließlich, wenn das Gerät arbeitet, die Eingabe- und Ausgabespannung? Bevor wir solch einer Mutmaßung folgen, müssen wir zuerst feststellen, ob irgendeine der Steuereingaben *aktiv* ist – das heißt, ob sie den Datenfluß beeinflußt, wenn sie gesperrt ist. Unglücklicherweise können wir nicht sicher bestimmen, ob eine Eingabe freigegeben oder gesperrt ist, wenn der LED-Tester versagt, die Gegenwart einer Spannung (gleich welcher Polarität) an einem unverbundenen aktiven Eingang anzuzeigen.

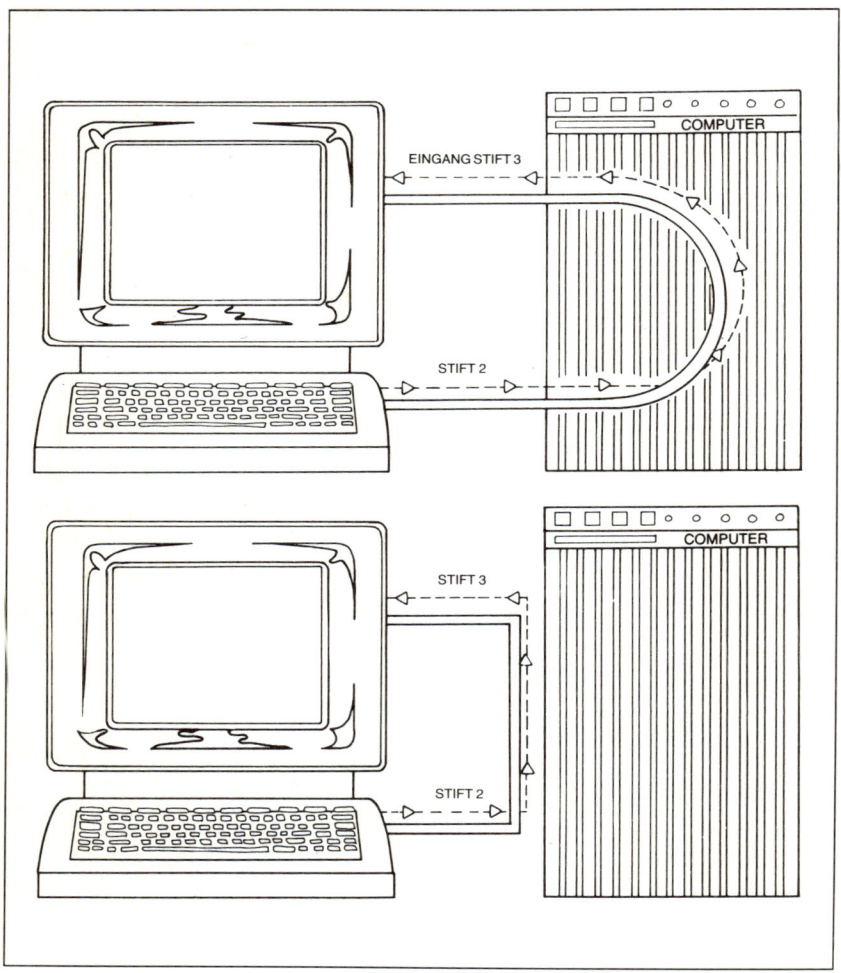

Abb. 7.4: Oberes Bild: Die Zeichen laufen über den Computer. Unteres Bild: Loop-Back-Test

Dieses Problem der Unklarheit bezüglich der Eingabe scheint eine Unterlassung in dem RS-232-C-Schnittstellenstandard zu sein: Der logische Zustand eines unverbundenen aktiven Eingangs ist *nicht* spezifiziert. Zur Illustration dieses Mangels erinnern Sie sich, daß beim Test einer der Ausgänge, zum Beispiel DTR an dem Datensichtgerät, entweder positiv oder negativ ist. Wenn er nicht vorhanden ist, können wir ihn als irrelevant betrachten. Es gibt keine solche Spezifikation für Eingangsspannungen. Wie wir in Kapitel 5 besprochen haben, gibt es keinen absoluten Weg vorherzusagen, ob die Eingabe freigegeben oder gesperrt ist, außer die Eingabespannung liegt in dem Bereich von ± 3 Volt. Wenn aktive Eingänge unverbunden bleiben, werden sie als *offene Eingänge* oder „*floating inputs*" bezeichnet. Im Rest dieses Buches werden wir den Term „offener Eingang" verwenden.

Betrachten Sie noch einmal das Diagramm für den ADDS-Bildschirm. Ohne **RxD**-Stift 3 mitzuzählen, gibt es *wenigstens* 3 offene DTE-Eingänge: **cts**, **dsr** und **dcd**. Da die DTE-Seite der Schnittstelle Daten erfolgreich sendet und empfängt, können wir schließen, daß alle aktiven Eingänge trotz des Fehlens einer Spannung als freigegeben interpretiert werden. Aber wir müssen uns eine Methode ausdenken, um zu *garantieren*, daß ein Eingang entweder freigegeben oder gesperrt ist. Wenn wir dann einen Eingang auf solche Weise sperren, können wir darüber befinden, ob er die Datenübertragung beeinflußt.

Nehmen Sie als hypothetischen Fall an, daß das ADDS-Gerät nur funktioniert, wenn sein **dsr**-Eingang freigegeben ist. Wenn wir den **dsr**-Eingang sperren, indem wir eine größere negative Spannung als −3 Volt anlegen, so sollten die Zeichen, die auf der Tastatur getippt werden, trotz der Testüberbrückung von Stift 2 nach Stift 3 nicht länger auf dem Bildschirm erscheinen.

Sie fragen sich vielleicht, welche Quelle wir für die negative Spannung benutzen. Die einzige negative Spannung an jeder Seite der Schnittstelle gehört zu den Sendern. Der Ausgang eines Senders ist nicht unantastbar. Wir können seine negative Spannung leihen, ebenso wie wir die negative Spannung von, sagen wir, einem unterdrückten **DTR**-Ausgang abnehmen können. Dies geschieht, indem wir ein Ende eines Grabberanschlusses an den negativen Anschluß des Senders anschließen, während das andere Ende des Grabbers an einen nicht eindeutigen Eingangsstift angeschlossen wird. Wenn jeder Stift überbrückt ist, werden einige Zeichen auf der Tastatur getippt, um zu sehen, ob sie auf dem Bildschirm ankommen. Erinnern Sie sich, daß eine RS-232-C-Schnittstelle durch Kurzschließen der Stifte nicht zerstört werden kann. Seien Sie deshalb unbesorgt, wenn

Sie aus Versehen den Anschluß des Senders mit einem Ausgangsstift in Berührung bringen, an dem eine Spannung anliegt. (Behalten Sie jedoch im Gedächtnis, daß der Sender wahrscheinlich nicht sendet, wenn er mit einem anderen *Ausgang* verbunden ist.)

Jeder nicht eindeutige Stift auf dem Stecker muß auf diese Weise getestet werden: Legen Sie auf jeden einzelnen Stift eine negative Spannung; wenn der Datenfluß aufhört, ist dieser Eingang nach Definition aktiv. Sonst ist der Stift einfach ein unbenutzter Stift, wenn die negative Spannung keinen Effekt hat, und er kann daher ignoriert werden.

Beginnen Sie Ihre eigene Aufstellung und vermerken Sie unter TEST-ERGEBNISSE den Effekt des Anlegens der negativen Spannung, die die Signale unterdrückt. Führen Sie diesen Test auf allen *nicht eindeutigen Stiften durch.* Wenn eine Schnittstelle neben dem Senderstift eine andere negative Spannung zur Verfügung stellt, können Sie diese natürlich stattdessen benutzen.

Zurück zu dem ADDS-Bildschirm. Wenn auf dessen **cts**-Stift 5 eine negative Spannung gelegt wird, funktioniert er nicht. Weder **dsr**-Stift 6 noch irgendeiner der anderen 22 Stifte beeinflussen seine Arbeitsweise.

Wir wissen, daß diese Seite der Schnittstelle den Empfang eines Steuersignals auf Stift 5 **cts** „erwartet". Dieser Erwartung muß bei der Spezifizierung des Kabels entsprochen werden.

Um die Seite der Schnittstelle des Colonial Data SB-80-Computers zu testen, entfernen wir zuerst die Testbrücke von dem Bildschirm und verbinden unter Verwendung von Grabbern Stift 2 und Stift 3 an dem Bildschirm mit Stift 2 und Stift 3 an dem Computer. Schon mit der Verbindung der Stifte TxD und RxD arbeiten Computer und Bildschirm gut zusammen.

Es wird dieselbe Vorgehensweise wie bei dem Bildschirm gewählt, und die negative Spannung wird mit Hilfe eines Grabbers von einem der Stifte an jeden nicht eindeutigen Anschlußstift auf der Computerschnittstelle gelegt. Wenn diese negative Spannung an einen aktiven Eingang gelegt wird, wird der Datenfluß von dem Computer unterbrochen und die getippten Zeichen werden nicht auf dem Bildschirm wiedergegeben.

Bei der Durchführung dieses Tests auf dem SB-80 wurden keine aktiven Anschlußstifte gefunden.

Nun haben wir alle notwendigen Informationen, um den Computer an den Bildschirm anzuschließen. Um einen vollständigen Überblick zu

DTE: ADDS A2 Datensichtgerät   DCE: SB-80 Computer

TESTERGEBNIS		E/A	STIFT Nr.	E/A	TESTERGEBNIS
	NEG	!	2 TxD	?	X
	X	?	3 RxD	!	NEG
	POS	!	4 RTS	?	X
AKTIV	X	?	5 CTS	!	POS
	X	?	6 DSR	!	X
	X	?	8 DCD	!	X
	POS	–	11 –	–	X
	POS	!	20 DTR	?	X

Abb. 7.5: Kombiniertes Logikdiagramm für den SB-80 und den ADDS

geben, zeigt Abbildung 7.5 eine Kombination der beiden Tabellen
nebeneinander.

Was ist mit Anschlußstift 11? Wer weiß über seine Bestimmung hier
Bescheid? Denn er ist in dem RS-232-Schnittstellenstandard nicht definiert. Wir können ihn als eine Mehrzweck-Ausgabe betrachten und sonst
ignorieren.

In Abbildung 7.6 ist der Prozeß der Erfüllung der Steuerlogik in ein einfaches Flußdiagramm übersetzt.

Schritt 4: Lokalisieren des Handshaking

Zwischen einem Bildschirm und einem Computer gibt es im allgemeinen
kein Handshaking. Da jedes Gerät in der Lage ist, Zeichen mit der
maximal zulässigen Geschwindigkeit (19200 Baud) zu verarbeiten, ist
Handshaking unnötig.

Schritt 5: Spezifizieren des Kabels

Abbildung 7.5 zeigt die zum Anschluß des Bildschirms und Computers
notwendigen Anschlußstifte. Die **BETRIEBSERDE**, Stift 7, muß an
dem Kabel vorhanden sein. Stift 2 **SENDEDATEN** (TxD) und Stift 3
EMPFANGSDATEN (RxD) sind ebenfalls erforderlich.

Aber was ist mit dem Eingang des Bildschirms **SENDEBEREITSCHAFT**
(CTS) Stift 5? Er funktioniert offenbar gut, wenn er offen gelassen wird.
Sollten wir uns über etwas Gedanken machen, das bereits funktioniert?
Ja, und noch einmal *ja*. Nach den in dem RS-232-C-Schnittstellenstandard

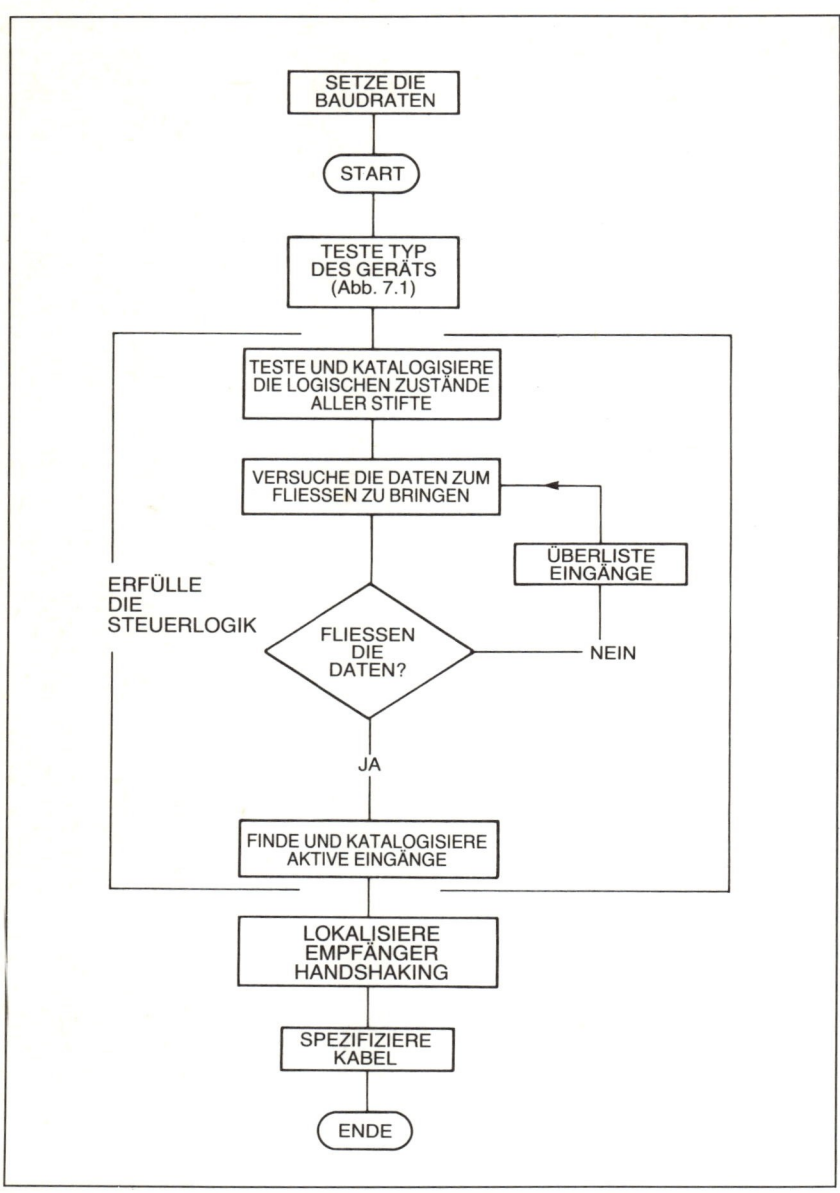

Abb. 7.6: Zögern Sie nicht, jeden Eingang zu überlisten

enthaltenen Definitionen ist ein offener Eingang ein nicht eindeutiger Eingang. Nach den üblichen Konstruktionspraktiken, die übliche integrierte Schaltkreise verwenden, können Sie wahrscheinlich erwarten, daß sich ein offener Eingang in den meisten Fällen wie ein freigegebener Eingang verhält. Aber dies ist viel zu gewagt. Die Unterlassung, nicht benötigte aktive Eingänge an Peripheriegeräten zu sperren, ist der Hauptgrund für Phantomfehler – ein Drucker, der unerklärlicherweise anhält, startet dann erneut, oder ein Modem, das zwischenzeitlich nicht senden will.

Das erste Axiom beim Anschließen ist „Halten Sie nichts für unnötig", und das dazugehörige erste Korollar lautet „Überlassen Sie nichts dem Zufall". Diese Argumentation muß auf unseren offenen **cts**-Eingang Stift 5 angewendet werden. Obwohl es richtig ist, daß die meisten Schnittstellen mit offenen aktiven Eingängen wunderbar funktionieren, fordert nichts in dem Schnittstellenstandard, daß sie dies wirklich tun. Warum es dem Zufall überlassen, wenn das Heilmittel so einfach ist? *Alle nicht benötigten aktiven Eingänge müssen gesperrt werden.*

Obwohl es eine teure Lösung wäre, arbeitet ein 25-poliges durchverbundenes Kabel tadellos. Die positive Spannung an Stift 5 des DCE gibt den **cts**-Eingang an dem Bildschirm frei.

Für selbstangefertigte Kabel gibt es zwei Arten, um der Erfordernis, den **cts**-Eingang freizugeben, gerecht zu werden. Abbildung 7.7 zeigt die Anschlußstifte 5 durch ein Kabel verbunden.

Durch dieses Kabel wird der Bildschirm gesperrt, indem sein Anschlußstift 5 gesperrt wird. Unter Verwendung dieses Mechanismus könnte ein Programm den Bildschirmeingang für irgendeine spezielle Anwendung unterbrechen. Auf jeden Fall bleibt die Steuerlogik an **SENDEBEREIT-SCHAFT** (CTS) mit einem 4-adrigen Kabel erhalten.

In der meisten Zeit jedoch wird die Steuerlogik für die Anwendung nicht wichtig sein. Es ist selten wichtig, Ihr Bildschirmgerät über die Steuerlogik logisch auszuschalten. Realistisch gesprochen könnte jegliche Software, die den Bildschirm über **CTS** ausschaltet, ebensogut den seriellen Anschluß des Bildschirmgeräts insgesamt ignorieren. In Fällen wie diesem ist die Steuerlogik also von geringem Wert, und das Problem eines offenen aktiven **cts**-Eingangs kann durch Konstruktion eines 3-adrigen Kabels mit einer *Abschlußbrücke* an Stift 5 des Bildschirms gelöst werden. Eine Abschlußbrücke ist nur ein Trick, einen logischen Zustand zu garantieren (als Gegensatz dazu, ihn auszuschalten). Wir werden auch im folgenden mit dem Ausdruck „Abschließen" eine Brücke zu einem

Stift mit positiver Spannung bezeichnen (pull-up jumper). Wird mit einer negativen Spannung abgeschlossen (pull-down jumper), so wird das explizit angegeben. Jeder der zur Verfügung stehenden Ausgänge kann zum Abschließen des **cts**-Eingangs benutzt werden, aber da **RTS**-Stift 4 der nächste ist, ist dies die übliche Wahl. Abbildung 7.8 veranschaulicht das 3-adrige Kabel mit der Abschlußbrücke.

Glücklicherweise sind 25-adrige Kabel bei Mikrocomputern kaum jemals erforderlich. Auf Bestellung gefertigte Kabel, selbst solche mit nur wenigen Leitungen, können maßlos teuer sein. Allgemein gesprochen können Kabel für ungefähr zehn Prozent ihres Verkaufspreises selbst hergestellt werden. Diese Diskrepanz wird noch größer, wenn man ein in einem Geschäft erworbenes 25-adriges Kabel mit einem selbstgebastelten vergleicht, das nur wenige Leitungen verwendet.

Wenn Sie sich durch die verbleibenden Fallstudien arbeiten, beachten Sie, daß zusätzlich zu dem finanziellen Nachteil die Verwendung aller 25 Leitungen das einwandfreie Arbeiten einer Schnittstelle tatsächlich *verhindern* kann.

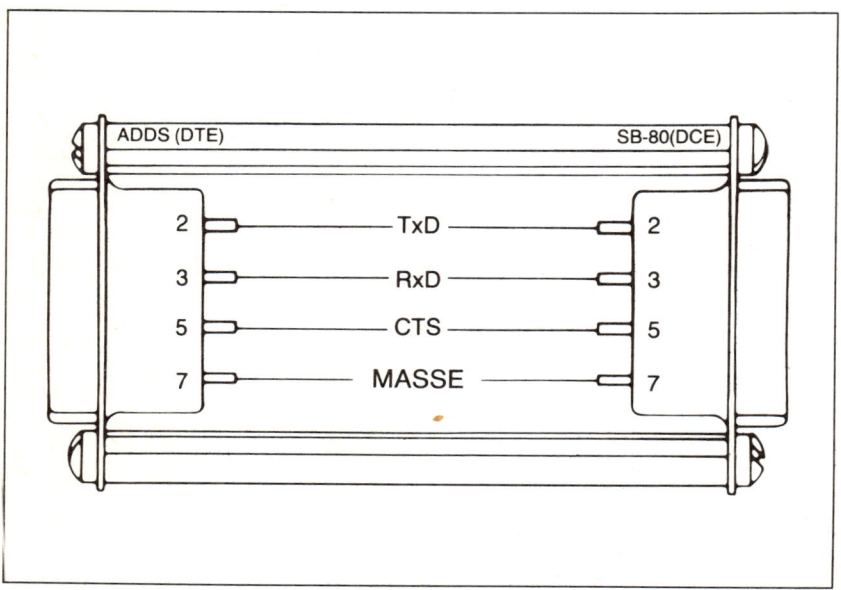

Abb. 7.7: Nicht empfohlen: Das benötigte cts für das ADDS kann vom Computer über das Kabel herübergeführt werden

KOMMENTAR

Nachdem wir die Geräte ohne Unterstützung durch Betriebshandbücher angeschlossen haben, ist es dennoch interessant, einen Blick in diese Manuskripte zu werfen.

Das Handbuch zu dem Colonial Data SB-80 zum Beispiel enthält folgendes Bündel von irreführenden Informationen zum Anschluß eines seriellen Druckers:

In der *Standard*-DCE-Anordnung ... ist die RTS-Ausgabe an Stift 5 und die CTS-Eingabe an Stift 4. DTR ist Ausgabe an Stift 8, und DCD ist Eingabe an Stift 20. Diese können durch einfache Vertauschung der entsprechenden Paare in die *Standard*-DTE-Anordnung umgewandelt werden.

Diese Festellung ist in beinah jeder möglichen Hinsicht falsch. Erstens, worauf bezieht sich das Wort *Standard* hier? Zweitens ändern sich die Namen der Stifte nicht mit dem Typ eines Geräts, sondern es ändern sich nur ihre Funktionen. Drittens sind DCD und DTR kein Ein-/Ausgabepaar.

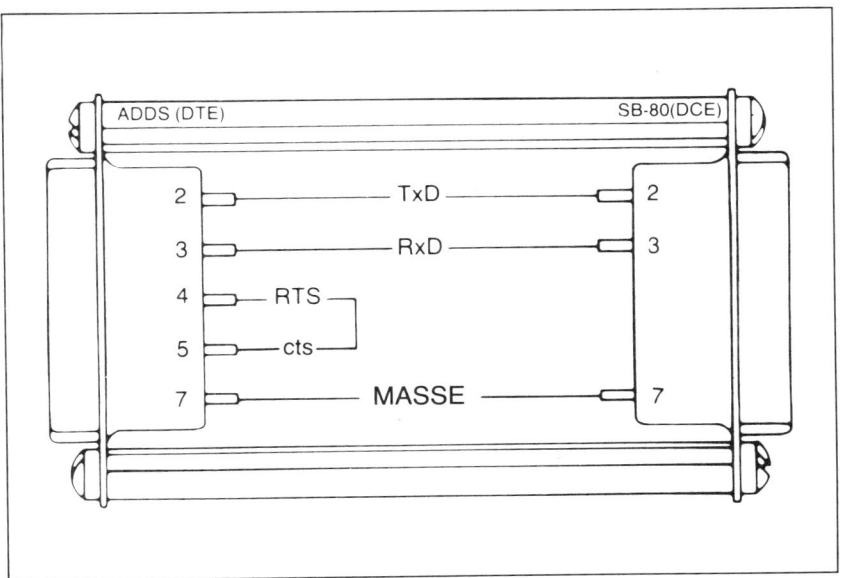

Abb. 7.8: Empfohlen: Das benötigte cts wird durch einen lokalen Trick bereitgestellt (pull-up jumper)

N∗/OKI

8

FALLSTUDIE 2:

NORTHSTAR ADVANTAGE COMPUTER: integrierter Computer
mit CP/M (SN 026873)-Betriebssystem
OKIDATA PRINTER MICROLINE 83A: Matrixdrucker mit
seriellem und parallelem Anschluß (SN 143161)

ALLGEMEINE INFORMATION

Die Untersuchung von Druckern stößt uns auf das Thema des „Puffer
voll"-Handshakings, wie es in Kapitel 3 beschrieben wurde. Diese
Anschlußerfahrung ist traditionell so unerfreulich, daß Benutzer das
Hardwarehandshaking häufig aufgeben und zum Softwarehandshaking
greifen. Dies ist ein Fehler. Nicht alle Betriebssysteme unterstützen Softwarehandshaking. Das bedeutet, daß es nicht möglich ist, den Drucker
unter der Steuerung des Betriebssystems als Peripheriegerät zu betreiben. (Unter CP/M verlören Sie die Möglichkeit, eine Ausgabe auf dem
Bildschirm an den Drucker zu schicken.) Zwar steuern verschiedene
Anwendungsprogramme, wie etwa Textverarbeitungssysteme Ihren
Drucker mit ihren internen Softwarehandshakingroutinen, die meisten
CP/M-Programme erwarten jedoch, daß ihr Drucker durch Hardwarehandshaking angeschlossen wird. Geben Sie sich Mühe, denn Sie können
jede Druckeranwendung über CP/M ausführen, wenn Ihr Drucker Hard-

warehandshaking verwendet. Softwarehandshaking sollte nur betrachtet werden, wenn die Ausrüstung nicht direkt über ein Kabel angeschlossen werden kann (wie zum Beispiel, wenn Sie einen Drucker über ein Modem betreiben) oder in dem seltenen Fall, wenn ein Drucker kein Hardwarehandshaking ausführen kann.

Der Northstar Advantage unterstützt eine Vielzahl serieller oder paralleler Anschlüsse durch Einsteckkarten. Obwohl das CP/M-Betriebssystem nicht mit dem Advantage geliefert wird, steht es wahlweise zur Verfügung. Das CP/M LST-Gerät gehört zu der Karte in Steckplatz Nr. 1.

Schritt 1: Setzen der Baudrate

Ein Drucker sollte nie auf Daten, die vom Computer geschickt werden, warten müssen. Da der Okidata-Drucker 120 Zeichen pro Sekunde druckt, sollte er *wenigstens* so schnell gefüttert werden. 120 Zeichen pro Sekunde entsprechen ungefähr 1200 Baud. Da 1200 Baud die höchste auf dem 83A zur Verfügung stehende Geschwindigkeit ist, wurde diese gewählt. (Eine serielle Hochgeschwindigkeitsschnittstelle ist optional.)

Der Okidata-Drucker enthält sowohl eine parallele als auch eine serielle Schnittstelle. Die serielle Schnittstelle und ihre Baudrate werden durch interne Mikroschalter gewählt.

Um dem Drucker zu entsprechen, wurde die Baudrate des Advantage mit Hilfe des Programms CPMGEN.COM, das mit dem CP/M des Northstar geliefert wird, auf 1200 Baud gesetzt.

Schritt 2: Feststellen des Gerätetyps

Schritt 3: Erfüllen der Gerätesteuerlogik

Zwei Schritte wurden zusammengefaßt. Die Tabellierung der logischen Werte und die Bestimmung der Gerätetypen können tatsächlich in einem Schritt erledigt werden, obwohl sie eigentlich verschieden sind. Der Einheitlichkeit halber führen wir weiter alle Schritte auf.

Unter Verwendung des LED-Testers und der in der Fallstudie 1 entwickelten Vorgehensweise wurde die Tabelle in Abbildung 8.1 aufgestellt.

Dieses Paar weist ein interessanteres Schnittstellendiagramm auf als das Computer-Bildschirm-Paar aus Fallstudie 1. Lassen Sie uns zuerst den Drucker untersuchen, um zu sehen, was aus seiner Tabelle abgeleitet werden kann. Zuerst können wir erkennen, daß der Drucker keinen Sender hat — weder Stift 2 noch Stift 3 ist negativ.

DTE: OKIDATA 83A   DCE: NORTHSTAR ADVANTAGE

TESTERGEBNIS	E/A	STIFT Nr.	E/A	TESTERGEBNIS
X	!	2 TxD	?	X
X	?	3 RxD	!	NEG
NEG	!	4 RTS	?	X
X	?	5 CTS	!	POS
X	?	6 DSR	!	POS
X	?	8 DCD	!	POS
POS	–	11 –	–	
POS	!	20 DTR	?	POS

Abb. 8.1: Das Okidata/Northstar-Logikdiagramm

(Das bedeutet, daß der Drucker kein Softwarehandshaking ausführt, weil er keine Daten senden kann.) Aber wie können wir ohne eine negative Spannung, die den Senderstift markiert, sicher sein, daß der Drucker ein DTE ist? Nun, glücklicherweise sind Drucker fast immer DTEs. Neben dieser Regel gibt es noch ein etwas anderes Merkmal. Die positive Spannung an Stift 20 und die negative Spannung an Stift 4 kennzeichnen üblicherweise Ausgaben. Wir sind in der Lage, diese Hypothese zu testen, indem wir ganz einfach herausfinden, ob der Drucker an Stift 3 Daten annimmt.

Der negative **RTS**-Stift 4 ist ein bißchen verblüffend: Ist er eine gesperrte Ausgabe? Wir werden es während der Phase **„FINDE UND KATALO-GISIERE AKTIVE EINGABEN"** beim Anschließen der Schnittstelle herausfinden. Falls wir keinen Umstand finden, bei dem dieser Stift gesetzt wird (vielleicht wird er dazu benutzt, „Papierende" zu signalisieren) oder falls das Anlegen einer negativen Spannung in keiner Weise den Datenfluß beeinflußt, können wir ihn gefahrlos ignorieren, wenn wir das Kabel spezifizieren.

Da ist ebenso wieder dieser gesetzte Stift 11. Die Stifte 11, 18 und 25 wurden in dem RS-232-C-Schnittstellenstandard nicht zugeordnet. Die Stifte 9 und 10 sind, wie es der Standard feststellt, „reserved for Data Set Testing" (reserviert zum Testen des Modems). Data Set ist in der Sprache der amerikanischen Telefongesellschaften die Bezeichnung für „Modem", von hier kommt auch der Ausdruck „Data set ready". Nicht-zugewiesene Stifte sind gute Kandidaten für Handshakinganschlüsse.

Dies wird eine der ersten Stellen sein, an denen wir nachschauen, um den Stift zu finden, den der Okidata-Drucker benutzt, um einen vollen Puffer zu signalisieren.

Wir wollen nun die Advantage-Seite des Diagramms betrachten. Beachten Sie, daß die negative Spannung am **TxD**-Stift 3 den Advantage zu einem unzweifelhaften DCE-Gerät macht. Der **rts**-Eingang ist offen. Wir müssen herausfinden, ob er aktiv ist. Die DCE-Ausgaben **CTS, DSR** und **DCD** sind alle gesetzt. Einzig verdächtig ist hier, daß **dtr**, ein DCE-Eingang, positiv ist. Vielleicht ist er intern abgeschlossen. Das ist ein wichtiger Hinweis: Wenn ein Konstrukteur so in Schwierigkeiten gerät, daß er einen Eingang abschließt, so ist es fast sicher, daß dieser Eingang aktiv ist. Deshalb ist **DTR** ein guter Kandidat, der Stift zu sein, der den Sender des Advantage unterbricht – sein Handshakingstift.

Daten senden zum Drucker über den logischen Anschluß LST: von CP/M

Gemäß unserem Plan müssen wir jedes Stück der Ausrüstung dazu bringen, Daten weiterzureichen. Da die Daten für den Drucker vom Computer kommen müssen, konzentrieren wir uns darauf, den Advantage zum Senden zu überlisten. Aber wie bringen wir den Advantage dazu, Zeichen auf den seriellen Druckeranschluß auszugeben? Nun, in CP/M können alle Zeichen, die für den Bildschirm bestimmt sind, genauso zum Drucker gesendet werden (präziser zum Geräteanschluß **LST**:). Der Datenfluß zum Drucker wird an- und abgestellt, indem abwechselnd Control-P gedrückt wird. Innerhalb von CP/M wird jedes zum Bildschirm gesendete Zeichen auch sofort zum Drucker geschickt. Das Senden von Daten zum Drucker beschränkt deswegen die Geschwindigkeit der Bildschirmdarstellung auf die Baudrate des Druckers: Zeichen können nicht schneller zum Bildschirm gesendet werden, als sie zum Drucker befördert werden können. Diese Eigenschaft ist auf fast jedem CP/M-Computer implementiert und in irgendeiner Form auf den meisten anderen genauso.

Aber tun Sie so, als ob der Sender des Advantage-UART durch eine gesperrte (oder auch mehrdeutige) Handshakingleitung unterbrochen würde. Bis dieser Handshakingstift freigegeben wird, erscheint auf dem Bildschirm keine Ausgabe – CP/M wartet eben geduldig auf das OK des UART, um das nächste Zeichen zu übertragen, und so lange wie die Handshakingleitung gesperrt ist, wird dieses OK niemals gegeben. Der Bildschirm ist auf diese Weise ein eingebautes Testgerät für den Datenfluß. Wir können das CP/M dazu bringen, Daten zum Drucker zu schikken, indem wir ein Control-P eingeben und dann ein Kommando, das Daten zum Bildschirm sendet. Falls der Handshakingeingang freigegeben

ist, erfolgt die Ausgabe auf den Bildschirm mit der Baudrate des Druk-
kers. Wenn die Handshakingleitung gesperrt ist, wird auch die Bildschirmausgabe aufhören! Wir werden diese praktische Möglichkeit als ein
wichtiges Anschlußwerkzeug benutzen.

Wenn der Drucker des Advantage mit einem Control-P angestellt wird
und **DIR** eingegeben wird, erscheint auf dem Bildschirm das Inhaltsver-
zeichnis des Laufwerks **A:** mit 1200 Baud, der Baudrate des Druckers.

Das sagt uns, daß der Handshakingeingangsstift freigegeben (oder nicht
eindeutig) ist, wo auch immer er sich befindet. Aber bevor wir die Handshakingleitung suchen, lassen Sie uns einen Test auf aktive Eingänge
durchführen, indem wir sie einen nach dem anderen mit einer negativen
Spannung verbinden. Hier ist nun eine gute Gelegenheit, die negative
Spannung an dem Okidata **RTS**-Stift 4 zu benutzen. (Wann immer Sie
auch einen einzelnen Stift von dem anderen Gerät benutzen, stellen Sie
sicher, daß Ihre Masseanschlüsse verbunden sind. Dies ist der Grund,
weswegen wir empfohlen haben, daß die Anschlußstifte 7 auf dem Testadapter ständig durch eine Lötbrücke verbunden sein sollen.) Um diesen
Test durchzuführen, wird der Drucker mit einem Control-P in Gang
gesetzt und durch das Kommando **TYPE Dateiname** eine lange Textdatei
auf dem Bildschirm ausgegeben. Während wir mit einem Auge auf den
Bildschirm achten, installieren wir mit Hilfe eines Grabbers eine Brücke
zwischen dem negativen **RTS**-Stift 4 am Okidata und jedem Stift auf der
Schnittstelle des Advantage.

Das Anlegen einer negativen Spannung an dem Eingang von **rts**-Stift 4 hat
keinen Einfluß auf die Daten, die zum Bildschirm gehen. Wenn jedoch
der **dtr**-Stift 20 negativ wird, stoppt die Ausgabe auf dem Bildschirm. Entfernen Sie die negative Spannung, und die Ausgabe wird wieder aufgenommen. Der **dtr**-Stift 20 ist also der einzig aktive Eingang auf der
Advantage-Seite der Schnittstelle. Es ist der Handshakingeingang, den
wir gesucht haben.

Schritt 4: Lokalisieren des Handshaking

Die nächste Aufgabe besteht darin, den Okidata dazu zu bringen, Zeichen auf das Papier zu drucken. Als ein erster Versuch wird der Sender
des Advantage mit dem Empfänger des Okidata durch Überbrückung
ihrer RxD-Stifte 3 mit Hilfe eines Grabbers verbunden. dann werden
Daten von dem Advantage (durch Verwendung von Control-P), wie oben
beschrieben, gesendet. Siehe da! Der Druckkopf druckt erkennbare Zeichen auf das Papier. Nach ein oder zwei Zeilen jedoch gerät der Text
durcheinander, der Puffer läuft über und verliert Zeichen.

Bevor wir das Handshakingthema weiter verfolgen, lassen Sie uns nachprüfen, ob der Okidata irgendwelche aktiven Eingänge hat. Wie früher geschieht dies durch Anschluß der negativen Spannung an Stift 4 des Okidata an andere Stifte des Steckers. (Der Empfängerstift 3 sollte jedoch nicht so getestet werden.) Wenn irgendeiner der Eingangsstifte des Okidata aktiv ist, wird er durch die negative Spannung gesperrt, und der Okidata hört auf zu drucken.

Es wurden keine aktiven Eingänge an dem Okidata gefunden.

Wir haben schon entdeckt, daß der Sender des Advantage durch Sperrung des **dtr**-Stifts 20 unterbrochen werden kann. Alles, was bleibt, ist den Stift zu lokalisieren, den der Okidata benutzt, um „Puffer voll" zu signalsieren und dann diesen mit dem **dtr** des Advantage zu verbinden.

Fast alle Drucker haben einen Frontpanelschalter, der es dem Benutzer erlaubt, das Drucken ohne Verlust von Daten zu unterbrechen. Dieser Schalter ist mit ON/OFF LINE, SELECT, HOLD, READY, BUSY oder etwas ähnlichem bezeichnet. Wie auch immer der Name lautet, das Ergebnis nach Betätigung dieses Knopfes ist funktional dasselbe wie ein überlaufender Puffer — die Handshakingausgabeleitung wird negativ gesperrt.

Wir benutzen diesen SELECT-Schalter, der bei dem Okidata mit SEL markiert ist, um das Handshakingsignal für vollen Puffer zu lokalisieren. Der LED-Tester wird wie üblich mit Stift 7 verbunden. Dann wird der SEL-Schalter betätigt, während mit dem Testanschluß die aktiven Ausgabestifte einzeln berührt werden. Wenn der Handshakingstift getroffen wird, bewirkt das Betätigen dieses Schalters, daß die leuchtende LED von Rot (postiv) nach Grün (negativ) wechselt. Drücken Sie noch einmal, und die rote LED wird wieder leuchten. Warum beschränken wir unsere Tests nur auf aktive Ausgänge? Weil wir wissen, daß, egal welche einzelne Leitung für das Handshaking benutzt wird, sie entweder positiv oder negativ sein muß. Nichtaktive Stifte — an denen null Volt oder eine nicht eindeutige Spannung anliegt — kommen nicht als Handshakinganschlüsse in Frage.

Der erste Kandidat für diesen Test ist der negative **RTS**-Stift 4. Erinnern Sie sich, daß dieses der Handshakingstift an unserem fiktiven Drucker war. Wäre es nicht rührend, falls sich herausstellte, daß unser erstes Beispiel im Einklang mit dem fiktiven Modell stände? (Leider nein, **RTS**-Stift 4 ist es nicht — kein Platz für Sentimentalitäten.) Da Stift 4 kein aktiver Eingang ist und da er nicht seinen Zustand für Handshaking wechselt, brauchen wir ihn bei unserem Kabel sicher nicht zu berücksichtigen.

Der nächste Verdächtige ist der „nichtamtliche" Stift 11. Diese Vermutung ist richtig. Das abwechselnde Betätigen des SEL-Schalters führt tatsächlich zur Veränderung der LED-Farben. Stift 11 kann nun mit dem **dtr**-Stift 20 des Advantage verbunden werden. Mit Control-P werden Daten zum Okidata geschickt. Der Text wird sowohl auf dem Bildschirm als auch auf dem Papier ausgegeben. Nach ein paar Sekunden ist der Puffer des Okidata voll, und die Ausgabe auf dem Bildschirm stoppt abrupt, während der Drucker sich bemüht aufzuholen, indem er seinen Puffer leert. Plötzlich stellt der Bildschirm wieder einige weitere Zeilen dar und wartet. Für die Dauer des Druckvorgangs hält dieses „Himmel und Hölle"-Spiel zwischen Computer und Drucker an. In der Zwischenzeit ändert der immer noch mit der Handshakingleitung verbundene LED-Tester synchron mit den Pausen auf dem Bildschirm seine Farbe. Die Schnittstelle tut nun ihren Dienst.

Das endgültige Diagramm ist in Abbildung 8.2 dargestellt. Abbildung 8.3 zeigt ein Flußdiagramm des Ablaufs, wie er zur Lokalisierung des Empfängerhandshakings benötigt wird.

Schritt 5: Spezifizieren des Kabels

Dieses Kabel kann einfach spezifiziert werden. Weder der Okidata noch der Advantage haben irgendwelche aktiven Eingänge, die abgeschlossen werden müssen, so daß nur drei Leitungen für das Kabel benötigt werden. Abbildung 8.4 zeigt das Kabel.

DTE: OKIDATA 83A   DCE: NORTHSTAR ADVANTAGE

TESTERGEBNIS	E/A	STIFT Nr.	E/A	TESTERGEBNIS	
X	!	2 TxD	?	X	
X	?	3 RxD	!	NEG	
NEG	!	4 RTS	!	X	
X	?	5 CTS	!	POS	
X	?	6 DSR	!	POS	
X	?	8 DCD	!	POS	
HANDSHAKING POS	–	11 –	–		
POS	!	20 DTR	?	POS	AKTIV

Abb. 8.2: Das Okidata/Northstar-Logikdiagramm mit aktiven Eingängen

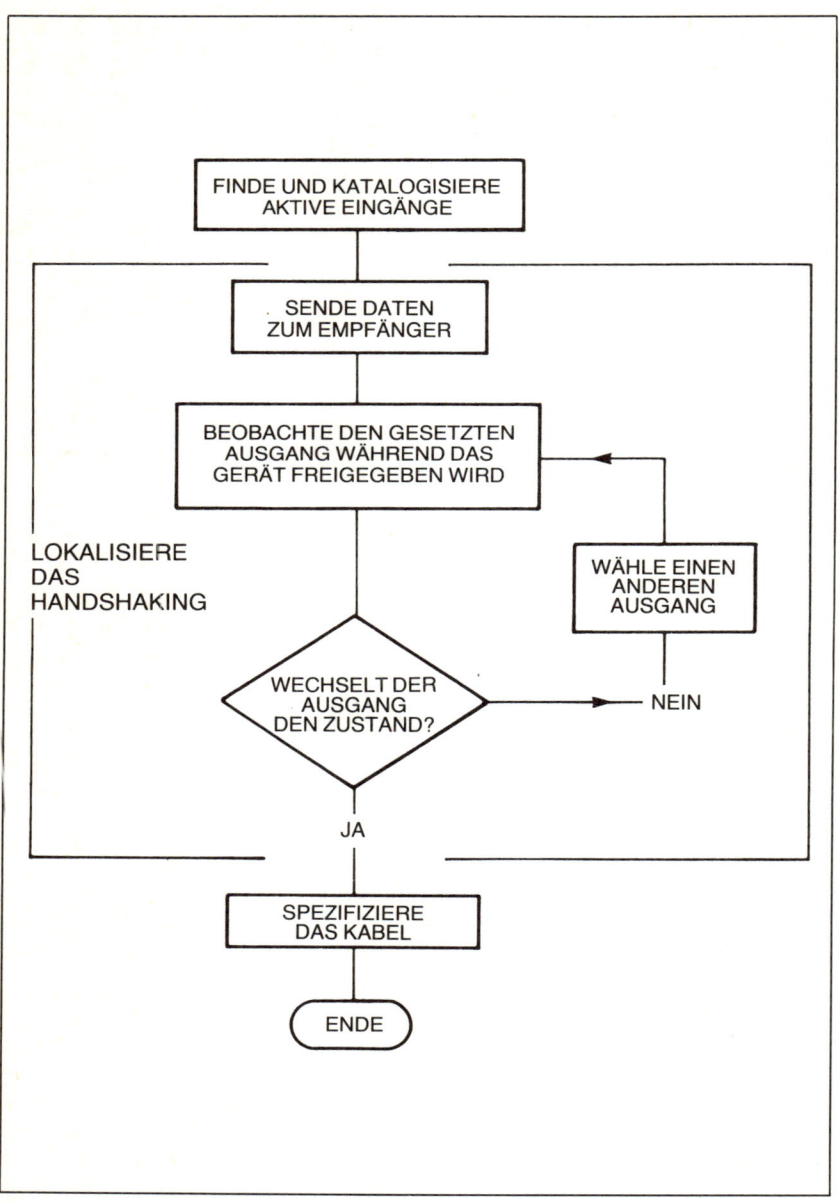

Abb. 8.3: Flußdiagramm zum Auffinden der Handshakingstifte

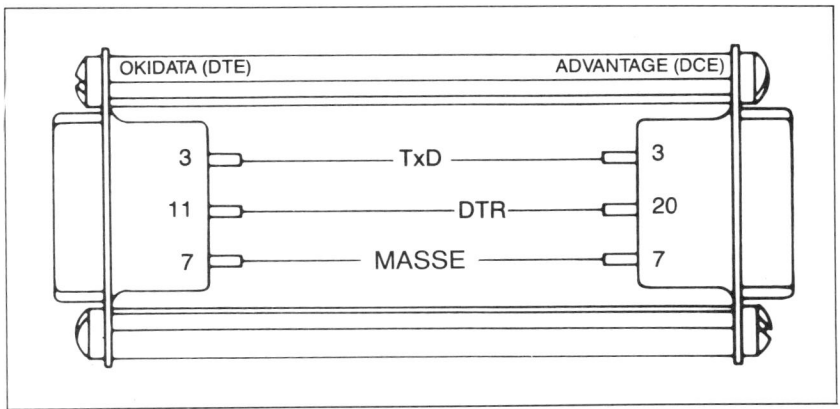

Abb. 8.4: Das Okidata/Northstar-Kabel

KOMMENTAR

Sind Sie erstaunt zu entdecken, daß wir eine „25-Stift"-Schnittstelle mit nur drei Leitungen perfekt anschließen können? Diese Einfachheit ist eines der am besten gehüteten Geheimnisse in Computern. Man kann sicher sagen, daß fast immer jeweils zwei RS-232-C-kompatible Geräte mit nur drei oder vier Leitungen miteinander verbunden werden können, wenn Sie bereit sind, die Gerätesteuerlogik zu opfern: zwei Datenleitungen, Handshaking und Masse. Wie Sie bemerkt haben, besteht ein Großteil der Arbeit beim Verbinden zweier serieller Geräte darin, die Fallgruben zu vermeiden, die den Ursprung in der unterschiedlichen, willkürlichen Implementierung der Steuerlogik haben.

Beim Anschließen des Okidata an den Advantage haben wir eine Methode erarbeitet, die es uns gestattet, zwei beliebige Geräte miteinander zu verbinden. Um sicherzugehen, werden die verbleibenden Fallstudien dieses Vorgehen noch erweitern, aber die entwickelten Testtechniken bleiben gleich.

Eine Prüfung der Okidata-Unterlagen offenbart, daß eine interne Brücke verfügbar ist, die es dem 83A erlaubt, ein Handshakesignal auf **DTR**-Stift 20 zu geben, anstelle auf Stift 11. Die veränderbare Zuordnung von Handshakingstiften ist eine übliche Eigenschaft von Druckern. Durch die Wahl des Handshakingsignals auf dem **dtr**-Stift 20 des Okidata hätten wir den Okidata mit dem Advantage mit einem gewöhnlichen (und teuren) 25-adrigem durchverbundenen Kabel verbinden können.

... das für einen nur auf Empfang ausgerichteten Drucker üblicherweise verwendete Kabel kann, falls es nötig ist, ohne unerwünschte Nebeneffekte an verschiedene Geräte angeschlossen werden. (Data Communications for Microcomputers, Nichols, et al, S. 83.)

Das Okidata-Handbuch wirft auch Licht auf die negative Spannung am **RTS**-Stift 4: „Achtung: Die Stifte 4 und 18 können Spannungen führen. Bitte nicht verwenden!" Weil wir aber ein gewöhnliches Kabel entwickelt haben, waren wir in der Lage, den Stift 4 zu ignorieren. Beachten Sie jedoch, daß, falls der Okidata — mit dem Handshakesignal auf **DTR**-Stift 20 — mit einem als DCE ausgelegten Computer über ein 25-adriges Kabel verbunden wird, die negative Spannung auf dem **RTS**-Stift 4 den **rts**-Eingang des Computers sperren kann und keine Zeichen zum Drucker gesendet würden. Diese vorhandene Möglichkeit ist nur eine in einer wachsenden Liste von Gründen, *kein* volles 25-adriges Kabel zu verwenden.

Die Okidata-Unterlagen beanspruchen, daß **dsr**-Stift 6 am Drucker das „Signal zur Mitteilung an den Drucker, daß Daten zur Übertragung zum Drucker bereit sind" ist. Der Sinn dieses Satzes bleibt nebelhaft. Weiterhin zeigen alle Anschlußbeispiele in dem Handbuch den Stift 6 entweder abgeschlossen durch eine Brücke mit **DTR** oder freigegeben durch eine Leitung mit dem Computer. Wenn **dsr**-Stift 6 getestet wurde, wurde er jedoch inaktiv vorgefunden.

Eine geringere Klage: Wie vorherzusehen war, beanspruchen die Okidata-Unterlagen, daß der Drucker eine „RS-232-C-Schnittstelle" beinhaltet, bezeichnen aber dennoch Stift 11 mit **Supervisory Send Data** — ein Name, der in dem RS-232-C-Standard nicht auftaucht.

Mit Fußangeln wie dieser wird noch kein Schaden angerichtet. Wen stört es schließlich, wie Stift 11 genannt wird oder ob **dsr**-Stift 6 im Nebel liegt, aber es macht einen doch etwas betroffen, festzustellen, daß ein Hersteller sein eigenes Programm nicht versteht.

Das Advantage-Handbuch offenbart, daß eine Brücke aufgetrennt werden kann, um Handshaking auf Stift 19 anstelle von Stift 20 **dtr** zu ermöglichen. Die Unterlagen geben ebenfalls Anweisungen, wie intern die Schnittstelle von einem DCE zu einem DTE umgestellt werden kann — ein feiner Zug.

Die Schnittstelle des Advantage hat eine bemerkenswerte Eigenschaft: Der Handshakingeingang **dtr** ist intern abgeschlossen. Viele andere Computer (zum Beispiel der KayPro) erlauben ihren Handshakingleitungen auf freiem Potential zu liegen mit undefinierbarem logischen Pegel.

Manchmal kann ein nicht eindeutiger Zustand tatsächlich den Handshakingeingang *sperren*. Das kann dem Benutzer Ärger verursachen: Falls
kein Drucker an Ihrem Computer angeschlossen ist, kann durch zufälliges
Einschalten des Druckers mit Control-P oder durch das Laufenlassen
eines Anwenderprogramms, das Druckerausgabe durchführt, der Computer *zum Stehen gebracht* werden, weil er auf die Freigaben der Handshakingleitung wartet. Glauben Sie es oder nicht, es gibt ein kommerziel-
les Produkt mit dem Namen „Printer Pal" (auf deutsch etwa „Kumpel
Drucker"), das dieses Problem löst. Ja, es ist nichts weiter als ein DB-25-
Stecker mit der abgeschlossenen Handshakingleitung.

KAYPRO/EPSON

9

FALLSTUDIE 3:

KAYPRO II COMPUTER(s/n 019490): CP/M-Portable
EPSON MX100 (s/n 349065): Punktmatrixdrucker mit 8145 seriellem
Schnittstellen-Board

ALLGEMEINE BETRACHTUNGEN

Dieses Kapitel könnte man den „Fall des zeitweise aussetzenden Druk-
kers" nennen. Die Besitzerin eines solchen Paares beklagte, daß ihr
Drucker nur einige Seiten ordnungsgemäß druckte und dann den Druck
abrupt abbrach.

Wenn der Epson aussetzte, leuchtete seine „Offline"-Lampe − eine
Lampe, die die Handshakingausgabe des Druckers anzeigt − als wäre der
„Offline"-Knopf manuell betätigt worden. Das erneute Drücken des
Schalters jedoch bewirkte keine Fortsetzung des Druckvorgangs. Der
Drucker war wie eingefroren. Falls der Drucker ausgeschaltet und dann
wieder eingeschaltet wurde, druckte er ein paar weitere Seiten, bevor er
wieder anhielt. Das Drucken eines längeren Textes auf diese Art und
Weise war nicht einmal eine akzeptable Notlösung: Beim Wiederein-
schalten kehrte der Drucker automatisch wieder zum linken Zeilenrand
zurück und vergaß die Zeilennummer, die er gerade druckte, als die
Unterbrechung eintrat.

Der Händler, bei dem die Besitzerin den Computer gekauft hatte, war bemüht zu helfen. Der Drucker wurde mit einem anderen Computerfabrikat verbunden — kein Problem; der KayPro II wurde mit einem anderen Druckerfabrikat verbunden — kein Problem. Man schloß daraus, daß es eine Art Unverträglichkeit zwischen dem KayPro und dem Epson geben müßte. Da die Frau ihren Drucker per Post gekauft hatte, nachdem sie ihren Computer erworben hatte, verwies der Händler nur auf eine strenge Warnung in dem KayPro-Handbuch, die besagte, daß „der Computerhersteller keine Garantie übernimmt für die Brauchbarkeit eines bestimmten Druckers mit serieller Schnittstelle zur Verwendung mit der seriellen RS-232-C-Schnittstelle des KayPro II. Bevor Sie irgendeinen seriellen Drucker erwerben, bestehen Sie auf einer Vorführung." Betrachtet man die verrückte Welt der Schnittstellen, so ist es klug von jedem Hersteller, diesen Standpunkt einzunehmen.

In dem letzten Beispiel haben Sie gesehen, wie der Handshakingeingang des Advantage intern abgeschlossen wurde. Dies erlaubte es, auch ohne externes Handshakingsignal, Zeichen an seinen seriellen Anschluß zu schicken. Der Handshakingstift des KayPro ist jedoch *nicht* abgeschlossen. In diesem Fall bleibt das Positionsanzeigesymbol des KayPro (Cursor), nachdem das auslösende Control-P eingegeben wurde, rechts neben der CP/M-Eingabeaufforderung **A>** hängen. Dann besteht Ihr *erster* Schritt darin, den Handshakingeingang des Computers zu lokalisieren. Auf dem Advantage wurde der Handshakingeingang lokalisiert, indem negative Spannungen an die Stifte angelegt wurden, bis ein Stift gefunden wurde, der das UART und damit die Bildschirmausgabe sperrt. Das Vorgehen beim KayPro ist entgegengesetzt. Sie müssen eine *positive* Spannung anlegen, bis Sie den Stift finden, der das UART freigibt und damit die Positionsanzeigemarke in die nächste Zeile springen läßt mit einer neuen **A>**-Eingabeaufforderung. Sobald diese zweite Eingabeaufforderung anzeigt, daß der Handshakingeingang des UART freigegeben wurde, kann die Druckerausgabe wie üblich gestartet werden, indem irgendein Kommando eingegeben wird, das normalerweise die Ausgabe zum Bildschirm sendet.

Dies bringt einen neuen interessanten Punkt in die Diskussion. Obwohl der Handshakingeingang des KayPro nicht durch einen positiven Abschlußwiderstand freigegeben wird, wird er auch nicht durch einen negativen Abschlußwiderstand gesperrt. Kurz, es ist ein offener Eingang, und er wird sich wahrscheinlich uneinheitlich verhalten — manchmal gesperrt, manchmal freigegeben. Falls der KayPro in Anwendungen benutzt wird, die kein Handshaking benötigen (siehe die erste Fallstudie in Kapitel 12), muß sein **cts**-Stift 5 abgeschlossen werden.

Schritt 1: Setzen der Baudrate

Die Baudrate des Epson wird mit Schaltern, die sich auf der Baugruppe für die serielle Übertragung befinden, auf 1200 Baud gesetzt. Die Baudrate des KayPro wird mit einem Dienstprogramm BAUD.COM gesetzt. Wie bei allen CP/M-Systemen wird die Bildschirmausgabe durch Eingabe eines Control-P zum logischen Geräteanschluß **LST:** geschickt. Bei der Auslieferung wird der Anschluß **LST:** des KayPro einem parallelen Drucker zugeordnet. Ein serieller kann durch die Eingabe **STAT LST:=TTY** zugeordnet werden. Falls Sie wünschen, daß ständig ein Drucker mit seriellem Anschluß zugeordnet ist, benutzen Sie das Dienstprogramm CONFIG.COM.

Der gesunde Menschenverstand legt nahe, daß die Quelle des Problems irgendwie mit der Handshakingleitung des Epson in Zusammenhang steht. Sicherlich war es kein Zufall, daß der Drucker zur gleichen Zeit mit dem Überlaufen des Puffers seine Arbeit einstellte. Ein anderer Hinweis: Obwohl die „Offline"-Lampe des Druckers anzeigte, daß das Signal für vollen Puffer gegeben wurde, stoppte die Zeichenausgabe auf dem Bildschirm des KayPro-UART nicht. Um diese Hypothese zu testen, wäre es notwendig, den Pufferüberlauf zu vermeiden. Wie? Indem man die Zeichen niemals schneller zum Drucker sendet, als dieser sie ausgeben kann. Wenn ein Zeichen gedruckt wird, sobald es ankommt, wird der Puffer niemals überlaufen. Viele ältere serielle Drucker (der Diablo 1610/1620 zum Beispiel) wurden genauso konzipiert.

Dies ist der erste Fall, in dem die Baudrate eine aktive Rolle beim Anschließen spielt, so daß eine kurze Diskussion über Baudraten notwendig ist.

Ein Mitarbeiter einer Beratungsfirma für Computerkauf fordert, daß Sie nicht einmal im Traum daran denken sollten, einen Drucker zu kaufen, ohne den Computer mit in das Geschäft zu nehmen und darauf zu bestehen, daß der Händler alles anschließt und den Drucker vorführt, bevor Sie das Geschäft verlassen. Dieser Berater schätzt, daß 75% der auftretenden Hardwareprobleme von einem falschen Kabel herrühren. (Info-World, Juni 1983)

Soweit es hier von Wichtigkeit ist, steht Baud für „Bits pro Sekunde". Wenn ein 8-Bit-Zeichen in einzelne Bits zur Übertragung zerlegt wird, werden ein paar zusätzliche *Rahmenbits* vor und hinter jedem Byte eingefügt, um zu markieren, wo ein Zeichen endet und das nächste beginnt. So werden mindestens zehn Bits benötigt, um ein einzelnes 8-Bit-Zeichen darzustellen.

Der Epson druckt 80 Zeichen pro Sekunde. Um sicherzustellen, daß sein Puffer niemals überläuft, müßten wir ihm die Daten mit einer niedrigeren Baudrate als 80 Zeichen pro Sekunde mal 10 Bits pro Zeichen oder 800 Baud senden. Die nächst *niedrigere* Baudrate, die verfügbar ist, ist 600 Baud. Besser noch 300 Baud. Epso und KayPro wurden beide auf 300 Baud gesetzt, und der Drucker arbeitete, wie vorausgesagt, ohne stecken- zubleiben. Es wurde jedoch ein neuer dünner Anhaltspunkt bemerkt: Wenn der „Offline"-Knopf gedrückt wurde − daß heißt, immer wenn der Handshakingausgang gesperrt wurde − blieb der Drucker wie erwartet stehen, aber das erneute Betätigen des Knopfes setzte den Drucker nicht wieder in Gang.

Da die Besitzerin des Epson aber die höhere Druckgeschwindigkeit des Epson benutzen wollte, mußten die Daten mit 1200 Baud übertragen wer- den. Handshaking war deshalb notwendig. Deshalb heraus mit den Grab- bern und her mit dem LED-Tester!

Wie bisher wurde jeder Eingang auf beiden Seiten der Schnittstelle mit einer negativen Spannung auf seine Aktivität getestet. Die Ergebnisse sind in Abbildung 9.1 dargestellt. Wie versprochen, haben wir angefan- gen, Schritte zusammenzufassen.

Schritt 2: Feststellen des Gerätetyps

Schritt 3: Erfüllen der Gerätesteuerlogik

Schritt 4: Lokalisieren des Handshaking

Hier gibt es ein paar neue Dinge. Erstens, beide Geräte sind DTE- Geräte. Überkreuzen der Kabel ist kein echtes Problem − wenn wir das Kabel entwerfen, können wir gegebenenfalls 2−3, 4−5, 6−20 überkreu- zen. Typenunverträglichkeiten zwischen Geräten haben traditionsgemäß in den Gemütern der Anschlußtechniker Schrecken verbreitet. Mit den Tabellen und Flußdiagrammen jedoch wird die physikalische Konfigura- tion der Stifte unbedeutend − wir müssen nur die Anforderungen auf bei- den Seiten der Schnittstelle herausfinden, um diesen Bedingungen durch Kabel und Stecker gerecht zu werden.

Beachten Sie, daß der Drucker zwei Handshakingleitungen hat. Es gibt absolut keinen Unterschied zwischen diesen beiden Ausgängen. Dies ist ein gutes Beispiel für die Notwendigkeit, alle relevanten Anschlüsse in jeden Test mit einzubeziehen. Sind sie einmal identifiziert, so brauchen Sender und Empfänger natürlich nicht getestet zu werden.

Der Epson hat zwei aktive Eingänge. Wenn **dcd**-Stift 8 durch eine Brücke mit einer negativen Leitung gesperrt wird (der **RTS**-Ausgang auf dem KayPro ist dafür geeignet), *ignoriert* der Drucker Eingabedaten. Beachten Sie, daß das Sperren dieses Eingangs den Druckvorgang *nicht* unterbricht − stattdessen wird normal weitergedruckt, bis alle Zeichen des Puffers ausgegeben wurden. Das stimmt mit unserem UART-Modell in Abbildung 3.10 überein: Spezialzweck-Eingang Nr. 2 steuert häufig den Empfänger des UART. Da dies üblicherweise keine nützliche Einrichtung ist, müssen wir Stift 8 in dem Kabel abschließen.

Der **dsr**-Stift 6 verhält sich etwas anders. Falls er während des Druckvorgangs gesperrt wird, wird das Drucken fortgesetzt, und die Handshakingleitung **DTR**-Stift 20 wird wie üblich gesperrt (negativ), wird aber nicht wieder aktiviert, wenn der Puffer leer ist. Das Handshakingsignal bleibt gesperrt, bis **dsr**-Stift 6 wieder freigegeben wird.

Unglücklicherweise hat das Verhalten dieser Stifte zur Folge, daß Sie jeden Test auf aktive Eingänge mit einem leeren Puffer beginnen müssen. Sie müssen eben warten, bis der Druckvorgang beendet ist, bevor Sie den nächsten Stift testen, es sei denn, der Drucker verfügt über einen „CLEAR"-Knopf, um den Puffer zu löschen. Da die Puffer einiger Drucker mehrere tausend Bytes groß sind, werden Sie bei 1200 Baud wahrscheinlich viel Wartezeit haben. Aus diesem Grund müssen Sie den Puffer löschen, indem Sie einfach den Drucker aus- und anschließend wieder einschalten. (Falls Sie sich fragen, ob der Okidata von Fallstudie 2 solch einen Eingang hat, ist die Antwort nein.)

DTE: KAYPRO II   DTE: EPSON MX 100

TESTERGEBNIS		E/A	STIFT Nr.	E/A	TESTERGEBNIS	
	NEG	!	2 TxD	!	NEG	
	X	?	3 RxD	?	X	
	NEG	!	4 RTS	!	X	
AKTIV	X	?	5 CTS	?	X	
(schwach)	POS	?	6 DSR	?	X	AKTIV
	X	?	8 DCD	?	X	AKTIV
	X	–	11 NZ	–	POS	HANDSHAKE
	POS	!	20 DTR	!	POS	HANDSHAKE

NZ = Nicht zugeordnet

Abb. 9.1: Logikdiagramm für KayPro/Epson

Eine letzte Bemerkung über die Epson-Seite der Schnittstelle: Es gibt dort keinen aktiven Ausgang, mit dem wir die aktiven Eingänge abschließen können. Dementsprechend muß der benötigte Ausgang über das Kabel von dem **DTR**-Stift 20 des KayPro herbeigeführt werden.

Die KayPro-Seite der Schnittstelle ist neu, aber nicht ungewöhnlich. Ihr einziger aktiver — und deswegen Ihr Handshakinganschluß — ist CTS-Stift 5. Aus irgendwelchen Gründen ist **RTS**-Stift 4 gesperrt.

Beachten Sie, daß der **dsr**-Stift 6 am KayPro mit „schwach POS" bezeichnet ist. Das bedeutet, daß entweder der Ausgangsschaltkreis defekt ist oder, wie es hier zu sein scheint, daß ein interner Abschlußwiderstand hinzugefügt wurde.

Schritt 5: Spezifizieren des Kabels

In Kapitel 4 war ein Schwerpunkt das „Flipping", das Vertauschen von einzelnen Leitungen des Schnittstellenkabels. Sie werden jetzt wahrscheinlich bemerkt haben, daß Flipping nichts weiter als eine verstandesmäßige Gewandtheit ist, die mit dem Anschließen von Geräten gleichen Typs verbundenen Probleme anzugehen. *Gedanklich* führen Sie dies durch, wenn Sie sich die Querverbindungen zwischen komplementären Eingängen und Ausgängen vorstellen; *physikalisch* geschieht es automatisch, wenn Sie das Kabel herstellen.

Die Epson-Seite der Schnittstelle schien etwas kompliziert, wenn nicht gerade ausgefallen zu sein, aber es bleibt alles im Rahmen. Alle Eingänge und Ausgänge und Handshakingsignale sind da, wo sie hingehören. Abbildung 9.2 zeigt das entwickelte Kabel.

Zur Freude aller arbeitete der Drucker mit diesem 4-adrigen Kabel perfekt. Dies zeigt, daß das Problem allein im Kabel lag. Eine Untersuchung des Kabels der Eigentümerin ergab, daß diese ein Kabel benutzte, das ihr ein „sachkundiger" Freund besorgt hatte. Dieses Kabel stellte die in Abbildung 9.3 gezeigten Verbindungen zur Verfügung.

Die Epson-Seite dieses in einem Laden gekauften Kabels ist die eingeschränkte Version eines Kunstgriffs, der „Null-Modem" genannt wird. Ein Null-Kabel ist tatsächlich ein Kabel voller Tricks, entworfen, um ein dem RS-232-C-Standard entsprechendes Gerät dazu zu überlisten, Daten weiterzugeben. Beachten Sie, daß nur die Datenleitungen (Stifte 2 und 3) und die Masse von einer Seite der Schnittstelle zu der anderen verbunden sind. Der Ausgang **RTS**-Stift 4 ist mit dem Eingang **cts**-Stift 5 und dem Eingang **dcd**-Stift 8 „durchgeschleift". In ähnlicher Weise wird **DTR**-Stift

20, ein Ausgang, auf einem streng dem RS-232-C-Standar‹
den Gerät verwendet, um seinen zugehörigen Eingang **ds**
geben. Der entsprechende Vorgang geschieht auf der DC
nach einem nützlichen Trick, nicht wahr? Der Haken ist, daß seltsame
Dinge passieren, wenn die Stiftzuweisungen nicht den strengen RS-232-
C-Standard einhalten. Selbst wenn auf diesem Null-Modem-Kabel ein
Handshakingsignal installiert worden wäre, wäre es durch die Verbindung mit einem anderen aktiven Ausgang gelöscht worden. Da der RS-
232-C-Schnittstellenstandard Handshaking nicht per se unterstützt, sind
die vorgefertigten Null-Modem-Kabel gewöhnlich für Mikrocomputer im
allgemeinen und für Drucker und andere Geräte, die einen kontrollierten
Fluß von Daten erfordern, von geringem Nutzen.

Das Kabel selbst wies Zeichen eines harten Kampfes auf. Viele der Verbinder waren lose, weil sie überhitzt worden waren, die Isolation der
Drähte war verkohlt und bröckelte ab, die meisten der Anschlußstifte
hatten verräterische kurze Drahtstummel, die von fehlgeschlagenen
Experimenten mit Drahtbrücken herrührten. Obwohl das Kabel sein

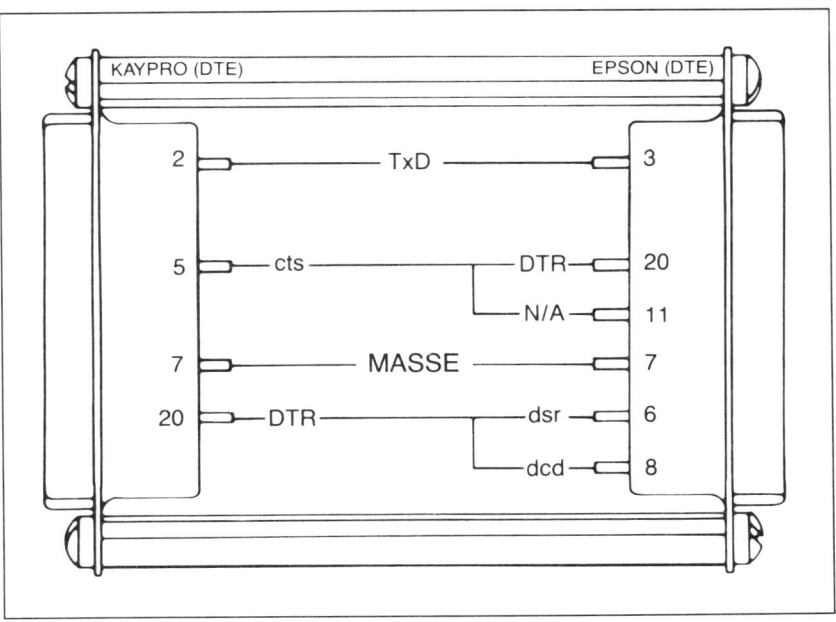

Abb. 9.2: Das Epson/KayPro-Kabel

Leben als fix und fertiges Null-Kabel begonnen hatte, war dem kenntnisreichen Freund bald aufgefallen, daß der Drucker damit schließlich doch nicht funktionieren würde. Der Freund begann dann wie wild, das Kabel neu zu verdrahten, indem er Brücken hinzufügte und andere entfernte und schließlich neue Drähte anlötete. Nach einigen Stunden erklärte der Freund, daß der Drucker nun funktioniere. Tatsächlich, er druckte eine Seite oder so zur allgemeinen Zufriedenheit, aber niemand dachte daran, den Drucker über eine längere Periode von vier oder fünf Seiten zu testen.

Beachten Sie, daß die Brücke zwischen dem **RTS** des KayPro und **cts** aufgetrennt wurde und **DTR** zum Abschluß aller drei Eingänge **cts**, **dsr** und **dcd** benutzt wurde. Erkennen Sie, warum der Drucker mit einem voll-

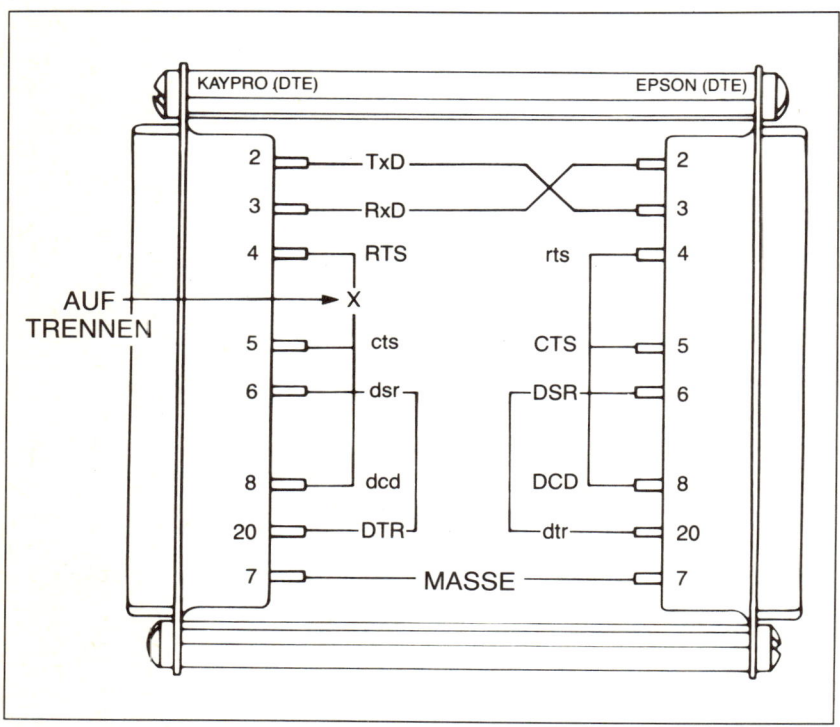

Abb. 9.3: Obwohl das Auftrennen der Verbindung zwischen RTS und cts dem KayPro erlaubte, Zeichen zum Drucker zu schicken, lief wegen des fehlenden Handshakingsignals der Puffer bald über.

ständigen Null-Kabel nicht funktioniert? Das Null-Kabel nimmt an, daß **RTS** gesetzt ist, und gibt deswegen **cts** frei. Bei dem KayPro ist aber **RTS** *unterdrückt* und sperrt deshalb den Handshakingeingang.

Das bloße Fehlen von Handshaking in diesem Kabel hätte natürlich den normalen Betrieb des Druckers verhindert. Der 2000 Zeichen große Druckerpuffer des Epson nimmt leicht eine einzelne Textseite auf. Aber ein großer Puffer ist kein geeigneter Ersatz für Handshaking — er schiebt das Unvermeidliche nur auf. Da der KayPro das Signal „Puffer voll" des Epson nicht empfangen haben konnte, wäre der Inhalt des Puffers früher oder später mit neu ankommenden Zeichen überschrieben worden. Aber haben Sie herausgefunden, warum der Druckvorgang stoppte, als die Handshakingleitung des Epson **DTR**-Stift 20 gesperrt wurde? Beachten Sie, daß die Handshakingleitung mit einem aktiven Eingang **dsr**-Stift 6 verbunden ist. Wir haben im vorangegangenen herausgefunden, daß ein gesperrter **dsr**-Stift 6 den Drucker dazu bringt, sein Handshakingsignal zurückzuhalten. Außerdem hindert ein gesperrter **dcd**-Stift 8 neuankommende Zeichen, den Drucker zu erreichen. Wenn der Drucker überläuft, wird das Handshakingsignal an Stift 20 negativ und sperrt beide Eingänge, **dcd**-Stift 8 und **dsr**-Stift 6. Als die verbleibenden Zeichen im Drukker gedruckt waren, blieb der Epson stehen — die Handshakingleitung konnte dem KayPro kein Signal für einen weiteren Puffer voll von Zeichen liefern.

Dieser Vorgang, daß ein logischer Zustand einen zweiten begründet, der dann wiederum bewirkt, daß der erste andauert, wird als *Halteschleife* (engl. *latching*) bezeichnet oder um bildhafter zu sprechen, als *tödliche Umarmung*. Der **dtr**-Stift 6 und *irgendein* Handshakingstift bilden, wenn sie verbunden werden, eine solche Halteschleife. So hindert das Null-Modem — ein nützliches Gerät bei einer Standard-RS-232-C-Implementierung — in diesem Fall tatsächlich den Drucker daran, korrekt zu arbeiten.

OSBORNE/VOTRAX

10

FALLSTUDIE 4:

OSBORNE I (SN007353): Portabler CP/M-Computer
VOTRAX TYPE 'N TALK (SN00089): Sprachausgabegerät

ALLGEMEINE BETRACHTUNGEN

Der Type 'n Talk ist ein amüsantes Gerät. Gefüttert mit einem Strom serieller Zeichen, versucht er diese in englische Wörter oder Klänge umzusetzen und sagt diese dann in einer Tonlage an, die wie eine Micky-Maus klingt mit skandinavischem Akzent.

Der Type 'n Talk scheint eine große Anzahl von Schnittstellenbastlern zum Narren gehalten zu haben. Ihr Schnittstellenlatein umfaßte Geschichten von entstellten Klängen, weggelassenem Text, Aufhören nach ein paar Wörtern (wie der Epson in Fallstudie 3) und gänzlicher Weigerung, einen Ton von sich zu geben. Die erstaunlichste Behauptung über das Type 'n Talk war, daß es murmelte − eine Behauptung, die niemals bestätigt wurde. Wie auch immer, ein Gerät mit einem solch schlechten Leumund verdient es, auf den nächsten Seiten gezähmt zu werden.

Schritt 1: Setzen der Baudrate

Die Baudrate des Osborne wird mit Mikroschaltern im Innern des Computers gesetzt. Beim Type 'n Talk geschieht dies mit Schaltern auf der Rückwand. Beide Geräte wurden auf 1200 Baud eingestellt.

Der serielle Anschluß des Osborne wurde dem physikalischen Gerätenamen **CRT:** zugeordnet. Um einen seriellen Drucker zu benutzen, führen Sie das CP/M-Kommando **STAT LST: = CRT:** aus. Wie bei jedem CP/M-System kann die Bildschirmausgabe durch Eingabe eines Control-P zum **LST:** geschickt werden.

Neben der Neuartigkeit der Sprachausgabe ist der Type 'n Talk wieder ein anderes serielles Gerät bei der Suche nach Handshaking. Während der Aufbereitung der Sprachausgabe werden Zeichen in einem Puffer bescheidener Größe gespeichert, dessen Überlauf mit dem Sperren eines Stiftes an der RS-232-C-Schnittstelle angezeigt wird. Damit die Sprache des Type 'n Talk verständlich ist, muß er langsam sprechen, so daß selbst die langsamste Baudrate seinen Puffer wahrscheinlich zum Überlaufen bringt. Wir setzen sie auf 1200, weil wir den Puffer schnell zum Überlaufen bringen wollen, um das Testen zu beschleunigen.

Schritt 2: Feststellen des Gerätetyps

Schritt 3: Erfüllen der Gerätesteuerlogik

Die gesamte Schnittstellentabelle ist in Abbildung 10.1 angegeben. Auf den ersten Blick sieht diese wie eine glückliche Heirat aus. Die Osborne-Seite der Schnittstelle scheint das „Gelbe vom Ei" zu sein: Ein einziger aktiver Eingang, **dtr**-Stift 20 mit zwei gesetzten Ausgängen, die für Tricks und Abschlüsse benutzt werden können. Die Handshakingleitung des Osborne ist wie bei dem Advantage abgeschlossen. Der Type 'n Talk sieht auf den ersten Blick auch einfach aus. **TxD**-Stift 2 ist negativ − ein DTE, nicht wahr? **DTR**-Stift 20 ist ein gesetzter Ausgang − ein DTE, nicht wahr? **CTS**-Stift 5 ist ein gesetzter Ausgang − ein DTE, falsch. **CTS**-Stift 5 wird nicht als DTE-Ausgang angesehen − es ist ein Eingang. Gut, vielleicht hat der Hersteller ihn intern abgeschlossen, um seinen logischen Zustand zu garantieren. Vielleicht, aber falls **CTS** ein abgeschlossener Eingang ist, sollte er aktiv sein, warum sonst dieser Aufwand? Aber unsere Logiktabelle zeigt, daß er nicht aktiv ist. Weiter, falls **CTS**-Stift 5 ein Eingang ist, ist es wahrscheinlich, daß **RTS**-Stift 4, sein Gegenstück, gesetzt ist; aber der **RTS**-Stift 4 des Type 'n Talk ist kein Ausgang − er ist weder positiv noch negativ.

Schritt 4: Lokalisieren des Handshaking

Wenn Sie im Zweifel sind, wie Sie vorgehen müssen, beginnen Sie Ihre Versuche immer nur allein mit den Datensignalen – und nicht mit einem Steuer- oder Handshakingsignal. Häufig offenbart dies ein Verhalten, in dem Sie einen Sinn erkennen können. In diesem Fall jedoch bringt der Type 'n Talk keinen Piep hervor.

Als nächstes können wir es mit dem eingeschränkten Null-Modemkabel versuchen, das in Fallstudie 3 beschrieben wurde. Das Paar **RTS**-Stift 4 und **CTS**-Stift 5 wurde verbunden. In ähnlicher Weise wurde der Ausgang von **DTR**-Stift 20 benutzt, um die Eingänge **dsr**-Stift 6 und **dcd**-Stift 8 zu setzen. Eine DTE-Schnittstelle, die auf eine solche Behandlung nicht *irgendwie* reagiert, hat keinen großen Anspruch, RS-232-C-kompatibel genannt zu werden.

Der Type 'n Talk begann ziemlich langweilig den Text der Wordstar-Demonstrationsdatei EXAMPLE.TXT aufzusagen. Nach einigen Wörtern aber hörte er auf. Üblicherweise testen wir, wenn es uns gelungen ist, die Daten zum Fließen zu bringen, sofort auf aktive Eingänge; aber nur, wenn die Daten kontinuierlich fließen. Machen Sie den Test auf aktive Eingänge nicht, bevor Sie herausgefunden haben, warum ein Gerät unterbricht und die Arbeit einstellt. Messen Sie die Stifte noch einmal, sobald die Unterbrechung auftritt. Irgend etwas muß sich geändert haben, um den Datenfluß zu stoppen!

Das wiederholte Testen der Type 'n Talk-Stifte offenbart, daß die überbrückten Stifte **RTS**-Stift 4 und **CTS**-Stift 5 beide negativ wurden! „Aha", sagen Sie, „**CTS**-Stift 5 ist ein abgeschlossener Eingang." Im Gegenteil,

DTE: VOTRAX TYPE 'N TALK   DCE: OSBORNE I

TESTERGEBNIS	E/A	STIFT Nr.	E/A	TESTERGEBNIS	
NEG	!	2 TxD	?	X	
X	?	3 RxD	!	NEG	
X	?	4 xxx	?	X	
POS	1	5 xxx	!	POS	
X	?	6 DSR	!	POS	
X	?	8 DCD	!	X	
POS	!	20 DTR	?	POS	AKTIV

Abb. 10.1: Logikdiagramm für Osborne/Type 'n Talk

wenn die Brücke zwischen diesen beiden Stiften entfernt wird, ist es **CTS**-Stift 5, der den Zustand änderte. So tritt das „Puffer voll"-Signal an **CTS**-Stift 5 auf − üblicherweise ein DTE-Eingang. Als **CTS**-Stift 5 negativ wurde, wurde die negative Spannung über die Brücke an **RTS**-Stift 4 angelegt. Weil dies sofort die Übertragung von Daten zum Puffer des Type 'n Talk stoppte, muß **RTS**-Stift 4 − normalerweise ein Ausgang − deswegen ein aktiver Eingang sein.

Nachdem diese unübliche Zusammenstellung aufgedeckt wurde, konnte Stift 4 (er kann wirklich nicht DTE-Eingang **rts** genannt werden, oder?) durch die Verbindung mit **DTR**-Stift 20 freigegeben werden. Dies ermöglichte den kontinuierlichen Fluß von Daten zwischen dem Osborne und dem Type 'n Talk. Normales Testen deckte auf, daß **dcd**-Stift 8 ein aktiver Eingang war, der den Typ 'n Talk (wie den Epson) dazu brachte, ankommende Daten zu ignorieren. Als **dcd**-Stift 8 gesperrt wurde, sprach der Type 'n Talk noch die verbleibenden Wörter in seinem Puffer, um dann in Schweigen zu fallen. Der gesperrte **dcd** erlaubte es nicht, daß irgendwelche weiteren Zeichen in den Puffer aufgenommen wurden. Dieses Verhalten, Sie erinnern sich, wird durch unser UART-Modell bestimmt:

Der **dcd** ist im allgemeinen ein Spezialzweck-Eingang, der benutzt wird, um den Empfänger ein- und auszuschalten.

Stift 4 funktionierte in einer unterschiedlichen, aber komplementären Art. Nachdem Stift 4 gesperrt wurde, arbeitete der Type 'n Talk normal weiter, bis seine Handshakingleitung (Stift 5) einen vollen Puffer anzeigte, indem sie negativ wurde; danach wurde die Handshakingleitung niemals wieder gesetzt. Wenn der aktuelle Puffer entleert war, wurde keine weitere Anforderung für weitere Zeichen gegeben.

Abbildung 10.2 zeigt das endgültige Diagramm der Schnittstelle.

Schritt 5: Spezifizieren des Kabels

Wenn man den Kummer bedenkt, den der Type 'n Talk verursacht hat, ist das in Abbildung 10.3 gezeigte Kabel ziemlich einfach. Die Handshakingleitung des Type 'n Talk, Stift 5, ist mit dem einzigen aktiven Eingang des Osborne **DTR**-Stift 20 verbunden. Der Type 'n Talk war für extrem unverschämte Geräusche beim Ein- und Ausschalten bekannt. Da der **CTS**-Stift 5 am Osborne nur gesetzt ist, wenn dieser eingeschaltet ist, wird dieser Stift zum Sperren dieser beiden aktiven Eingänge benutzt. Datenaustausch findet wie üblich zwischen den 3er-Stiften statt.

DTE: VOTRAX TYPE 'N TALK   DCE: OSBORNE I

TESTERGEBNIS		E/A	STIFT Nr.	E/A	TESTERGEBNIS	
	NEG	!	2 TxD	?	X	
	X	?	3 RxD	!	NEG	
	X	?	4 xxx	?	X	
	POS	1	5 xxx	!	POS	
HANDSHAKING	X	?	6 DSR	!	POS	
	X	?	8 DCD	!	X	
	POS	!	20 DTR	?	POS	AKTIV

Abb. 10.2: Endgültiges Logikdiagramm der Schnittstelle

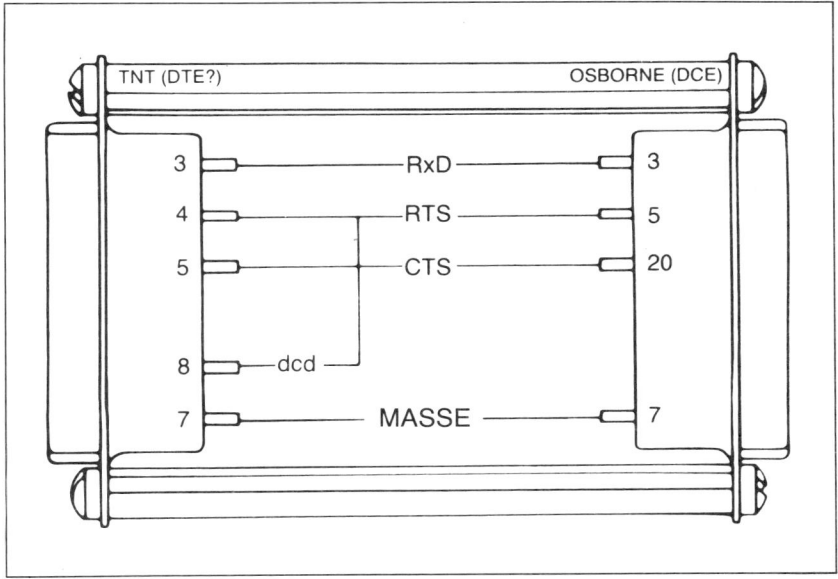

Abb. 10.3: Das Votrax/Osborne-Kabel

KOMMENTAR

Falls dies wie die KayPro/Epson-Fallstudie klingt, so liegt das daran, daß
dasselbe Phänomen, eine Selbsthalteschleife, in beiden Fällen der Schlüssel war. Die Ähnlichkeit endet hier jedoch. An dem Epson war nichts
falsch − er war einfach nur falsch angeschlossen. Dagegen hat der Type

'n Talk eine verwirrende Stiftzuordnung. Wenn man diese willkürliche Neuzuordnung von Stiften betrachtet, ist es keine Überraschung, daß der Type 'n Talk den Ruf hat, Schnittstellenmagengeschwüre zu verursachen.

Man ist geneigt zu schließen, daß das Gerät falsch verdrahtet ist. Aber diese Theorie widerspricht dem Handbuch des Herstellers, das ausdrücklich Strift 4 als **RTS** und Stift 5 als **CTS** bezeichnet. Der Type 'n Talk ist weder falsch verdrahtet noch ist das Handbuch fehlerhaft. Dies ist nur ein weiteres Beispiel einer „Wohl-oder übel"-Implementierung von RS-232-C-Kompatibilität.

Das Osborne-Handbuch läßt darauf schließen, daß **RTS**-Stift 4 aktiv ist, und das Type 'n Talk-Handbuch deutet an, daß Stift 6 aktiv ist. Keins der beiden Handbücher stimmt. Seien Sie nicht überrascht, wenn Sie entdekken, daß Schnittstellen sich nicht immer so verhalten, wie es in der Werbung versprochen wird. Häufig machen Hersteller „unkritische" Veränderungen in ihren Schaltungen, versäumen es aber, diese in ihren Handbüchern zu dokumentieren.

Sie fragen sich vielleicht, warum der Type 'n Talk einen Sender besitzt. Man kann mehrere dieser Geräte in einer Kette zu einer Art Netzwerk verbinden, wobei jede Einheit Informationen (Codes) zur nächsten Einheit in der Kette weiterreicht. Obwohl es schwer vorstellbar ist, wann diese Eigenschaft nützlich sein soll, ergeben sich daraus doch einige bizarre Schnittstellenmöglichkeiten.

IBM/NEC

11

FALLSTUDIE 5:

IBM PERSONAL COMPUTER (SN271283):
integrierter Computer mit PC DOS-Betriebssystem

NEC SPINWRITER 3510 (SN541510417):
35 cps Briefqualität-Drucker mit serieller Schnittstelle

ALLGEMEINE BETRACHTUNGEN

Obwohl diese Fallstudie einige interessante Punkte illustriert, wurde sie aus einem anderen Grunde hier aufgenommen: Druckern mit Briefqualität wird unterstellt, daß sie schwer anzuschließen sind. Tatsächlich, als dieser Typenraddrucker bei einer örtlichen Agentur gemietet wurde, warnte der Vermieter, daß das Gerät nicht mit dem IBM PC verbunden werden könnte. Die weite Verbreitung dieser Denkweise macht jede Erläuterung überflüssig. Das KayPro/Epson-Gespann wurde als inkompatibel diagnostiziert, obwohl jedes einzelne zufriedenstellend mit anderen Geräten arbeitete. Die Bezeichnung „inkompatibel" wurde, wie man argwöhnt, als eine Verbrämung für „ein Problem, das wir nicht lösen können", benutzt. Sie sollten dazu so viel Vertrauen haben wie zu dem alten Euklid, daß nämlich zwei RS-232-C-Geräte, die an andere RS-232-C-Geräte angeschlossen werden können, auch miteinander verbunden werden können.

Die betrachtete Kombination PC/Spinwriter druckte absolut nichts.

Schritt 1: Setzen der Baudrate

Die Baudrate des PC wird mit dem PC DOS-Kommando, **MODE COM1:1200,N,8,1,P** gesetzt. Der RS-232-C-Anschluß kann dem PC DOS-Gegenstück des CP/M Anschluß **LST:** durch den Befehl **MODE LPT1:=COM1:** zugeordnet werden. Sie können diese Zuordnung *dauerhaft* festlegen, indem Sie die obigen *MODE*-Kommandos in die Datei **AUTOEXEC.BAT** aufnehmen. Das Kommando wird dann automatisch immer dann ausgeführt, wenn Sie den PC einschalten.

Zusätzlich zum Ein- und Ausschalten des Druckers über Control-P wie in CP/M können Sie den Inhalt des Bildschirms durch Eingabe eines (SHIFT)-PRTSC (print screen) zum Drucker schicken. Sonst läuft das Verhalten und Vorgehen beim Testen genauso wie bei den anderen Beispielen.

Die Baudrate des Spinwriters wird durch kleine Schalter auf der Frontseite gesetzt.

Der Eigentümer dieser Ausrüstung plante, sie mit dem populären Textverarbeitungsprogramm Wordstar zu benutzen. Wordstar gestattet es, eine Datei „im Hintergrund" zu drucken, während ein anderes Dokument bearbeitet wird. Während der Zeit jedoch, in der der Computer Zeichen zum Drucker sendet, kann er nicht gleichzeitig ankommende Zeichen von der Tastatur annehmen. Um dieses Problem der „verlorenen Zeichen" zu lösen, sollte der Datenaustausch zwischen Computer und Drucker mit der höchstmöglichen Baudrate stattfinden.

Wir wählten die höchstmögliche Baudrate aus, mit der sowohl der PC als auch der Spinwriter arbeiten: 9600 Baud.

Schritt 2: Feststellen des Gerätetyps

Schritt 3: Erfüllen der Gerätesteuerlogik

Schritt 4: Lokalisieren des Handshakings

Beachten Sie, daß wir nun drei Schritte in einem vereinigt haben. Von nun an sind Sie sich bewußt, daß in der Praxis diese drei Schritte gleichzeitig durchgeführt werden. Diese Zusammenfassung hält an, bis in Kapitel 12 (Anschluß von Modems) die Schritte vollständig verschwinden. Wenn Sie dieses Kapitel beendet haben, werden Sie das Anschließen von Schnittstellen nicht so sehr als eine Folge von Schritten, sondern als induktiven *Prozeß* verstehen.

Das Durchmessen jedes Stiftes mit dem LED-Tester erzeugt das Schnittstellendiagramm in Abbildung 11.1.

Dies ist die lebendigste Schnittstelle, die wir bislang gesehen haben. Stifte unter der durchgezogenen Linie stellen unterdrückte Ausgänge dar: Die Stifte 23 und 25 des Spinwriter werden für *Hilfssignale* wie „Papierende" benutzt. Wenn Sie Lust haben, können Sie diese Stifte selbst auf eigene Faust erforschen. Es genügt zu sagen, daß sie keinen Einfluß auf den grundlegenden Anschluß des Spinwriter an einen Computer haben.

Beachten Sie, daß der Spinwriter unsere gesamte Teilmenge einer DTE-Steuerlogik (das sind die GROSSEN ACHT) implementiert. Das ist bei Briefqualitätsdruckern üblich. Drucker wie der Spinwriter kamen zu den Mikrocomputern aus der Welt der Großcomputer und Minicomputeranlagen, in der solche Drucker häufig als *entfernt* aufgestellte Druckgeräte benutzt werden. Zum Beispiel würde eine Firma mit vielen Zweigstellen, von denen jede eine gedruckte Kopie benötigt, Informationen über das Telefon (mit Modems an jedem Ende) vom Hauptcomputer zu dem Drucker am anderen Ende übermitteln. Da in den USA alle Modems ursprünglich direkt von der Telefongesellschaft Bell kamen, mußten alle Geräte, die zur Verbindung mit Modems bestimmt waren, mit dem offiziellen RS-232-C-Schnittstellenstandard übereinstimmen. Obwohl sie selten benutzt wird, wurde diese echte Modem-Kompatibilität zu den Mikrocomputerbenutzern heruntergereicht. Ironischerweise ist es diese strenge Implementierung des authentischen RS-232-C-Standards, die diesen Druckern ihren Ruf der Widerspenstigkeit gibt.

Sehen Sie die ins Auge springende Unregelmäßigkeit auf der Seite des Spinwriter? Seine Handshakingleitung, Stift 19, ist unterdrückt. Angelegt an dem Handshakingeingang des PC **rts**-Stift 5 sperrt diese negative Spannung den Sender des PC UART. Kurz, der Spinwriter signalisiert „fertig zum Senden" mit einem Signal, das der PC als „nicht senden" interpretiert.

Irgendwo gibt es ein Gerät, dessen Identität sich bislang der Entdeckung entzogen hat, das auf ein invertiertes Handshakingsignal antwortet. Der invertierte Handshakingausgang auf dem Stift 19 des Spinwriter wurde einfach berichtigt. Nahezu alle Drucker haben heute die Möglichkeit, die Polarität der Handshakingsignale durch interne Brücken oder Schalter zu ändern. Viele haben ebenso die Fähigkeit, die Stifte, an denen die Handshakingsignale anliegen, neu zuzuordnen.

DTE: NEC SPINWRITER   DCE: IBM PC

TESTERGEBNIS		E/A	STIFT Nr.	E/A	TESTERGEBNIS	
	NEG	!	2 TxD	!	NEG	
	X	?	3 RxD	?	X	
	POS	!	4 RTS	!	POS	
AKTIV	X	?	5 CTS	?	X	AKTIV
AKTIV	X	?	6 DSR	?	X	AKTIV
AKTIV	X	?	8 DCD	?	X	
HANDSHAKING	NEG	–	19 –	–	X	
	POS	!	20 DTR	!	POS	
	NEG	–	23 NZ	–	X	
	NEG	–	25 NZ	–	X	
			NZ = Nicht zugeordnet			

Abb. 11.1: Logikdiagramm für Spinwriter und IBM PC

Die IBM-Seite sieht ganz normal aus. Merkwürdig ist nur, daß es offensichtlich keinen Unterschied zwischen dem Verhalten von **cts**-Stift 5 und **dsr**-Stift 6 gibt – jeder hält den Sender des UART an, und beide sind intern abgeschlossen.

Obwohl die **dcd**-Eingänge nicht als „AKTIV" in dem Logikdiagramm des Computers aufgeführt sind, ist damit noch nicht die gesamte Geschichte erzählt. Die vornehmliche Funktion von **dcd**-Stift 8 besteht darin, den Empfänger des UART anzuhalten. Wenn ein Computer einen Drucker mit Daten versorgt, werden jedoch keine Daten vom Drucker zum Computer gesendet (es sei denn es wird ein Softwarehandshaking durchgeführt). Wir haben mit anderen Worten keine Möglichkeit herauszufinden, ob **dcd** den Empfänger anhält oder nicht. Der Zweck dieser Warnung ist nur, Sie eindringlich darauf hinzuweisen, daß jede unterschiedliche Anwendung – Softwarehandshaking zum Beispiel – ein unterschiedliches Kabel erfordern kann. Ein Modem/Bildschirm-Programm muß zum Beispiel sowohl Zeichen senden als auch empfangen, in diesem Fall mag es notwendig sein, den **dcd**-Stift 8 abzuschließen. Das Diagramm und das Kabel, das für ein bestimmtes Gerät abgeleitet wurde, gibt nur die unmittelbaren Anschlußanforderungen für das Gerät wieder. In einer anderen Anwendung kann das gleiche Gerät ein vollständig anderes Kabel erfordern.

Schritt 5: Spezifizieren des Kabels

Bei einer teilweise aktiven Schnittstelle ist man häufig geneigt, ein Kabel zu konstruieren, in dem komplementäre Paare von der einen Seite der Schnittstelle zur anderen verbunden werden. Hier zum Beispiel könnten wir versucht sein, **DTR**-Stift 20 auf jeder Seite der Schnittstelle zu benutzen, um den **dsr**-Eingang auf der anderen freizugeben. Ähnlich könnten wir den gesetzten **RTS**-Stift 4 auf der IBM-Seite benutzen wollen, um den aktiven Eingang auf **cts**-Stift 5 auf der Seite des Spinwriter freizugeben.

Was aber würde neben der Befriedigung des Verlangens nach Symmetrie wirklich erreicht, wenn all diese Leitungen verbunden würden? Wenn Sie nicht gerade eine Schnittstelle mit voller Modemsteuerung implementieren, bewirken diese Leitungen nichts Nützliches. Die Häufigkeit von Fehlern mit einem Kabel ist proportional zu der Anzahl seiner Leitungen. Wenn Leitungen zu nichts nütze sind, sollte man sie weglassen. Wann immer es möglich ist, benutzen Sie Tricks und Abschlüsse lokal auf der Seite der Schnittstelle anstatt sie über das Kabel herüberzuführen.

Das empfohlene Kabel ist in Abbildung 11.2 dargestellt.

Wie viele andere Drucker enthält der Spinwriter Mikroschalter, um die aktiven Eingänge abzuschließen, in diesem Fall **cts**-Stift 5, **dsr**-Stift 6 und **dcd**-Stift 8. Bei Benutzung dieser Schalter hätte es das Kabel in Abbildung 11.3 auch getan, obwohl es nicht empfohlen wird.

Warum ein komplizierteres Kabel vorziehen, wenn es ein einfaches auch tut? Es ist ein gutes Verfahren, seine Kabel so herzustellen, daß sie sich jeder möglichen Konfiguration der Ausrüstung anpassen. Das empfohlene Kabel zum Beispiel arbeitet mit jeder Kombination PC/Spinwriter, unabhängig von der Stellung der Trickschalter, aber das einfachere Kabel arbeitet nur, wenn diese Schalter entsprechend eingestellt sind. Der Entwurf des empfohlenen Kabels ist besser, weil er allgemeiner ist.

KOMMENTAR

Dieser spezielle IBM PC verhielt sich während der Testphase ungewöhnlich. Normalerweise kann man irgendeinen negativen Ausgang zur Lokalisierung der aktiven Eingänge benutzen. Bei diesem jedoch konnte es passieren, daß der negative **TxD**-Ausgang Stift 2 nicht ständig den Sender des IBM PC anhielt, wenn erst einmal der Datenfluß *stattfand*, obwohl er die Übertragung erfolgreich verhinderte, falls die Verbindung hergestellt wurde, *bevor* die PRTSC-Taste gedrückt wurde.

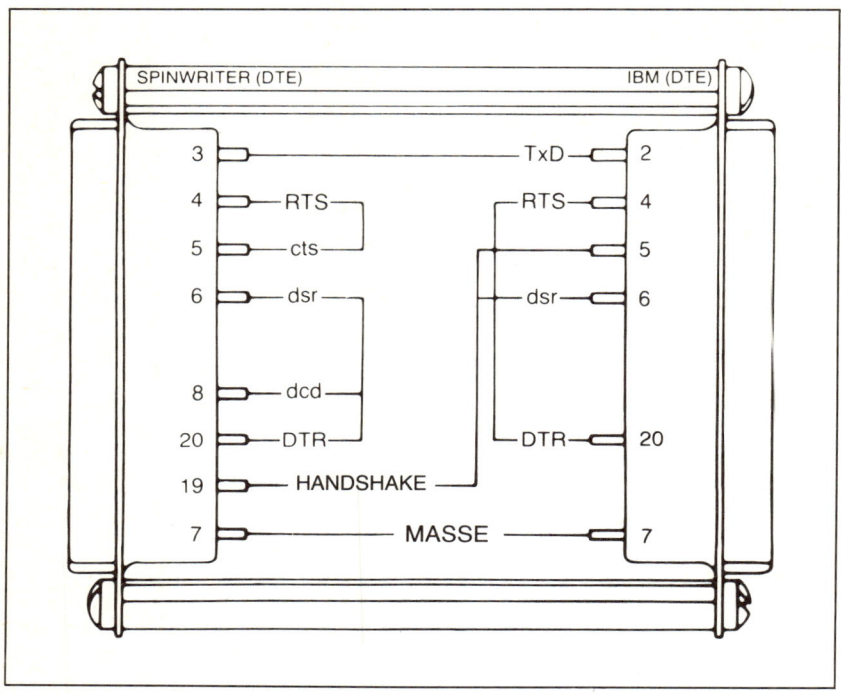

Abb. 11.2: Empfohlen: Kabel vom IBM PC zum Spinwriter mit lokalen Abschlüssen

Obwohl andere Exemplare des PC seitdem wie üblich ohne Schwierigkeiten getestet wurden, hat dieses Problem beträchtliche Kopfschmerzen verursacht. Das Problem wurde mit einer 9 Volt Transistorbatterie als Quelle für die negative Spannung gelöst. Abbildung 11.4 zeigt, wie die Batterie verbunden wurde. Wie üblich wurden alle Verbindungen mit Grabbern hergestellt.

Wie gezeigt, wird der positive Ausgang der Batterie mit BETRIEBS-ERDE Stift 7 verbunden. Der andere Testanschluß wird mit dem negativen Ausgang der Batterie verbunden und wird Testanschluß zum Testen auf aktive Eingänge. Die Batterie kann natürlich als Ersatz für einen gesetzten Ausgang benutzt werden, falls Sie es mit einem Gerät zu tun haben, das einen solchen nicht besitzt. Wollen Sie die Batterie als Ersatz für eine positive Quelle benutzen, verbinden Sie den negativen Ausgang der Batterie mit MASSE Stift 7 auf der Schnittstelle.

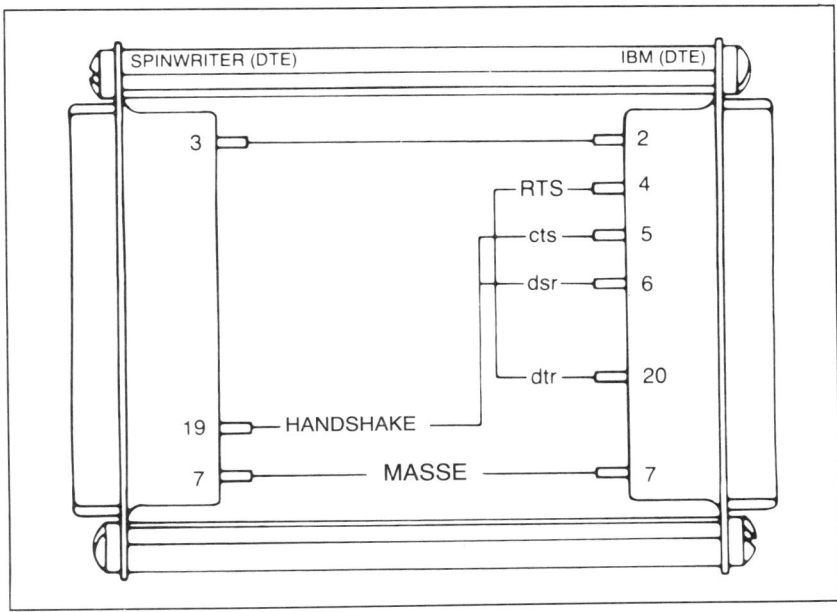

Abb. 11.3: Nicht empfohlen: Kabel vom IBM PC zum Spinwriter, das von lokalen Schaltereinstellungen auf dem Sprinwriter abhängig ist

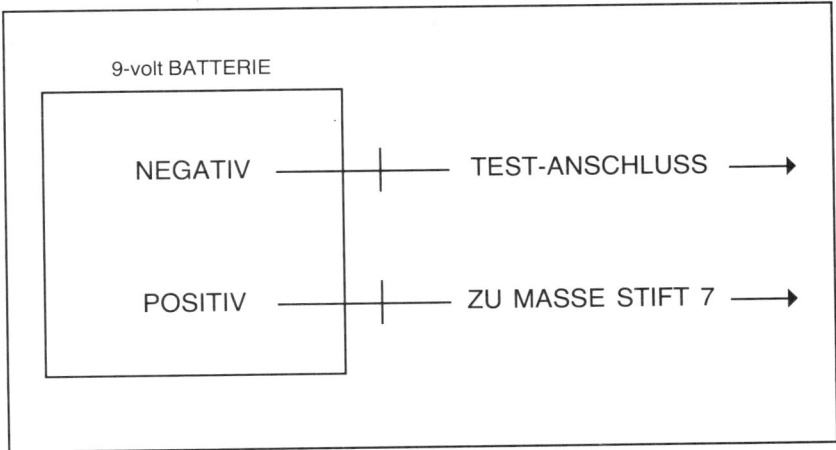

Abb. 11.4: Irgendeine Batterie mit einer größeren Spannung als 6 Volt kann zum Sperren von Eingängen benutzt werden.

Nun, ich hatte schon vorher einmal mein Textverarbeitungssystem mit einem anderen Drucker steckenbleiben sehen, und ich hatte herausgefunden, daß das Problem ein fehlendes „Sendeanforderungs"-Signal an Stift 4 der RS-232-C-Schnittstelle war. Konnte das Schnittstellenkabel des Daisywriter das gleiche Problem haben?

Tatsächlich, das Schnittstellenkabel führte nur auf acht der 25 Stifte des Steckers Signale. Und Stift 4 war keiner dieser acht. Ein Telefonanruf bei dem Händler löste das Rätsel — aber nicht mein Problem. Meine Schnittstelle ist eine frühere Version als die in dem Kabelverzeichnis aufgeführte. So hatte ich die Gelegenheit, für den Betrag von 50$ mein Kabel zu erneuern.

Dies ist die kritische Verbindung bei der Installation des Daisywriter. Es ist absolut wichtig, daß Sie Ihrem Händler Modell- und Seriennummer der Schnittstelle, die Sie benutzen, mitteilen. Ich erwarte jedoch, daß Computer eines Tages international Signale zu all den Stiften zur Verfügung stellen sollten, die in dem RS-232-C-Standard spezifiziert sind. (InfoWorld, 13. Juni 1983)

SCHLUSSBETRACHTUNG

Wir haben eine Folge von typischen und nicht ganz so typischen Schnittstellenfällen und -problemen betrachtet. Beachten Sie, daß jede einzelne dieser Verbindungen mit *vier oder weniger Leitungen* zwischen den Schnittstellen hergestellt wurde. Fast jeder ist überrascht zu entdecken, wie grundsätzlich einfach das Kabel schließlich ist. Vergessen Sie nicht, einer der großen Vorteile einer seriellen Schnittstelle, im Vergleich zu einer parallelen, ist der reduzierte Aufwand an Leitungen. Eine parallele Schnittstelle benötigt mindestens neun Leitungen. Zwar gibt es noch andere Vorteile der seriellen Datenübertragung, aber je mehr Leitungen Sie benutzen, umso mehr sieht Ihre serielle Schnittstelle aus wie eine parallele.

Wie man das endgültige Kabel herstellt, ist im wesentlichen eine Frage des persönlichen Geschmacks und Temperaments. Für die, die nicht gerne löten, sind lötfreie Verbinder die beste Methode. Falls Sie nur ein einziges Gerät anschließen müssen, ist sicherlich ein maßgeschneidertes Kabel für Ihre Anwendung angezeigt. Falls Sie aber eine große Computerinstallation mit einigen Druckern und Modems haben, wenn Ihr Geschäft Computer in mehr als einer Zweigstelle benutzt, oder falls Sie nur gern mit neuem Spielzeug spielen, finden Sie sich bald in einem Dikkicht einzelner Kabel verstrickt.

Um diesen Wildwuchs von Leitungen zu vermeiden, haben Sie die Möglichkeit statt dessen den Testadapter als *Kabelkopf* zu verwenden. Sobald Sie eine zufriedenstellende Schnittstelle auf dem Testadapter hergestellt haben, löten Sie die entsprechenden Verbindungen dauerhaft fest und installieren den Adapter dann auf dem richtigen Ende des Kabels. Stellen Sie sich einen guten Vorrat identischer Kabel her, indem Sie eine Teilmenge häufig benutzter Leitungen benutzen. Kabel mit 11 Leitungen − 2, 3, 4, 5, 6, 7, 8, 11, 19, 20, 21 − befriedigen 99% Ihrer Anforderungen. Mit dieser Technik sind alle Ihre Kabel austauschbar; nur der Adapter ist ein Einzelstück. Der Adapter kann leicht modifiziert, repariert oder für eine neue Anwendung komplett neu verdrahtet werden. Sie werden es schließlich einfacher finden, mit einem Haufen von Adaptern zurechtzukommen, deren Eigenheiten auf einen Blick zu erkennen sind als mit einem Alptraum von Kabeln zweifelhafter Konfiguration.

Die Bequemlichkeit, die durch die Benutzung von Adaptern anstelle der gelöteten Kabel erreicht wird, muß allerdings bezahlt werden: es gibt keinen sicheren Weg, den Adapter mit dem Gerät zu verbinden. Die Reibung zwischen den Steckern hält den Adapter zwar am Platz, aber eine Bewegung des Gerätes oder ein geringer Zug am Kabel kann ihn herausreißen.

Wir haben nun unser gesetztes Ziel erreicht − Steuer- und Handshakinglogik zu decodieren und dann die Leitungen zu verbinden, die Daten von einem seriellen Gerät zum anderen bringen.

In unseren Fallstudien fehlt jedoch etwas, ganz klar − Modems. Dieser Punkt wird zu einer ausführlichen Behandlung auf das nächste Kapitel verschoben.

In Abbildung 11.5 auf der folgenden Seite sehen Sie das endgültige Flußdiagramm.

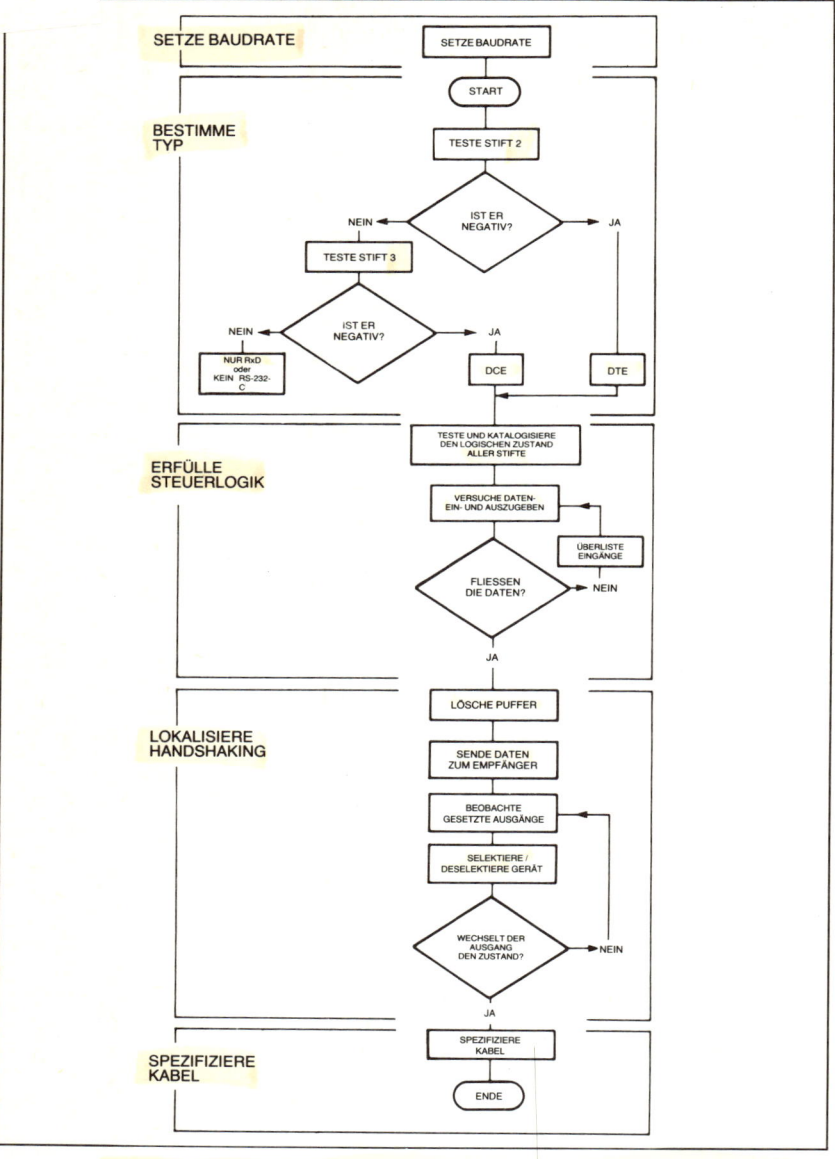

Abb. 11.5: Ein abschließendes Flußdiagramm für den gesamten Anschlußprozeß von Schnittstellen

Anschluß von Modems

12

Auf den ersten Blick mag es etwas sonderbar erscheinen, bei dem Thema des Anschließens von Modems über den Weg von Beispielen abweichender Implementierungen des RS-232-C-Standards die Diskussion zu beginnen. Herkömmliche Erörterungen dieses Themas beginnen mit einer Erklärung der Arbeitsweise von Modems, gefolgt von einer detaillierten Auslegung der Modemsteuerung, wie sie im RS-232-C-Standard dokumentiert ist, und enden mit Beispielen von Abweichungen von diesem Standard. Daß dieser Ansatz kein einziges Stück verständlicher Literatur hervorgebracht hat, spricht für die Notwendigkeit einer alternativen Behandlung.

Bei weiterer Betrachtung ist unser scheinbar im Kreis verlaufender Weg zum Thema des Anschließens von Modems ein vollkommen vernünftiger. Dieses Buch ist schließlich keines über Modems, sondern eins über das Anschließen „RS-232-C-kompatibler" Geräte an Mikrocomputer. Nur ein kleiner Bruchteil dieser Geräte sind Modems. Weiter werden nur wenige der formalen Modemsteuermechanismen, die im RS-232-C-Standard beschrieben werden, tatsächlich bei Mikrocomputern angetroffen. Mit anderen Worten ist der RS-232-C-Standard nicht mehr und nicht weniger relevant beim Anschließen von Modems und Mikrocomputern als bei Druckern und Bildschirmgeräten.

Die Modems, die für Mikrocomputer entworfen wurden, haben wenig Ähnlichkeit mit denen, für die der RS-232-C-Standard geschrieben wurde. Bis jetzt mußten sich Mikrocomputerbesitzer, die an Telekommunikation Interesse hatten, auf Modems in der Bell-Machart einigen. Solange es nur wenige Mikrocomputer gab, wurde der Modemmarkt von Geräten, die für die Benutzung in der Welt großer Computer ausgelegt waren, beherrscht. Diese „data sets", wie Bell sie nennt, mußten den RS-232-C-Standard streng erfüllen. Gelegentliche Benutzer oder Hobbyisten mußten deswegen ein Gerät kaufen, dessen Komplexität nicht nur seine Kosten steigerte, sondern auch die Schwierigkeiten, die mit seinem Anschluß verbunden waren.

Als die Anzahl der Mikros wuchs, wurden die „subtileren" Punkte des RS-232-C-Standards ignoriert. Die Modemhersteller begannen, Geräte für ihre einfacheren, auf UARTs basierenden Schnittstellen und für die bescheidenen Ansprüche von Mikros zu entwerfen. Genaugenommen ist es heute kaum möglich, den vollen Satz der Modemsteuerung mit den UARTs, die in den Mikros heute benutzt werden, zu implementieren. Erinnern Sie sich, daß eine voll ausgestattete DTE-Schnittstelle drei Steuereingänge benötigt (**cts**,**dsr** und **dcd**). Aber die UARTs in unseren Testmikrocomputern stellen nur zwei Eingänge zur Verfügung. So könnten wir, selbst wenn wir es wollten, keine vollständige Schnittstelle implementieren. Da es aber möglich ist, zur Steuerung zusätzlicher Ein- und Ausgänge zusätzlichen Schaltaufwand zu treiben, werden solche Hardwareverfeinerungen üblicherweise nur als Teil einer teuren „professionellen Kommunikationsoption" angeboten.

So geben die Modemschnittstellen, die für Mikrocomputer entworfen wurden, die Eigenschaften des Mikros und nicht die offizielle Gerätesteuerlogik des RS-232-C-Standards wieder. Und aus keinem anderen Grund als dem historischen Seltenheitswert verdienen Modems eine besondere Behandlung unter der Unzahl anderer gleichermaßen interessanter Geräte.

EIN MODEM-LEITFADEN:
ZIEHEN AM SCHWANZ DES LÖWEN

Aus unverständlichen Gründen neigt der Mikrocomputerbenutzer dazu, Modems mit einer Mischung von Ehrfurcht und Verehrung zu betrachten. Dabei sind Modems weniger komplex als fast jedes andere Peripheriegerät. Ein Blick in das Innere auch des einfachsten Druckers offenbart einen beachtlichen Schaltungsaufwand. Modems sind vergleichsweise einfach — das grundlegende 300 Baud Modem ist sogar als einzelner integrierter Schaltkreis verfügbar. (Dies garantiert fast, daß es seinen Platz neben dem UART als Dienstleistungsgerät einnehmen wird. Es ist eine sichere Wette, daß jeder Computer bald ein Modem *standardmäßig eingebaut* haben wird.)

Das Telefonsystem wurde für nur einen einzigen Zweck entworfen: Für die Verständigung über die menschliche Stimme. Sprache kann mit einem erstaunlich schmalen Band hörbarer Frequenzen verständlich wiedergegeben werden, von 500 Hz bis 1000 Hz. Obwohl die öffentlichen Telefonleitungen alle Töne in dem Bereich von 300−3300 Hz wiedergeben, verbieten andere „Signaltöne" in diesem Bereich die Übertragung durchgehender Töne oberhalb von 2400 Hz. (In den USA werden die Ziffern von Rufnummern nicht wie in Europa weitgehend üblich mit Unterbrecherkontakten, sondern über Tonfolgen, die angesprochenen „Signaltöne", codiert.) Deswegen verbleibt für das Telefon eine nutzbare Frequenz im Bereich von 300-2400 Hz, völlig ungeeignet für die unverzerrte Wiedergabe schneller serieller Bitfolgen. Für die erfolgreiche Übertragung binärer Datenimpulse müßte das Telefon in der Lage sein, alle Frequenzen zwischen 0 und 300 kHz wiederzugeben, dies liegt weit über den Möglichkeiten selbst der ausgereiftesten Hifi-Komponenten, und erst recht der Telefonausrüstung.

Das Problem ist nun, wie diese elektrischen Bitimpulse so in Töne umgewandelt werden können, daß diese vom Telefon wiedergegeben werden können. Glücklicherweise hat dieses Problem eine einfache Lösung:

Es wird allgemein behauptet, daß das Wort „Modem" ein zusammengesetztes Wort ist, das von den technischen Ausdrücken MODulation (der Vorgang des Umwandelns von Bits in Töne) und DEModulation (der Vorgang des Umwandelns von Tönen zurück in Bits) ist. Tatsächlich kann das Wort aber auch eine Verfälschung des Namens des gallischen Kriegshelden Mordem sein, der, wie berichtet wird, Löwen benutzte, um während einer Schlacht Nachrichten zu senden. Wie der Historiker James Macpherson aus dem achtzehnten Jahrhundert als Gewährsmann berichtet, wurden Löwen mit unterschiedlichem Gebrüll in Paaren ausgewählt. Die Codes wurden erzeugt, indem man an den Schwänzen der Löwen zog, ein Schwanz für Punkte und einer für Striche. Es wird vermutet, daß der Erfolg dieses Verfahrens die große Anzahl von Löwen erklärt, die auf den Schildüberzügen von Waffen gefunden wurden. Wie dem auch sei, die Parallele zwischen diesem uralten Verfahren und der Modemtechnologie ist, wie Sie zustimmen müssen, unheimlich.

Wandeln Sie die Datenimpulse zu hörbaren Tönen um, senden Sie diese über die Telefonleitung wie jeden anderen Ton, und wandeln Sie sie am anderen Ende wieder in Daten zurück. Ein Modem vollbringt dieses Kunststück mit zwei Tongeneratoren. Wenn das Modem eine binäre 1 (MARK) über seine RS-232-C-Schnittstelle empfängt, sendet es einen der Töne über die Telefonleitungen für die Dauer dieses Bits. Ähnlich wird der andere Tongenerator aktiviert, wenn eine 0 (SPACE) empfangen wird. Diese Töne werden, wenn sie erst einmal in die Telefonleitungen eingespeist wurden, nicht anders behandelt als gewöhnliche Sprache.

Am empfangenden Ende hört das Modem die Telefonleitungen ab. Wenn der höherfrequente Ton ankommt, übermittelt das Modem eine 1 an seine RS-232-C-Schnittstelle; wenn der andere Ton empfangen wird, übersetzt ihn das Modem für die Schnittstelle in eine 0. Auf diese Art und Weise wird das Bitmuster, das an einem Ende übersetzt wurde, am anderen exakt zurückerhalten.

Beachten Sie, daß dieses Schema, bekannt als *Richtungsbetrieb* (*simplex mode*), Kommunikation nur in eine Richtung ermöglicht. Im *Wechselbetrieb* (*half-duplex*) werden die Schaltkreise der Modems an beiden Enden *abwechselnd* zwischen Senden und Empfangen umgeschaltet. Wechselbetrieb ist analog zum CB-Radio, wo eine Endstation sowohl senden als auch empfangen kann, aber nicht beides gleichzeitig. Der CB-Funker schaltet sein Gerät vom Empfang auf Senden durch Drücken eines Knopfes am Mikrophon um. Wenn die Übertragung vollständig ist, signalisiert der Sprecher das Ende der Übertragung durch das Wort „over" (eine Art von „Software"-Handshaking, wenn Sie so wollen). Diese bekannte Menge von Protokollen ist ähnlich denen, die im Wechselbetrieb benutzt werden. Normalerweise ist Computer/Modem A im Sendebetrieb, während Computer/Modem B im Empfangsbetrieb ist. Am Ende seiner Nachricht hängt A einen vorher bestimmten Code an seinen Datenstrom an (ähnlich wie das „over" beim CB-Funk), um B zu informieren, daß die Übertragung nun vollständig ist.

Unmittelbar nachdem dieser „Ende der Nachricht"-Code gesendet wurde, muß sich System A auf den Empfang einstellen. Als ersten Schritt bei der Umschaltung auf den Empfangsbetrieb sperrt der Computer seine **SENDETEIL EINSCHALTEN**-Leitung (**REQUEST TO SEND**). Das Modem interpretiert das Fehlen dieses Signals als eine Aufforderung zum Empfang. Der Umschaltvorgang vom Senden zum Empfangen (oder umgekehrt) wird als „Umdrehen der Leitung" bezeichnet und dauert einige wenige Millisekunden. Wenn Modem A seine notwendigen internen Schaltungsveränderungen vorgenommen hat, sperrt es seinen **SEN-DEBEREITSCHAFT**-Ausgang (**CLEAR TO SEND**), um anzuzeigen, daß es zum Empfang bereit ist.

Während dieser Zeit fanden am anderen Ende gleichlaufende, aber entgegengesetzte Ereignisse in Vorbereitung für das Senden statt. Nachdem er den eingebetteten „Over"-Code empfangen hat, setzt der B-Computer **RTS**, um sein Modem dazu zu bringen, auf Sendebetrieb umzuschalten. Wenn diese Umschaltung abgeschlossen ist, setzt das Modem **CTS**, um dem Computer mitzuteilen, daß es nun in der Lage ist, als Sender zu dienen.

Die Zweiton-Verbindung

Gleichzeitige Datenübertragung in beide Richtungen, *Gegenbetrieb* (*full-duplex*), wird erreicht, indem man ein anderes unterschiedliches Paar von Tönen für die entgegengesetzte Richtung hinzunimmt. Dies macht das Umschalten des Wechselbetriebs überflüssig. Zum Beispiel benutzt ein 300 Baud Modem im Gegenbetrieb für eine 1 einen Ton von 1270 Hz und für eine 0 einen Ton von 1070 Hz. So kann ein Modem ständig mit 1070/1270 Hz-Tönen Daten zu einem anderen Modem übertragen, das auf

---

Eine kurze Klarstellung: Es wird weithin und unkorrekt angegeben, daß alle Modems einen speziellen Trägerton aussenden, um ihre Anwesenheit auf der Leitung mitzuteilen. Aber da eine leerlaufende RS-232-C-Leitung nach Definition ein MARK erzeugt, senden 300 Baud Modems keine „Träger"-Töne aus. Diese falsche Auffassung wird zweifellos noch durch den Gebrauch des dunklen Namens DATA CARRIER DETECT, der für RECEIVED LINE SIGNAL DETECT steht, verewigt (in DIN 66020 wird dies als Empfangssignalpegel bezeichnet). Bei 1200 Baud Modems vom Typ Bell 212, die Einsen und Nullen unterschiedlich von 300 Baud codieren, ist es schon legitimer, den Ausdruck „Träger" zu verwenden. Hier werden Logikpegel nicht durch diskrete Töne repräsentiert, sondern als Phasenveränderungen eines Tones in konstanter Frequenz. Eine Erörterung von Modem-Modulationstechniken liegt nicht im Sinn dieses Buches, aber falls Sie ein 212A-ähnliches Modem besitzen, können Sie ein Experiment durchführen, um zu demonstrieren, wie die Übertragung bei 1200 Baud sich grundsätzlich von der 300-Baud-Übertragung unterscheidet. Bauen Sie zunächst eine Datenverbindung mit 300 Baud auf. Hören Sie die Telefonleitung ab, wenn Sie Zeichen eingeben. Mit jedem Zeichen hören Sie eine Veränderung der Töne auf der Telefonleitung. Nun bauen Sie eine Datenverbindung mit 1200 Baud auf und geben ein paar Zeichen ein. Diesmal verändern sich die Töne auf der Telefonleitung nicht.

diese Töne hört. Zur selben Zeit läuft ein identischer Vorgang in die andere Richtung mit dem Tonpaar 2025/2225 Hz. Die Zuordnung der Tonpaare für *Gegenbetrieb* bei 300 Baud wird in Abbildung 12.1 dargestellt.

Auch wenn beide Enden sich darüber einig sind, welche Tonpaare für welche Richtung benutzt werden, kann ein Konflikt auftreten. Offensichtlich kann zum Beispiel keine Verständigung stattfinden, wenn ein Ende auf 1070/1270 Hz sendet, während das andere auf 2025/2225 Hz empfängt. Dieses Problem wird einfach dadurch gelöst, daß man sich an folgende Konvention hält: Wenn ein Modem eine Verbindung durch einen Anruf aufbaut, sendet es auf 1070/1270 Hz und empfängt auf 2025/2225 Hz. Das Modem wird durch einen Schalter in die Betriebsart der *rufenden* Station (*originate mode*) oder als *Ruf beantwortende* Station (*answer mode*) eingestellt. Bei Modems, die automatisch antworten können, geschieht dies durch eine Schaltung, die durch den ankommenden Ruf aktiviert wird. Ein Modem, das auf einen Ruf antwortet, benutzt die komplementären Zuordnungen, es sendet auf 2025/2225 Hz und empfängt auf 1070/1270 Hz.

Wenn das Modem an die Telefonleitung angeschlossen wird, wird es zunächst den höheren seiner beiden Töne erzeugen, eine logische 1. Warum eine 1? Erinnern Sie sich, daß ein untätiger RS-232-C-Sender stets eine negative Spannung erzeugt, die bei der invertierten Logik eines RS-232-C-Standards eine logische 1 (MARK) ist. Ein MARK bringt das Modem in einen Leerlaufbetrieb mit der höheren Frequenz. Wenn das

RUF AUSLÖSEND		RUF BEANTWORTEND	
1	0	1	0
1270	1070	2225	2025

Abb. 12.1: Frequenzzuordungen für „Bell-kompatible" (nordamerikanische) Modems

antwortende Modem diesen ankommenden MARK-Ton bemerkt, antwortet es, indem es seinen eigenen, ihm zugeordneten MARK-Ton über die Telefonleitung sendet. Wenn beide Enden Töne der erwarteten Frequenz empfangen haben, ist die Datenverbindung (*data link*) vollständig, und die Kommunikation kann beginnen.

Wenn ein Modem einen ankommenden Leerlaufton bemerkt, antwortet es, indem es seinen **DCD**-Ausgang setzt. Einige DTE-Geräte benutzen dieses Signal − zusammen mit **DSR** − als eine Vorbedingung für jede Art der Kommunikation; das DTE-Gerät weiß, daß das andere Modem am anderen Ende bereit ist, den Betrieb aufzunehmen.

Es ist interessant anzumerken, daß die Steuerung von Modems im Gegenbetrieb die **RTS**- und **CTS**-Signale nicht benötigt, da Sender und Empfänger nicht umgeschaltet werden müssen. Nichtsdestoweniger werden diese Anschlüsse häufig an Mikrocomputern gefunden.

Bell-Kompatibilität

Da ist dieses Wort schon wieder: „Kompatibilität". Seine Bedeutung ist nicht konkreter als die von „RS-232-C-kompatibel". Viele der Eigenschaften von Bell-Geräten sind nicht in dieser Kompatibilität eingeschlossen. Zum Beispiel ist das gebräuchlichste Modem das Bell 103 Modem, ein 300 Baud Modem im Gegenbetrieb. Fast jeder Modemhersteller baut ein Produkt, das den Anspruch der Kompatibilität mit dem Bell 103 erhebt. Die Bell-Version hat einige interessante Eigenschaften, wie zum Beispiel die automatische Trennung von der Telefonleitung, wenn eine Verbindung unterbrochen wurde (als wenn die andere Seite aufgehängt hätte), und die Fähigkeit, durch Software zwischen der Ruf erzeugenden und Ruf beantwortenden Betriebsart umzuschalten. Es ist unwahrscheinlich, daß Mikrocomputermodems in dem Bereich zwischen 250 und 500 DM die gleiche Funktionalität auf diesen Gebieten besitzen. Nachdem sich der Nebel der werbenden Übertreibung gelegt hat, bedeutet Bell-Kompatibilität nichts weiter, als daß das in Frage kommende Modem dieselben Frequenzen wie sein Bell-Gegenstück benutzt.

Viele der Bell-Modems sind (jedenfalls für Mikrocomputerbenutzer) für exotische Anwendungen ausgelegt, wie etwa die Benutzung auf gemieteten Leitungen mit 9600 Baud. So sind aus praktischen Gründen nur einige wenige Bell-Modelle für die Benutzung mit Mikrocomputern geeignet. Das Diagramm in Abbildung 12.2 ist eine kurze Zusammenstellung der Eigenschaften wichtiger Bell-Modelle.

MODEMANSCHLUSS IN DER PRAXIS

Wenn wir versuchen, unser übliches Vorgehen beim Testen auf Modems anzuwenden, werden wir sofort mit zwei Problemen konfrontiert. Das erste Problem ist in einer Unzulänglichkeit der meisten Mikrocomputer-betriebssysteme begründet. Sie haben gesehen, daß ein Betriebssystem leicht zu handhabende Mittel zur Verfügung stellt, seine Ressourcen zu benutzen: Auf der Tastatur eingegebene Zeichen werden automatisch auf dem Bildschirm dargestellt; Zeichen können auf Tastendruck zum Drukker geschickt werden. Unglücklicherweise existiert eine solche Unterstützung für Modems nicht. Sobald Modems jedoch ein eingebautes Produkt in Computern werden, werden auch Betriebssysteme beginnen, sich diesen anzupassen. So wie wir unseren Drucker in CP/M mit einem einfachen Control-P an- und ausstellen können, werden es uns zukünftige Betriebssysteme erlauben, Daten von der Tastatur zu Modems zu schicken und Eingaben von diesen zu erhalten. Mit Modems, die so als „Umgebungs"-Ressourcen betrachtet werden, wie Drucker, Bildschirme, Platten, Speicher, werden Modemanwendungsprogramme geschrieben (natürlich für allgemeine serielle E/A), die ohne maßgeschneiderte Anpassung auf jedem Computer laufen.

Beim Anschluß eines Modems an einen Bildschirm gibt es Hilfsmittel, Zeichen für die Modemübertragung zu generieren und Zeichen, die von ihrem Modem empfangen wurden, anzuzeigen. Falls Sie ein Modem an

Kommunikations-art	Nur manueller Rufbetrieb	Nur manueller Antwortbetrieb	manueller Ruf-/Antwortbetrieb	automatischer Antwortbetrieb
300 BAUD FALL DUPLEX	113 A 113 C	113 D	103 A 103 J 212 A	103 A 103 J 113 B 113 D 212 A
1200 BAUD HALF-DUPLEX			202 S	202 S
1200 BAUD FULL-DUPLEX			212	212
300/1200 BAUD FULL-DUPLEX			212 A	212 A

Abb. 12.2: Zusammenfassung der Eigenschaften von Bell-Modems

einen Mikrocomputer anschließen, ist jedoch Anwendungssoftware notwendig. Diese Software, die als *Terminalemulator* bezeichnet wird, verwaltet das Trio Tastatur-Modem-Datensichtgerät so, als wenn es sich um ein Terminal handelte. Angenommen, Sie haben die korrekte Software zur Hand (oder schließen ein Terminal an), so tritt ein zweites Problem auf, da der Betrieb eines korrekt angeschlossenen Modems im wesentlichen transparent ist. Im Gegensatz zum Drucker, der als unmittelbare Antwort ein Zeichen aufs Papier druckt, gibt das Modem kein direktes Anzeichen aus, daß es arbeitet. Abgesehen von reduzierter Geschwindigkeit und vielleicht von einem gelegentlichen merkwürdigen Zeichen, das durch eine *Störung* auf der Telefonleitung hervorgerufen wurde, wird der Benutzer ein korrekt angeschlossenes Modem niemals gewahr werden. Ein zum Modem gesendetes Zeichen wird augenblicklich in einen Ton verwandelt und dann in die Telefonleitung eingespeist. Ankommende Zeichen, die das Modem in Form von Tönen erreichen, werden in serielle Bitströme umgewandelt und dem Computer über die RS-232-C-Schnittstelle des Modems übermittelt. Mit bestimmten zusätzlichen optionalen Eigenschaften arbeitet ein Modem *sowohl* als Datenquelle *als auch* als Ziel.

Optionale Ausstattung von Modems

Wenn es das normale Schicksal von Zeichen ist, ohne viel Aufhebens auf der Telefonleitung zu verschwinden, welches Anzeichen haben wir dann, daß das Modem überhaupt arbeitet? Oder wo können wir die ankommenden Signale zum Testen der Empfangsfunktionen des Modems abgreifen?

Drei optionale Ausstattungen sind wichtig beim Anschluß des Modems im speziellen und zur Modembenutzung im allgemeinen. Die grundlegendste dieser Ausstattungen sind Indikatorlampen, die den Zustand von gewissen Anschlußstiften an seinem RS-232-C-Stecker anzeigen: **txd**, **RxD**, **DSR** und **DCD** sind die nützlichsten. Jedesmal, wenn ein sich auf der Reise befindendes Zeichen am Empfänger des Modems empfangen wird, leuchtet das Lämpchen, das den Stift 2 repräsentiert, auf. Ein anderes Lämpchen wird aktiviert, wenn ein Zeichen auf die Reise geschickt wird. Während des Anschließens oder später, wenn das gesamte System plötzlich und aus unerklärlichen Gründen seinen Betrieb einstellt, wird das Leuchten dieser Lämpchen die Diagnose wesentlich erleichtern.

Eine andere wertvolle Eigenschaft ist das automatische *Echo* von Zeichen. Falls sich das Modem nicht in einer Datenverbindung befindet, wird jedes Zeichen, das an **rxd**-Stift 2 ankommt, sofort über **RxD**-Stift 3 zurückgesendet. Dies zusammen mit den gerade beschriebenen Monitorlämpchen liefert die positive Anzeige, daß Zeichen *zumindest* Ihr Modem erreichen. Neben der Unterstützung beim Anschlußvorgang ermöglicht diese Ausstattung ebenso einen beschränkten Test der digitalen Funktionseinheiten des Modems.

Die dritte nützliche Eigenschaft, die gewöhnlich bei Modems der höheren Preislage anzutreffen ist, ist ein Selbsttest mit zurückgeführtem Ausgabesignal. Bei diesen Tests werden intern der Sender des Modems mit seinem Empfänger verbunden. Wenn ein Zeichen am **txd**-Stift 2 des Modems ankommt, wird sein Bitmuster in die entsprechenden (je nach Ruf- oder Rufbeantwortungsbetrieb) Töne umgewandelt und dann, ohne daß sie in die Telefonleitungen eingespeist werden, sofort zum modemeigenen Empfänger geschickt. Hier werden die Töne zum ursprünglichen Bitmuster zurückverwandelt und dann auf **RxD**-Stift 3 ausgegeben. Obwohl dieser Vorgang sich nach außen genauso wie das oben dargestellte Echo verhält, unterscheidet er sich doch darin, daß Tongeneratoren und Tonempfänger in der Testschleife eingeschlossen sind.

MODEMANSCHLUSS-FALLSTUDIE 1: KAYPRO COMPUTER DC HAYES SMARTMODEM 1200 (SN:462124261)

Allgemeine Betrachtungen

Dieser KayPro ist das gleiche Gerät, das in Fallstudie 3 (Kapitel 9) benutzt wurde.

Das Hayes Smartmodem 1200 ist ein 1200/300 Baud Modem (d.h. Bell 212A-Typ), bei dem neben automatischem Antwortbetrieb und automatischem Wählbetrieb auch sonst alles automatisch abläuft. Das Smartmodem wurde nicht wegen seiner Programmierbarkeit oder seinen automatischen Betriebsarten ausgewählt, sondern weil es ein hervorragendes Produkt ist, und wie man annimmt, eine Vorschau darauf, wie alle Modems in ein paar Jahren aussehen werden. Daß viele seiner Eigenschaften bereits jetzt Standards geworden sind, wird durch die Verbreitung von nachempfundenen Produkten deutlich; alle erheben tatsächlich den Anspruch „Smartmodem-kompatibel" zu sein. Das Smartmodem wurde ausgewählt, weil es umfassend von kommerzieller Kommunikationssoftware (Terminalemulation) unterstützt wird.

Das Smartmodem besitzt sowohl Indikatorlämpchen als auch einen Auto-Echo-Modus, allerdings keinen Selbsttest mit zurückgeführten Audiosignalen.

Abbildung 12.3 zeigt das Diagramm der Logikpegel beider Geräte.

Aus unserer Erfahrung in Fallstudie 3 in Kapitel 9 wissen wir bereits, daß der KayPro ein DTE mit einem aktiven Eingang **cts**-Stift 5 ist. Sein **RTS**-Stift 4 ist gesperrt.

Wie immer ist unsere erste Aufgabe sicherzugehen, daß der KayPro Daten sendet. Die Bildschirmausgabe wird mit dem Kommando **STAT LST:=TTY:** zum seriellen Anschluß geleitet. Als nächstes wird der gesetzte **DTR**-Stift 20 benutzt, um den **cts**-Stift 5 abzuschließen, dabei wird der Handshakingeingang des KayPros freigegeben. Ein Control-P gefolgt von dem CP/M-Kommando **DIR** bewirkt die Ausgabe eines Inhaltsverzeichnisses auf dem Bildschirm mit der voreingestellten Datenrate des KayPro, mit 300 Baud. Die KayPro-Seite der Schnittstelle ist nun bereit, Daten zum Smartmodem zu senden. (Wenn wir das Smartmodem mit 1200 Baud betreiben wollten, könnten wir den KayPro auch mit dem **BAUD.COM**-Dienstprogramm, das mit dem Computer ausgeliefert wird, auf 1200 Baud umschalten. Sobald ein Kommando zum Smartmodem geschickt wurde, findet dieses die Baudrate des KayPro heraus und paßt seine eigene Baudrate automatisch an.)

Das Smartmodem selbst ist offensichtlich ein DCE: Stift 3 ist der Sender, **CTS** ist ein gesetzter Ausgang und **dtr** ist ein Eingang. Stift 8, **DCD** (**EMPFANGSSIGNALPEGEL**) ist gesperrt, da das Smartmodem noch keinen Modemsender im Leerlauf auf der Telefonleitung „hört". Wenn das Smartmodem eine Verbindung mit einem anderen Modem aufbaut, erwarten wir, daß **DCD** gesetzt wird. Ein gesperrter **DSR**-Stift 6 ist etwas überraschend. **DSR** ist ausgelegt anzuzeigen, daß das Modem eingeschaltet und betriebsbereit ist.

DTE: KAYPRO   DCE: HAYES SMARTMODEM

TESTERGEBNIS		E/A	STIFT Nr.	E/A	TESTERGEBNIS
	NEG	!	2 TxD	?	X
	X	?	3 RxD	!	NEG
	NEG	!	4 RTS	?	X
AKTIV	X	?	5 CTS	!	POS
(schwach)	POS	?	6 DSR	!	NEG
	X	?	8 DCD	!	X
	POS	!	20 DTR	?	X

Abb. 12.3: Ein erstes Logikdiagramm für KayPro und Smartmodem

Nach unserem üblichen Vorgehen besteht der nächste Schritt darin, das Modem dazu zu bringen, die Daten des KayPro anzunehmen. Dazu werden die Stifte 2 verbunden. Aber woher wissen Sie, ob das Smartmodem die Daten empfängt? Dies ist der Punkt, wo die Indikatorlämpchen nützlich werden. Wenn **DIR** eingetippt wird, leuchtet das mit **SD** (send data) bezeichnete Lämpchen und zeigt so an, daß die Daten des KayPro beim Modem ankommen.

Der einzige Weg, einen ausgehenden Ruf mit dem Smartmodem durchzuführen, ist das Senden von Instruktionen als Teil des Datenstroms. (Seine Fähigkeit, durch Codes gesteuert zu werden anstelle von Schaltern, ist der Grund, weshalb es als „smart" bezeichnet wird.) Solange das Smartmodem nicht in einer Datenverbindung ist, führt das Voranstellen des Codes „ATDP" vor der Telefonnummer dazu, daß das Smartmodem diese Nummer wählt. (Falls Sie ein Tastentelefon haben, benutzen Sie „ATDT".) Das Smartmodem enthält einen kleinen Lautsprecher, der es Ihnen erlaubt, die Nummern zu hören, so wie sie gewählt werden. Es ist nicht notwendig, daß das Modem zu dieser Zeit mit der Telefonleitung verbunden ist. Benutzen Sie Ihre eigene Telefonnummer zum Test, und stellen Sie sicher, daß Sie nur Großbuchstaben in dem Kommando benutzen.

Wenn **ATDT8488233** eingetippt wird (natürlich von einem Wagenrücklaufzeichen gefolgt), leuchtet das Indikatorlämpchen **SD** wie vorher, aber leider passiert nichts anderes.

Irgendetwas muß das Smartmodem sperren. Zeit, um unseren Tester und die Trickkiste herauszuholen. Die einzig möglichen aktiven Eingänge sind **rts**-Stift 4 und **dtr**-Stift 20. Beide werden mit Brücken zu **CTS**-Stift 5 freigegeben. Abbildung 12.4 zeigt nun den neuen Zustand der Schnittstelle.

Sobald die Brücke zwischen **CTS**-Stift 5 und **dtr**-Stift 20 eingefügt wurde, leuchtet das Indikatorlämpchen auf der Frontseite mit der Bezeichnung **TR** (**T**erminal **R**eady). Das **TR**-Lämpchen zeigt anscheinend den Zustand von **dtr**-Stift 20 an. Da es sinnlos wäre, einen inaktiven Eingang anzuzeigen, können wir annehmen, daß der **dtr** Stift 20 des Modems aktiv ist.

Wenn jetzt **ATDT8488233** wiederum eingegeben wird, erwacht das Smartmodem zum Leben, und in seinem Lautsprecher sind zunächst ein Wählton, dann die Zahlcodierungen und schließlich ein Betriebssignal zu hören. Auftrennen der Verbindungen zwischen dem **rts**-Stift 4 und **CTS**-Stift 5 hat keinen Einfluß auf den Betrieb des Smartmodems.

Die Grundaufgabe des Anschlusses des Smartmodems zum KayPro ist
damit erledigt. Was bleibt, ist festzustellen, daß das Modem erfolgreich
eine Verbindung mit einem anderen Modem aufbaut. Wir müssen ebenso
sicherstellen, daß das Smartmodem ankommende Daten umwandelt und
sie über seine RS-232-C-Schnittstelle zum Computer schickt.

Lassen Sie uns zunächst sicherstellen, daß es mit anderen Modems am
anderen Ende der Telefonleitung eine Verbindung aufbaut. Aber wo finden wir andere Modems, die wir anrufen können? Falls Sie eine Fach-
hochschule oder eine Universität in der Nähe haben, so wird deren Infor-
matikabteilung mit großer Sicherheit ein oder meherere Modems betreiben. Da deren Computer Sie als Teilnehmer nicht akzeptieren wird, wenn
Sie kein Paßwort besitzen, wird man Ihnen ohne zu zögern die Telefonnummer mitteilen. Es kann unterschiedliche Nummern für 300 und 1200
Baud geben.

Ein sicherer Weg, ein Modem zu finden, ist, eines der großen Telekom-
munikationsnetzwerke anzuwählen, Telenet oder Tymnet. Zu diesen
Netzwerken in den USA hat man über lokale Telefonnummern in vielen

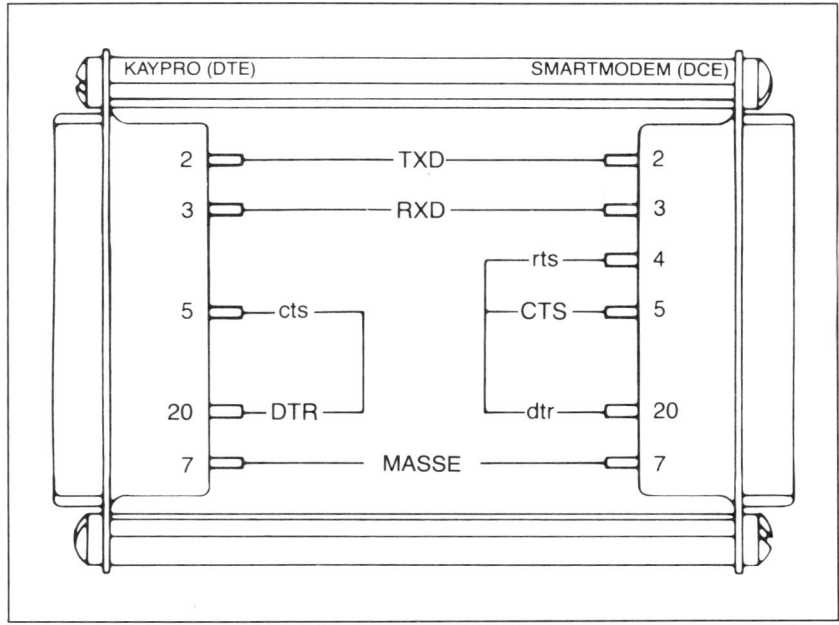

Abb. 12.4: Zurück zu???

Städten Zugang. Wählen Sie die folgenden Nummern *nicht* mit einem Smartmodem. Sie erreichen unter diesen Nummern eine Person, die Sie nach der für Sie nächsten Teilnehmernummer fragen können:

TELENET   TYMNET
(800) 336-0437   (800) 336-0149
(800) 572-0408 (Virginia)

Obwohl es nicht notwendig ist, können Sie die Begrenzungszeichen der Telefonnummer mit eingeben. Sie werden hören, wie das Smartmodem die Nummer wählt. Wenn das Gespräch beantwortet wird, werden Sie den Leerlaufton (den „Träger"-Ton) hören. Sobald das Smartmodem diesen Ton wahrnimmt, verstummt der Lautsprecher und das **CD**-Lämpchen (carrier detect) leuchtet auf.

Sie haben nun eine Datenverbindung mit einem Modem am anderen Ende aufgebaut. Abbildung 12.5 zeigt die Logikpegel auf der RS-232-C-Schnittstelle des Smartmodems, wenn eine Datenverbindung aufgebaut wurde.

Wie erwartet, ist **DCD**-Stift 8 nun gesetzt. Beachten Sie, daß **DSR**-Stift 6 ebenfalls gesetzt ist. Stift 6 und Stift 8 sind anscheinend intern verbunden. Die Benutzung von **DSR** ist ungewöhnlich und möglicherweise gefährlich. **DSR** wird üblicherweise benutzt, um anzuzeigen, daß das Modem eingeschaltet und betriebsbereit ist. Beim Smartmodem wird diese Leitung jedoch nicht gesetzt, bevor eine Datenverbindung aufgebaut wurde. Dies führt zu Problemen mit Software, die ein mehr konventionelles **DSR** erwartet; das Programm und das Modem sperren sich in einer tödlichen Umarmung − die Software benötigt **DSR**, bevor sie einen Wählvorgang

DCE: WÄHREND DER DATENVERBINDUNG

STIFT Nr.	E/A	TESTERGEBNIS	
2 TxD	?	X	
3 RxD	!	NEG	
4 RTS	?	X	
5 CTS	!	POS	
6 DSR	!	POS	(MIT DATENVERBINDUNG)
8 DCD	!	POS	(MIT DATENVERBINDUNG)
20 DTR	?	X	

Abb. 12.5: Logikdiagramm des Smartmodems während der Datenverbindung

initiiert, und das Smartmodem wartet auf eine Datenverbindung, bevor es **DSR** setzt. Da **CTS**-Stift 5 immer gesetzt ist, kann er als Ersatz für das konventionelle **DSR**-Signal benutzt werden.

Richten Sie Ihr Augenmerk auf das Lämpchen **RD** (received data) des Smartmodems. Abhängig davon, welches System Sie erreicht haben, kann es sein, daß das **RD** leuchtet, um anzuzeigen, daß das andere Modem Daten zu Ihrem Terminal sendet. Wenn das Lämpchen nach einigen Sekunden, nachdem Sie das **DC**-Lämpchen haben leuchten sehen, immer noch nicht geleuchtet hat, wartet das entfernte System möglicherweise darauf, daß Sie den ersten Schritt tun. Senden Sie ein oder zwei Wagenrücklaufzeichen. Das **RD**-Lämpchen sollte leuchten, sobald das andere Ende beginnt, Daten zu senden. Zur Zeit haben wir leider keine Möglichkeit, die ankommenden Daten anzuzeigen − in CP/M ist es nicht leicht, ankommende serielle Daten zum Bildschirm zu senden, während gleichzeitig auf der Tastatur eingegebene Zeichen zum seriellen Anschluß geschickt werden. Dies sind die Funktionen einer Terminalemulatorsoftware.

Spezifikation des Kabels

Wir haben das Smartmodem erfolgreich an das CP/M des KayPro angeschlossen. Drei alternative Schnittstellen werden in den Abbildungen 12.6, 12.7 und 12.8 gezeigt.

Dies ist die „hypothetische" Schnittstelle, die wir in Kapitel 3 beschrieben haben. Das Smartmodem wird so lange an jeder Tätigkeit gehindert, bis der **DTR**-Ausgang des KayPro gesetzt wird − das heißt bis der KayPro eingeschaltet wurde. Das hindert das Smartmodem daran, automatisch Telefonanrufe zu beantworten, es sei denn Ihr Computer ist betriebsbereit.

In Abbildung 12.7 sehen Sie eine etwas durchdachtere Schnittstelle.

Hier haben wir den **CTS**-Ausgang des Smartmodems an eine Stelle gesetzt, wo man erwarten würde, **DSR** zu finden. Obwohl sie unterschiedliche Stifte benutzt, führt diese Schnittstelle die konventionelle Gerätesteuerung durch, von der angenommen wird, daß sie auf **DSR** stattfindet: Wenn das Modem nicht eingeschaltet ist, übermittelt ihm der KayPro keine seriellen Daten.

Wie immer muß der Wert solcher durch das Einschalten bewirkter Handshakingfunktionen (wie solche, die in Abbildung 12.6 und 12.7 gezeigt werden) gegen den Aufwand, die Last und Unbequemlichkeit

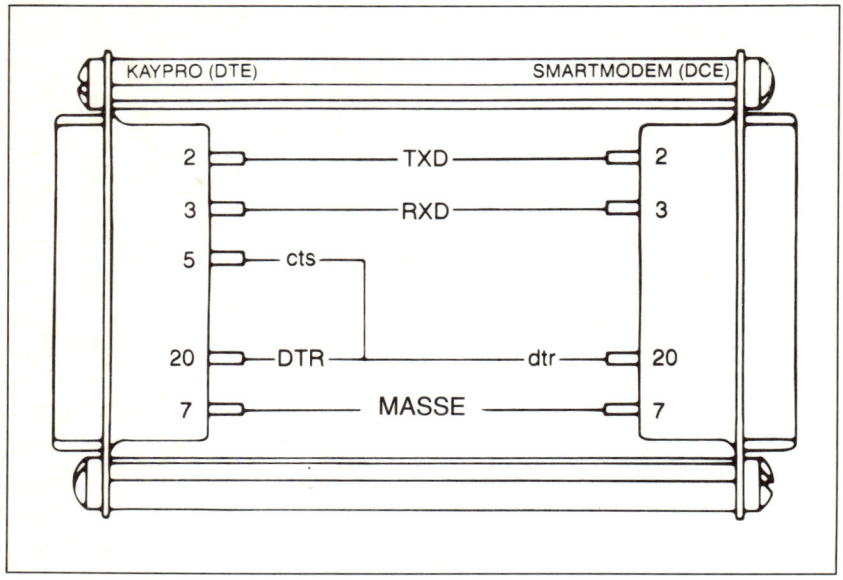

Abb. 12.6: Bei nicht eingeschaltetem Terminal antwortet das Smartmodem nicht auf einen ankommenden Ruf

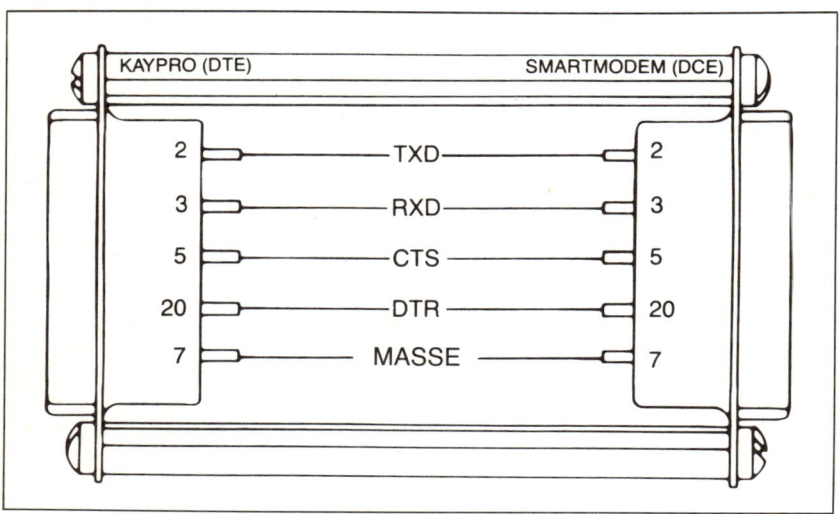

Abb. 12.7: Das KayPro/Smartmodem-Kabel mit Handshaking auf Stift 5

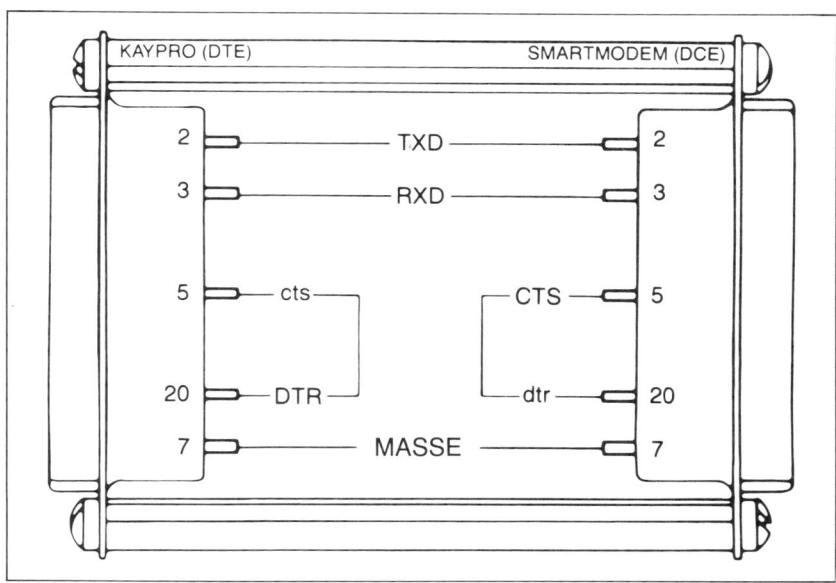

Abb. 12.8: Minimales Kabel für KayPro/Smartmodem

aufgerechnet werden, die durch das Verbinden zusätzlicher Leitungen an dem Kabel hervorgerufen werden. Abbildung 12.8 zeigt die spartanische Version der Schnittstelle.

KOMMENTAR

Das Smartmodem enthält interne Mikroschalter, von denen einer automatisch **dtr** abschließt. Trotz der Bequemlichkeit dieser Mikroschalter ist es im allgemeinen eine gute Idee, Abschlüsse in dem Kabel mit vorzusehen − dies garantiert, daß die Schnittstelle unabhängig von der Schalterstellung arbeitet.

Gelegentlich (wie etwa beim Type 'n Talk in Fallstudie 4) ist es nützlich, die schwere Arbeit des Schnittstellenbauens mit einem Null-Modemkabel zu beginnen. Dies ist jedoch ein Gebiet, in dem Null-Modemkabel Sie in *große* Schwierigkeiten brächten. Abbildung 12.9 zeigt warum.

Auf der Seite des Smartmodems sind Stift 20 (**dtr**) und Stift 6 (**DSR**) mit dem Ziel verbunden, daß **DSR**, das mit dem Einschalten gesetzt wird, den **dtr**-Eingang freigibt. Aber wie wir gerade gesehen haben, ist der normale

Zustand des **DSR**-Smartmodems, nur den **DCD**-Stift 8 Ausgang zu duplizieren, normalerweise gesperrt. Da unmöglich eine Verbindung aufgebaut sein kann, wenn das Smartmodem ausgeschaltet ist, wird **dtr** niemals freigegeben — eine andere tödliche Umarmung!

Eine fast identische Gefahr besteht auf der KayPro-Seite. Beachten Sie, daß ein Null-Modemkabel den **RTS**-Ausgang auf Stift 4 mit dem **cts**-Stift 5 Eingang verbindet. Da **cts**-Stift 5 der Handshakingeingang des KayPro ist, muß er abgeschlossen werden; aber der **RTS**-Stift 4 des KayPro ist *negativ*. Eine Verbindung dieser beiden Stifte würde den Datenfluß vom KayPro vollständig verhindern. Der Erfolg von Null-Modemgeräten (Kabeln oder Adaptern) hängt von einer Standardimplementierung der RS-232-C-Regeln ab; wie wir gesehen haben, ist diese Annahme bei Mikrocomputern wahrscheinlich falsch. Ein einziger Eingang nicht an seinem Platz (so wie beim Type 'n Talk), ein normalerweise positiver Ausgang gesperrt (so wie beim KayPro oder Smartmodem) — irgendeine dieser Bedingungen wird das Null-Modem zum Scheitern bringen. Wenn weiter Handshaking benötigt wird, wird das Null-Modem fast sicher entweder auf einer Seite der Schnittstelle einen aktiven Eingang oder auf der anderen Seite einen Handshakingausgang abschließen und damit aufheben.

Drei der Schnittstellen in unseren Fallstudien wurden durch die Anwendung von Null-Modemkabeln lahmgelegt. Nichtsdestoweniger kann ein Modem bei einzelnen störrischen Geräten sinnvolle, weil manchmal negative Anhaltspunkte liefern, von denen die korrekte Schnittstellenkonfiguration abgeleitet werden kann. Moral: Wenn nichts anderes mehr Sinn zu geben scheint, versuchen Sie es mit einem Null-Modem. Irgend etwas wird wahrscheinlich passieren, was Ihnen die richtige Richtung weist.

ANSCHLUSS VON MODEMS AN INTELLIGENTE TERMINAL-SOFTWARE

Im vorangegangenen Kapitel argumentierten wir zugunsten eines auf Betriebssystemebene stattfindenden Hardwarehandshakings für Drucker. Solch eine Schnittstelle ist wünschenswert, da sie den Drucker als eine ständige Ressource, die dem Betriebssystem bekannt ist, „installiert" — in CP/M heißt diese Ressource **LST:** . Unglücklicherweise gibt es in CP/M keine Ressource mit Namen MOD:, über die das System serielle E/A mit Geräten wie Modems durchführen kann.

Dies ist genau der Grund, warum die KayPro-Smartmodem-Schnittstelle, die wir gerade entwickelt haben, im Einzelfall nicht nützlich ist. Sicherlich gibt es ein paar wenige Anwendungen – zum Beispiel von Textdateien zu einem Drucker oder Computer über das Modem – wo eine solche Modemschnittstelle auf niederer Ebene einigermaßen handhabbar ist, aber ohne Terminalsoftware findet die KayPro-Smartmodem-Kombination nicht viele Anwendungen.

Obwohl Terminalsoftware manchmal zur Grundausstattung von Mikrocomputern gehört, realisieren diese Programme gerade nichtintelligente Datensichtgeräte, die nur ankommende Zeichen auf dem Bildschirm darstellen und auf der Tastatur eingegebene Zeichen zu dem Modem abschicken können.

Jeder, der sich ernsthaft mit Datenkommunikation beschäftigt, wird schließlich ein Programm kaufen, das ihm eine *intelligente Datenschnitt-*

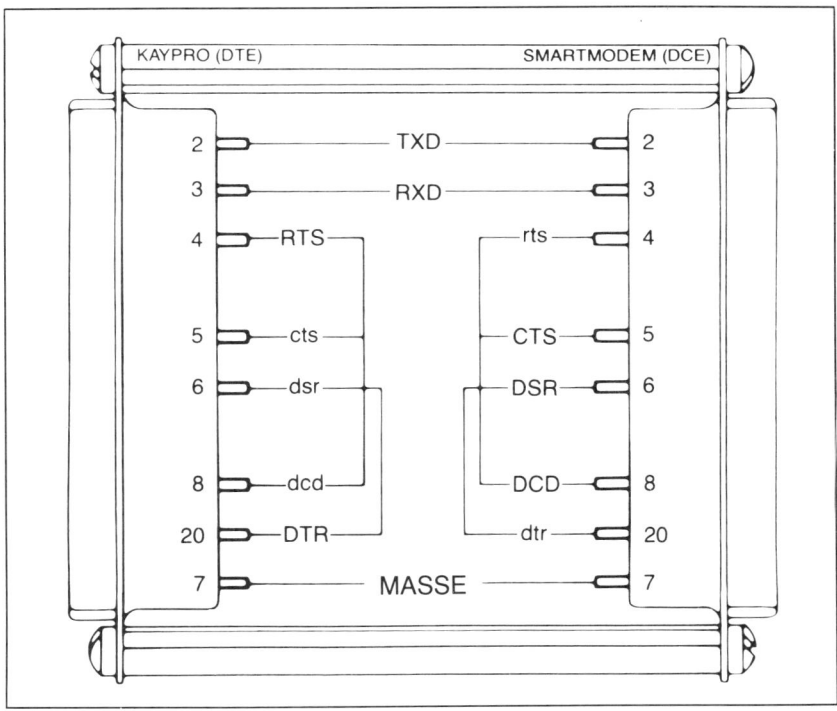

Abb. 12.9: Ein Null-Modem sperrt die Schnittstelle

stelle oder Kommunikation realisiert. Diese Software erlaubt nicht nur die gewöhnlichen, simplen Datensichtgerätfunktionen, sondern auch eine Menge anderer Eigenschaften: Ankommende Daten können auf Diskettendateien abgespeichert werden, unerwünschte Zeichen können aus dem Zeichenstrom herausgefiltert werden, Telefonnummern werden automatisch gewählt, Dateien können mit einer zusätzlichen Fehlerkontrolle übertragen werden, Dateien können in jeder gewünschten Anzahl populärer Textformate ausgegeben werden usw. Diese Liste läßt sich beliebig fortsetzen, sie wird nur durch die Vorstellungskraft des Benutzers begrenzt.

Die Kommunikationssoftware kümmert sich üblicherweise nicht um die physikalischen Details des Gerätes, zu dem Daten übertragen und von dem sie empfangen werden. Das Programm liefert seine Daten beim UART ab, das wiederum die Daten zu einem RS-232-C-Anschluß schickt. Ankommende Daten werden in ähnlicher Form vom UART abgeholt. Solche Kommunikationssoftware betrachtet E/A in ähnlicher Weise, wie wir uns ein Postamt vorstellen: Keine der internen Abläufe des Postbetriebs beeinflußt den Inhalt oder die Form von Briefen, die wir dort abliefern und abholen.

In der Vergangenheit verlangte die Kommunikationssoftware, daß ein Benutzer die Steuerung des Modems getrennt von der Software handhabe. Die Bequemlichkeit und die automatischen Eigenschaften von intelligenten Modems, wie etwa das Hayes Smartmodem eröffneten jedoch neue Horizonte für Software. Vorher manuell auszuführende Aufgaben − wie das Wählen einer Telefonnummer, das richtige Setzen des Modems zum „Ruf ausführenden"- oder „Ruf beantwortenden"- Modus und das Einschalten des Modems zum richtigen Zeitpunkt − werden nun sämtlich durch intelligente Modems ausgeführt. So wie die Verantwortung für den Betrieb des Modems vom Benutzer auf die Kommunikationssoftware übergeht, öffnet sich die Welt der Telekommunikation Tausenden von Leuten, die durch den Bedienungsaufwand abgeschreckt worden wären.

So ist vieles der neueren Kommunikationssoftware um intelligente Modems herumgebaut. Eines der besten dieser Programme ist M.I.T.E. (Mycroft Labs, Inc., P.O. Box 6045, Tallahassee, FL 32301). M.I.T.E. ist eine perfekte Fallstudie, da ein Zusammenspiel mit dem Smartmodem sehr interessant ist, und weil viele seiner Eigenschaften zweifellos durch andere Nachahmung finden werden. Um Kontinuität zu wahren, benutzen wir weiterhin den KayPro als Beispielcomputer.

Wir beginnen wie üblich, indem wir das Smartmodem auf die allgemein-
ste Art, die möglich ist, an den KayPro anschließen. Zusätzlich zur üblichen Verbindung der Datenstifte 2 und 3 wird **CTS**-Stift 5 des Smartmodems benutzt, um seinen **dtr**-Eingangstift 20 auszutricksen. Da wir bereits
wissen, daß **cts**-Stift 5 des KayPro der aktive Handshakinganschluß ist,
muß dieser ebenfalls durch eine Brücke mit **DTR**-Stift 20 verbunden werden. Abbildung 12.10 zeigt diese Verbindungen.

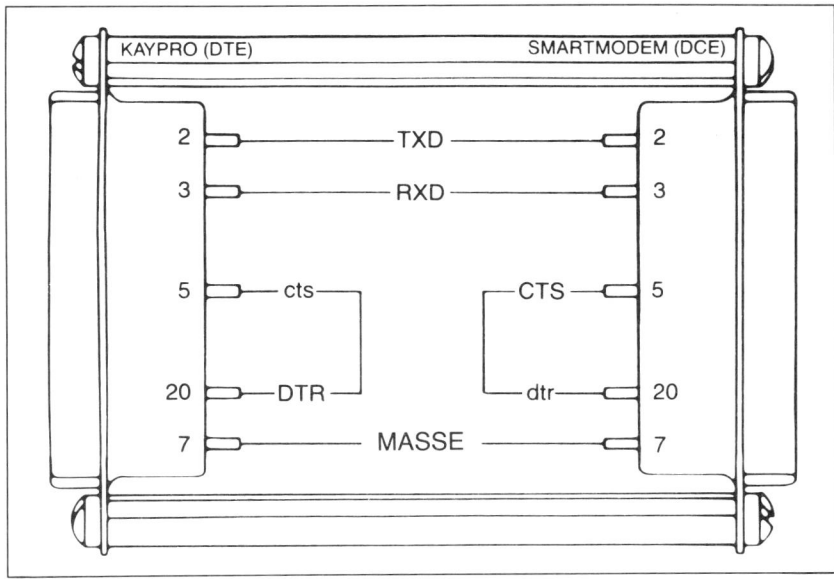

Abb. 12.10: Eine erste M.I.T.E/KayPro-Schnittstelle

Nachdem M.I.T.E. in den Modus für ausgehenden Ruf gebracht und die
zu wählende Telefonnummer eingegeben wurde, wird Punkt G im Hauptmenü ausgewählt. Durch diese Auswahl gelangen wir in den *Terminalmodus*, den Teil des Programms, der jetzt ein Terminal emuliert. Nach ein
paar Sekunden erscheint folgende Ausgabe auf dem Bildschirm:

Now dialing: 836-4911
Awaiting Carrier

Folgsam beginnt das Smartmodem, die Töne auszusenden. Der Ruf wird
am anderen Ende beantwortet. Das andere Modem sendet seinen Leerlaufton. Das Smartmodem bemerkt dieses und unterdrückt seinen inter-

nen Lautsprecher. Das **CD**-Lämpchen (Carrier Detect) leuchtet auf, und das **RD**-Lämpchen (Received Data) signalisiert, daß M.I.T.E. nun mit Telenet verbunden ist. Nun kann der Spaß beginnen!

Die Wagenrücklauftaste an der Tastatur des KayPro wird ein paarmal betätigt, um dem Telenet anzuzeigen, daß wir nun da sind.

Nichts anderes passiert. Nach ungefähr 45 Sekunden löscht M.I.T.E. den Bildschirm des KayPro, und das Hauptmenü erscheint wieder.

Wir bemerken, daß das **SD**-Lämpchen (**TxD**) nicht leuchtet, wenn andere Tasten gedrückt werden − auf der Tastatur eingegebene Zeichen erreichen das Smartmodem nicht. Auch die Nachricht von Telenet, sich zu Beginn der Sitzung auszuweisen, erschien nicht auf dem Bildschirm. Aber der KayPro sendet offensichtlich Daten − er war in der Lage, das Wählkommando dem Smartmodem zu senden. Der Wählvorgang wird wiederholt, aber diesmal schließen wir den LED-Tester an Stift 3 an, um sicher zu gehen, daß das Smartmodem tatsächlich die Anfangsnachricht von Telenet dem KayPro übermittelt. Das Flackern sowohl der roten und grünen LEDs bestätigt dies. Wir müssen daraus schließen, daß, nachdem der Wählbefehl dem Smartmodem gesendet wurde, der KayPro Daten weder sendet *noch* empfängt. Was geht vor?

Nun ist es Zeit auf der KayPro-Seite der Schnittstelle herumzuschnüffeln. Abbildung 12.11 zeigt das Logikpegeldiagramm des KayPro, während M.I.T.E. das Hauptmenü ausgibt.

Aber warten Sie, kann dies das Diagramm des KayPro sein? Der KayPro hatte immer diesen merkwürdigen gesperrten **RTS**-und einen gesetzten **DTR**-Ausgang. Dieses Diagramm zeigt genau das Gegenteil − **RTS** ist gesetzt und **DTR** ist nun gesperrt. Diese Entdeckung illustriert eine wichtige Bemerkung, die früher erwähnt wurde: Das UART steuert die Stifte der Schnittstelle, und die *Software steuert das UART*. Die einzig plausible Erklärung ist, daß M.I.T.E. das UART so *initialisiert* hat, daß es seinen eigenen Ansprüchen genügt. So haben wir nun tatsächlich die Aufgabe, das Smartmodem nicht nur mit dem KayPro zu verbinden, sondern ebenso mit M.I.T.E.

Da dies eine völlig neue und deswegen unbekannte Schnittstelle ist, müssen wir sie von neuem herausarbeiten. Wir wissen, daß M.I.T.E. den KayPro dazu bringt, sich wie ein Terminal zu verhalten, und wir wissen von Fallstudie 1 (Kapitel 8), daß wir den Terminalbetrieb verifizieren können, indem wir einfach die gesendeten Daten zurückführen (durch die Verbindung TxD-Stift 2 und RxD-Stift 3). Wir wissen, daß wir den Kay-

Pro erobert haben, wenn Zeichen, die auf der Tastatur eingegeben wurden, an Stift 2 abgeschickt werden, an Stift 3 des Empfängers des KayPro zurückgeführt und dann auf dem Bildschirm dargestellt werden.

Da wir keinerlei Annahmen über diese neue Schnittstelle treffen mußten, wenden wir die üblichen Tricks bei den beiden DTE-Eingängen an. Da **dsr**-Stift 6 wie immer schwach positiv ist (d.h. intern abgeschlossen), kann er zur Zeit ignoriert werden, später werden wir jedoch noch sicherstellen wollen, daß er noch inaktiv ist. Den negativen **DTR**-Stift 20 ignorieren wir zur Zeit ebenfalls. Abbildung 12.12 zeigt die mit diesen Tricks versehene Schnittstelle.

Wieder einmal starten wir mit dem Hauptmenü und wählen den Unterpunkt G. Als wir die Schnittstelle das erste Mal ausprobierten, wurde die Nachricht „Awaiting Carrier" ausgegeben. Diesmal jedoch zeigt M.I.T.E. folgende Nachricht an:

Now resuming previous call

Ein paar Tasten am KayPro werden betätigt. Sie werden umgehend auf dem Bildschirm ausgegeben. Der Terminalmodus von M.I.T.E. arbeitet nun offensichtlich. Aber was haben wir auf der Seite des KayPro seit dem ersten Versuch verändert? Neben der Rückführung der Datensignale wurde nur **dcd**-Stift 8 verändert. Diese Hypothese wird dadurch leicht überprüft, daß wir den Wählvorgang wiederholen und **dcd**-Stift 8 des KayPro mit einer Brücke zum **RTS**-Stift 4 verbinden, während die **Awaiting Carrier**-Nachricht angezeigt wird.

Wenn diese Verbindung ausgeführt wurde, piept der KayPro diensteifrig, und der Bildschirminhalt verändert sich so wie in Abbildung 12.13 dargestellt ist.

DCE: KAYPRO

STIFT	E/A	BEZ	TESTERGEBNIS	
2	!	TxD	X	
3	?	RxD	X	
4	!	RTS	POS	
5	?	CTS	X	
6	?	DSR	POS	(Schwach)
8	?	DCD	X	
20	!	DTR	NEG	

Abb. 12.11: Logikpegel des KayPro mit M.I.T.E. im Hauptmenü

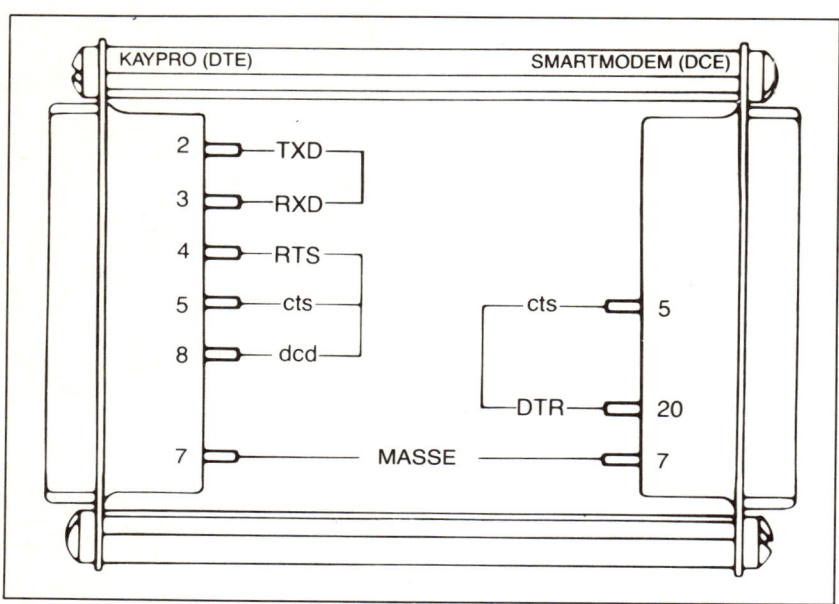

Abb. 12.12: KayPro/Smartmodem: Zurück zu den Anfängen

```
Now Dialing: 836-4911
Awaiting carrier

                    < = = = = = = dcd RTS BRÜCKE HIER INSTALLIERT

Carrier Detected

Now Dialing: 836-4911
Awating carrier

                    < = = = = = = dcd RTS BRÜCKE HIER INSTALLIERT

Carrier Detected

                    < = = = = = = dcd RTS BRÜCKE HIER ENTFERNT

Carrier lost
Type <CR>
```

Abb. 12.13: Bildschirminhalt nach Herstellung der Verbindung

Dies macht immanenten Sinn – M.I.T.E. weigert sich, Kommunikation aufzunehmen, bevor das Smartmodem eine Verbindung mit einem anderen Modem aufgebaut hat. Wenn M.I.T.E. entdeckt, daß **dcd**-Stift 8 freigegeben wurde, weiß es, daß das Smartmodem eine Datenverbindung bewerkstelligt hat; M.I.T.E. erlaubt dann, normale Zeichen-E/A zum Smartmodem. Falls der Terminalmodus verlassen wird – zum Beispiel um eine andere Menüauswahl zu treffen – wird die Telefonleitung *nicht* aufgehängt, und die Datenverbindung wird nicht unterbrochen. Wenn später der Terminalmodus mit der Option G wieder aufgenommen wird, stellt M.I.T.E. fest, daß **dcd**-Stift 8 *immer noch* freigegeben ist, und schließt daraus, daß eine vorher aufgebaute Datenverbindung immer noch existiert. Deswegen wird die Nachricht „Now resuming previous call" ausgegeben.

Bevor wir **DCD**-Stift 8 des Smartmodem mit dem **dcd**-Stift 8 des KayPro verbinden, lassen Sie uns jedoch unsere Analyse der Schnittstelle durch das Testen der übrigbleibenden Stifte auf deren Aktivität vervollständigen. Der **cts**-Stift 5, vorher der Handshakingstift unter **CP/M**, ist nun inaktiv. Und auch **dsr**-Stift 6 bleibt inaktiv.

Wenn die Schnittstelle mit M.I.T.E im Terminalmodus (im Gegensatz zum Menü) getestet wird, wird der **DTR**-Stift 20 des KayPro gesetzt und bleibt gesetzt, bis **dcd**-Stift 8 das nächste Mal gesperrt wird. Mit anderen Worten: Die Freigabe von **dcd**-Stift 8 hält **DTR**-Stift 20 positiv. Dieses Stück Eleganz stellt den Bedarf des Smartmodems nach einem freigegebenen **dtr** sicher.

Abbildung 12.14 zeigt das endgültige, etwas umfangreicher gewordene Logikdiagramm für das M.I.T.E./KayPro-Gespann.

Folgende Frage ist allerdings berechtigt: „Was geschah mit dem aktiven **cts**-Eingang am KayPro? Wie wurde er mechanisch umgestellt zu **dcd**-Stift 8?" So *mächtig*, wie es ist, benötigt M.I.T.E. *nicht* das Neuverkabeln der Schnittstelle mit einem aktiven Eingang gebrückt von Stift 5 zu Stift 8. Die Leitungen, die Stift 8 und das UART verbinden, waren immer schon vorhanden. CP/M ignoriert den Logikpegel auf Stift 8, während es stattdessen **cts** abfragt, aber M.I.T.E. ist so entworfen, daß es genau das entgegengesetzte tut. Erinnern Sie sich, daß sich das Verhalten einer Schnittstelle ständig in Abhängigkeit des Anwendungsprogramms verändert, da ständig Software die Steuerung ausübt. Zur Erläuterung dieses Punktes überlegen Sie sich, daß wir, als wir M.I.T.E. verließen, offensichtlich einen Warmstart durchführten. Aber das UART des KayPro bleibt so konfiguriert, daß es **dcd**-Stift 8 abfragt. Das bedeutet, daß das KayPro nicht auf Veränderungen des Logikpegels auf **cts**-Stift 5 antwortet und

DTE: KAYPRO   DTE: HAYES SMARTMODEM

STIFT		E/A	STIFT Nr.	E/A	TEST ERGEBNIS	
	NEG	!	2 TxD	?	X	
	X	?	3 RxD	!	NEG	
	POS	!	4 RTS	?	X	
	X	?	5 CTS	!	POS	
(Schwach)	POS	?	6 DCD	!	NEG	**
(AKTIV)	X	?	8 DCD	!	NEG	**
*	POS	!	20 DTR	?	X	(AKTIV)

*   WECHSELT VON NEG ZU POS BEIM EINTRITT IN DEN TERMINALMODUS
** WECHSELT NACH POS, WENN DATENVERBINDUNG AUFGEBAUT IST

Abb. 12.14: Endgültiges Logikdiagramm KayPro/Smartmodem

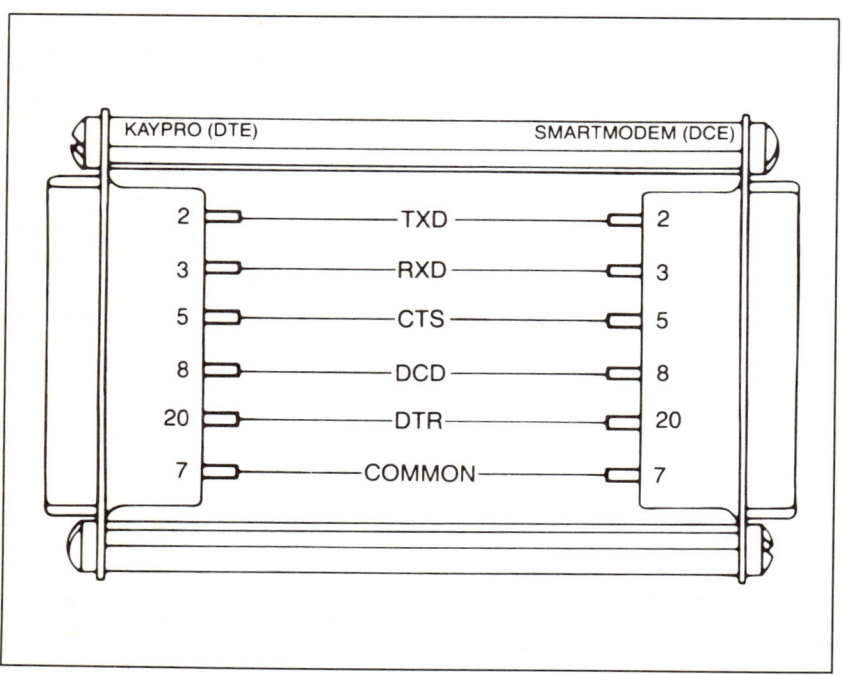

Abb. 12.15: Das Kabel KayPro/M.I.T.E. zum Smartmodem

deshalb auch nicht länger ein Handshaking mit dem Epson-Drucker aus Fallstudie 3 durchführen würde. Um das UART des KayPro zu seinen voreingestellten Logikwerten neu zu initialisieren, ist ein CP/M-Kaltstart notwendig.

SPEZIFIZIEREN DES KABELS

Da dies ein DTE/DCE-Paar ist, arbeitet ein durchverbundenes Kabel ausgezeichnet. Abbildung 12.15 zeigt das endgültige Kabel.

KOMMENTAR

Etwas, das bei der Benutzung intelligenter Modems Spaß bereitet, ist die Möglichkeit, jeden seiner Kniffe so auszunutzen, daß man seinem persönlichen Geschmack gerecht wird. Ironischerweise gibt M.I.T.E. dem Benutzer nicht unbeschränkt Kontrolle über das Smartmodem. Verständlicherweise nimmt das Smartmodem Kommandos auf, wenn es sich in einer Datenverbindung befindet. Dies bewirkt eine Art *umgekehrter* tödlicher Umarmung: Das Smartmodem nimmt keine Kommandos an, falls sein **DCD** gesetzt ist, und M.I.T.E. erlaubt es nicht, daß Zeichen zum Smartmodem gehen, bevor nicht sein **dcd** freigegeben wurde. Es gibt deswegen keine Möglichkeit, Ihre eigenen Kommandos aus dem Terminalmodus zum Modem zu schicken.

Es gibt zwei Möglichkeiten, dieses Problem zu umgehen, keine ist vollkommen befriedigend. Die erste führt über einen Mikroschalter am Smartmodem, der ständig seine **DCD**- (und, Sie erinnern sich, seine **DSR**-) Leitung setzt. Dies stellt ein gesetztes **DCD** jedem Programm zur Verfügung, das es benötigt, unabhängig von der Existenz einer Datenverbindung. Sicher, dies täuscht zwar die Software, so daß sie denkt, daß eine Datenverbindung besteht, aber M.I.T.E. führt nicht weiter einen automatischen Wählbetrieb durch. Wenn man sich jedoch einmal im Terminalmodus befindet, kann das Smartmodem dazu gebracht werden, zu wählen, indem man das geeignete Kommando eingibt. Der Punkt ist hier, daß Sie, um Zugriff zu irgendwelchen der intelligenten Eigenschaften des Modems zu erhalten, die eingebaute Selbstwählmöglichkeit opfern müssen.

M.I.T.E. selbst bietet eine Lösung dieses Problems auf einer anderen Ebene: Durch eine Menüauswahl kann M.I.T.E. gezwungen werden, den **dcd**-Eingang zu ignorieren. Aber aus dem gleichen Grund unterdrückt dies die automatische Wählmöglichkeit.

Damit dies nicht wie eine Kritik, speziell am M.I.T.E aussieht, soll gesagt werden, daß dies eine ziemliche Schwäche in der *meisten* Kommunikationssoftware ist, die behauptet, intelligente Modems zu „unterstützen".

ANSCHLUSS VON MODEMS FALLSTUDIE 2: COLONIAL DATA SB-80 COMPUTER DC HAYES SMARTMODEM 1200

Allgemeine Betrachtungen

Daß der KayPro mit dem Smartmodem vollständig zusammengeschaltet werden konnte, war Zufall. Nun, wo Sie verstehen, wie Smartmodem und M.I.T.E. miteinander in Beziehung stehen, lassen Sie uns kurz den Colonial Data SB-80 wieder betrachten.

Lassen Sie uns damit beginnen, das Logikdiagramm des SB-80 in Abbildung 12.16 zu betrachten, welches aufgenommen wurde, als M.I.T.E. sich im Hauptmenü befand.

Auch hier hat M.I.T.E. den Charakter der Schnittstelle verändert. Das SB-80/M.I.T.E.-Kabel zum Smartmodem sieht aus wie das in Abbildung 12.17 abgebildete Kabel.

DCE: SB-80

STIFT	NR	E/A	TESTERGEBNIS	
2	?	TxD		
3	!	RxD	NEG	
4	?	RTS	X	
5	!	CTS	POS	
6	!	DSR	X	
8	!	DCD	NEG	*
20	?	DTR	X	(AKTIV)
* WECHSELT NACH POS BEIM EINTRITT IN DEN TERMINALMODUS				

Abb. 12.16: Logikdiagramm der SB-80 Schnittstelle mit M.I.T.E. im Hauptmenü

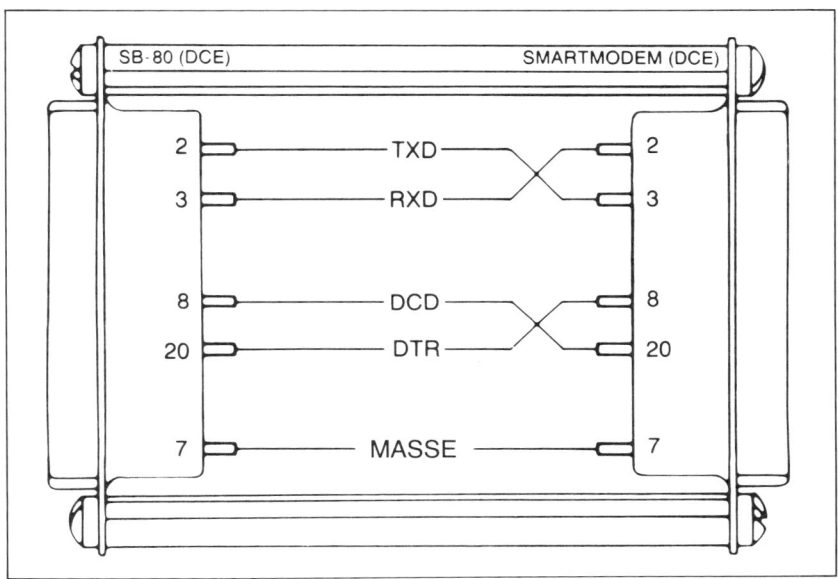

Abb. 12.17: Das Kabel SB-80/M.I.T.E. zum Smartmodem

KOMMENTAR

Manche Leute haben recht aus falschem Grund. Betrachten Sie folgenden Abschnitt:

In der *Standard* DCE-Anordnung ... ist RTS-Ausgabe auf Stift 5 und CTS-Eingabe auf Stift 4. DTR ist Ausgabe auf Stift 8, und DCD ist Eingabe auf Stift 20. Diese Anordnung kann durch einfache Vertauschung der entsprechenden Paare zur *Standard*-DTE- Anordnung verändert werden. (*SB-80-Benutzerhandbuch*)

Erinnern Sie sich an diese Definition? Überraschungen über Überraschungen! Es stellt sich heraus, daß das **DTR**-Handshakingsignal tatsächlich auf Stift 8 ausgegeben *wird*. Der **dcd** ist *Eingang* auf Stift 20.

Die UART-Hersteller sind für diesen offensichtlichen Unsinn verantwortlich. Obwohl sie nicht die geringste Ahnung davon haben, ob ein bestimmtes UART in einem DTE- oder DCE-Gerät eingesetzt werden wird, bestehen sie darauf, den UART-Eingabe- und Ausgabeleitungen

RS-232-C-Standard-Namen zuzuordnen. So wird die Eingabeleitung, die den Sender unterbricht, üblicherweise mit **CLEAR TO SEND** bezeichnet, während der Eingang, der den Empfänger sperrt, **DATA CARRIER DETECT** genannt wird. Diese willkürliche Namensgebung funktioniert nur, wenn das UART in einer DTE-Anwendung benutzt wird; in DCE-Anwendungen ist sie sinnlos. In der Colonial Data-Dokumentation hätte stehen müssen: „Der UART-Eingang (willkürlich **dcd** genannt auf dem Datenblatt des integrierten Schaltkreises) wird an Stift 20 gelegt und sollte so programmiert werden, daß er die Funktion einer **dtr**-Leitung ausführt." Die zweite Aussage sollte übersetzt werden mit: „Der Ausgang, den der UART-Hersteller mit **DTR** bezeichnet hat, ist an Stift 8 angeschlossen und sollte so gebraucht werden, daß er die Funktion eines **DCD** von einem DCE ausübt."

In einem ihrer Handbücher versucht die California Computer Systems, das Problem zu erklären:

Die Steuerleitungen (des UART) wurden so genannt, als würden sie in einem DTE-Gerät verwendet. Da wir sie in einem DCE-Gerät verwenden, ändern sich die Rollen der Stifte. So wird zum Beispiel die **DTR**-Leitung … mit dem **CTS**-Stift (des UART) verbunden.

Obwohl es ein Schritt in die richtige Richtung ist, Notiz zu nehmen von den beiden parallelen Welten der Namen, bleibt die hervorgerufene Verwirrung bestehen. Bis die Autoren von Handbüchern (und Ingenieure) sich mit dieser Mehrdeutigkeit beschäftigen, werden Sie wahrscheinlich von Zeit zu Zeit schließen, daß entweder Sie oder diese verrückt geworden sind.

SCHLUSS

Wir haben uns mit der Art und Weise beschäftigt, wie ein einzelnes Programm die RS-232-C-Schnittstelle manipuliert. Wir könnten diesen Prozeß fortsetzen, aber der Schluß würde immer derselbe sein − die RS-232-C-Schnittstelle ist im wesentlichen das, was die Software aus ihr macht.

Professionelle Werkzeuge

13

In gleichem Maße, wie Ihr Durchblick in die RS-232-C-Schnittstelle wächst, so wächst wunderbarerweise auch Ihre Popularität. Für manchen führt diese Popularität möglicherweise zu einer Karriere als Schnittstellenguru, den man holt, um die bösen Geister aus dem DB-25-Stecker auszutreiben.

Wenn Sie berufsmäßig Schnittstellen bauen oder auch nur gelegentlich für sich selbst oder Ihre Freunde, so werden Sie sich interessieren, etwas über einige ausgezeichnete Hilfsmittel zu erfahren, die speziell für den Anschluß der RS-232-C-Schnittstelle entworfen wurden. In dieser Liste sind auch ein paar unwiderstehliche Vorrichtungen eingeschlossen, die Ihren Umgang mit seriellen Geräten rationeller gestalten können.

BREAKOUT-TESTGERÄTE

Breakout Tester ist der allgemeine Name für Geräte, die das Verbinden und Testen von RS-232-C-Geräten ermöglichen. Der Name hängt mit der Möglichkeit des Benutzers zusammen, bestimmte Drähte von dem Kabel herauszunehmen (breakout).

Der einfachste Typ ist der Testvorsatz (wie der, den wir in unseren Fallstudien verwendet haben), wo zwei in entgegengesetzte Richtungen schauende Stecker als Plattform für die Verschaltung und das Testen von

Stiften der Schnittstelle dienen. Diese Art von Adaptern ist billig und fle-
xibel. Eine einfache Einheit kann für ungefähr 30 DM hergestellt werden,
und wenn man die Stecker aus dem Großhandel bezieht, wird es noch bil-
liger. Da sie einfach sind, sind sie für fast jede Anwendung geeignet.
Wenn man die Schaltverbindungen (oder Grabber) durch gelötete
Drähte ersetzt, kann man diese Testadapter ständig installieren. Wenn es
allerdings allzu viele Grabber werden, wird die Sache ziemlich sperrig,
und manchmal wird auch das Geflecht von Drähten zwischen den Stek-
kern unentwirrbar.

Wenn Sie sich nach einer etwas professionelleren Testeinrichtung umse-
hen, machen Sie sich auf einen Schock gefaßt: die Preise. Selbst das einfachste Stück Ausrüstung kostet mindestens dreimal mehr, als Sie denken, daß es sollte.

Mit ungefähr 45 Dollar ist das Interconnect Set (Abbildung 13.1) von
Syzygy Computer Systems (482 W Arrow Highway Suite A, San Dimas,

Abb. 13.1: Photo des Interconnect Set von Syzygy

CA 91733), dargestellt in Abbildung 6.1, gerade einen Schritt von einem einfachen Testvorsatz entfernt. Alle 25 Stifte der Schnittstelle sind ebenfalls in Form von Stiften auf der Platine verfügbar. Zwischen diesen Stiften auf der Platine können mit mitgelieferten Drahtbrücken Verbindungen hergestellt werden. Manche dieser Drähte sind Y-förmig; das heißt, sie erlauben es, einen Anschluß mit zwei anderen zu verbinden. Zusätzlich gibt es acht Lötpunkte mit zugeordneten Stiften auf der Platine; diese machen zusammen mit den normalen Stiften nahezu jede Verbindung möglich. Syzygy-Produkte werden mit einem schwarzen Kunststoffgehäuse geliefert und enthalten geeignetes Befestigungsmaterial für ständige Installation.

Das Modell 232WA (Abbildung 13.2), Testadapter von B&B Electronics (Box 475F, Mendota,IL 61342) ist funktional äquivalent zum Syzygy Interconnect Set. Mit nur 24.95 Dollar macht unter lauter überteuerten Produkten sein Preis es schon allein zu einem Schnäppchen. Aber es hat noch eine andere pfiffige Eigenschaft: Auf der einen Seite der Platine sind die üblichen langen Stifte, an die man Grabber anschließen oder Drähte löten kann. Auf der anderen Seite der Platine ist für jeden der DB-25-

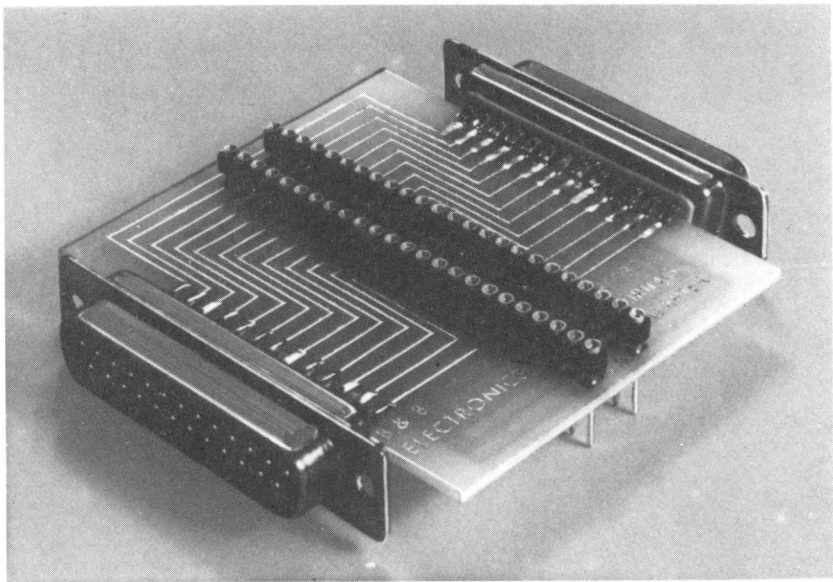

Abb. 13.2: B&B Verdrahtungsadapter

Stecker ein schmaler Steckerstreifen, in den zu Testzwecken Brücken (10 werden mitgeliefert) hineingesteckt werden können.

Da diese Streifen im Standard-0.3-Zoll-Raster liegen, können sie mit Standardkomponenten für gedruckte Schaltkreise versehen werden. So können zum Beispiel ein oder zwei Blöcke von Mikroschaltern auf der einen Seite für die Durchverbindungen installiert werden, während Brükken auf der anderen Seite angebracht werden. Wie die meisten Produkte von B&B enthält das 232WA keine Befestigungsteile und kein Gehäuse.

Eine interessante weitere Variante ist der RS-232C DB-25 Pin Reconfiguration Adapter (Abbildung 13.3), 60 Dollar von Mountain Computer, Inc., 300 El Pueblo Road, Scotts Valley, CA 95066. Anstelle von Drahtbrücken wird hier die Umordnung der Stifte durch eine 10x10 Matrix von Mikroschaltern durchgeführt. Die **GROSSEN ACHT** plus Stifte 11 und 25 können geschaltet werden. Ein paar Lötstellen sind für maßgeschneiderte Anwendungen verfügbar. Dies ist eine großartige Idee, aber seien

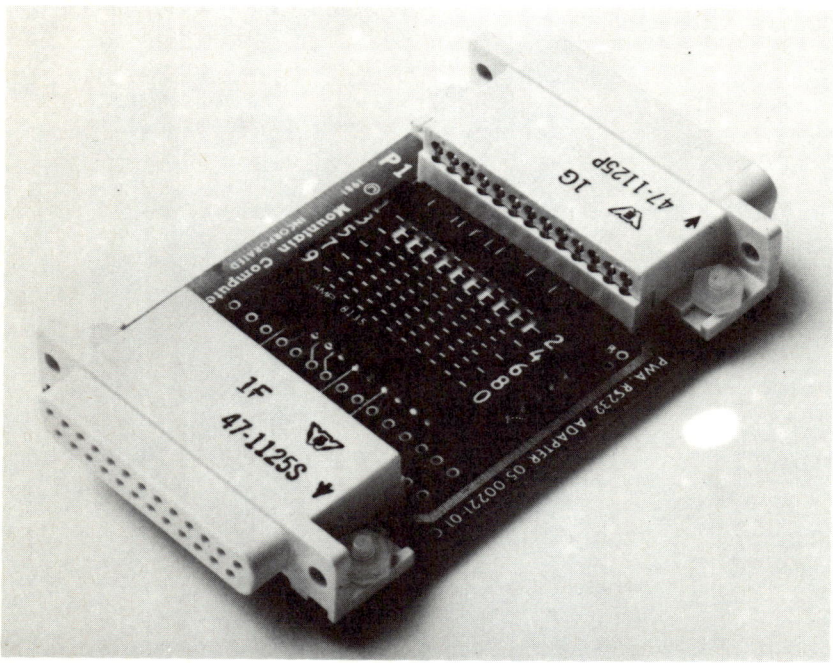

Abb. 13.3: Ein Adapter zur flexiblen Stiftzuordnung von Mountain

Sie gewarnt: Die Schalter können *unmöglich* ohne die Bedienungsanleitung benutzt werden. Weiter ist der Zusammenhang zwischen den Schalterstellungen und der Zuordnung der DB-25-Stifte nicht offensichtlich und wahrscheinlich unmöglich, dem Gedächtnis einzuprägen. Es ist nicht klar zu erkennen, wie man bestimmte übliche Verbindungen herstellen muß. Zum Beispiel muß man, um die **DTR**-Stifte 20 zu verbinden, jeden einzelnen zu einem dritten Stift schalten (üblicherweise 25); dies schafft natürlich Probleme, falls dieser dritte Stift aktiv ist. Trotz dieser Probleme ist es ein gut konzipiertes, in sich abgeschlossenes Gerät.

Auf der nächsten Ebene solcher „Breakout Geräte" steht der *Breakout Monitor*. Er ist grundsätzlich genauso wie die einfachen gerade beschriebenen Geräte. Zusätzlich zu den Stiften oder Steckern enthalten diese Vorsatzeinheiten, ebenso eine LED für jeweils TxD, RxD, CTS, DSR, DCD und DTR. Eine Hilfs-LED ist zusätzlich vorhanden für irgendeinen Stift, der keine eigene Anzeige-LED besitzt.

Das Syzygy Patch Set (Abbildung 13.4) ist typisch für diese Art von Testgeräten. Es ist ähnich wie das Syzygy Interconnect Set gestaltet, aber ohne die zusätzlichen acht Lötpunkte und entsprechenden Stifte. Das

Abb. 13.4: Das Syzygy-Test-Set

Gerät ist mit 10 zweistiftigen, 4 dreistiftigen und einem vierstiftigen Drahtbrückensortiment ausgerüstet. Auf dem Preiszettel stehen gesalzene 120 Dollar. Es ist schwer zu verstehen, wie zusätzliche acht LEDs und die zugeordneten Komponenten (auch die Strom begrenzenden Dioden, die im Patch Set benutzt werden) mehr als 70 Dollar zu den Kosten des Interconnect Sets hinzufügen können.

B&B Electronics bieten hier den RS-232 MULTIADAPTER. Er enthält Monitor-LEDs für die **GROSSEN ACHT** und zusätzlich noch zwei weitere. Neben Stiften und Steckern, die an entgegengesetzten Seiten der Platine wie beim B&B 232WS angebracht sind, ist die unübliche Eigenschaft des Multi-Adapters ein dritter Stecker, ein weiblicher DB-25-Stekker. Die Möglichkeit, ein weiteres Gerät anschließen zu können, mag nützlich sein, wenn man zum Beispiel Fehler in einer Druckerschnittstelle sucht. Der Computer und Drucker würden wie üblich verbunden; ein Terminal könnte an dieser „Anzapfstelle" angeschlossen werden, um die Zeichen, die zum Drucker gesendet wurden, auszugeben oder um bekannte Zeichen von der Tastatur zum Drucker zu schicken. Der Multi-Adapter kostet 79.95 Dollar.

BREAKOUT BOXES

Die nächst kompliziertere Ebene solcher „Breakout Geräte" ist die *Breakout Box*. Im Gegensatz zu Vorsätzen (wie das Patch Set oder der Multi-Adapter) ist die Breakout Box ein in sich abgeschlossenes Testgerät mit Klappdeckel und einem Ablagefach für Brücken. Ein Satz Mikroschalter erlaubt dem Benutzer, alle 25 RS-232-C-Verbindungen durchzuschalten. LEDs zeigen den Status wichtiger Stifte an.

Einer der wesentlichsten Unterschiede zwischen den verschiedenen Herstellern und Modellen ist die Spannungsversorgung der LEDs. Im Gegensatz zu den LEDs der nur in die Leitung eingeschalteten Geräte, die den Strom direkt der RS-232-C-Schnittstelle selbst entnehmen, benutzen viele Breakout Boxes eine Batterie in Verbindung mit einer Transistorlogik für die Spannungsversorgung der LEDs. Geräte, die ihren Strom direkt aus dem Kabel beziehen, haben den offensichtlichen Vorteil, ökonomisch und portabel zu sein. Aber da sie einen Teil des Stroms verbrauchen, der benutzt wird, um die richtigen Spannungen zu unterhalten, können sie die Logikpegel an einer so gerade noch funktionierenden Schnittstelle durcheinanderbringen oder andere irreführende Resultate verursachen.

Batteriegespeiste LEDs entnehmen tatsächlich nur einen verschwindend geringen Anteil an Strom von der RS-232-C-Schnittstelle. Diese winzige Strommenge wird durch einen Transistor verstärkt und dann benutzt, um die LED anzusteuern. So kommt der eigentliche Strom, der benötigt wird, um die LED zum Leuchten zu bringen, aus der Batterie. Das Vorhandensein der LED hat nur sehr geringen Einfluß auf die Schnittstelle. Der Nachteil dieser Methode liegt in der Unbequemlichkeit, sich ab und zu um die Batterien kümmern zu müssen.

Paradoxerweise kann der Spannungsabfall, der durch die Modelle hervorgerufen wird, die ihren Strom direkt der Leitung entnehmen, auch von Vorteil für den Schnittstellenbauer sein. So kann es zum Beispiel beim Testen bestimmter Eingänge passieren, daß eine LED schwächer als die anderen auf der Schnittstelle leuchtet. Dies identifiziert den Stift als einen abgeschlossenen Eingang anstelle eines schwankenden Ausgangs. Ausgänge sind indessen noch ein anderes Thema. Eine LED, die an einen Ausgang angeschlossen ist und nur schwach leuchtet, zeigt üblicherweise einen geschwächten Ausgang an, einen, der möglicherweise durch die Temperatur beeinflußt wird oder nicht in der Lage ist, den notwendigen Spannungspegel den an ihn angeschlossenen Eingängen zur Verfügung zu stellen. (Der Wert des 470 Ohm Widerstands in unserem LED-Tester wurde mit dem Gedanken gewählt, auf diese Weise die Schnittstelle zu „entladen").

Eine sehr wichtige Überlegung gilt dem Typ der LEDs, die in der Breakout Box benutzt werden. Obwohl zweifarbige LEDs seit Jahren verfügbar sind, haben sie nur in überraschend wenig Produkten Einzug gehalten. Nichtsdestoweniger sind sie wie geschaffen für die RS-232-C-Testausrüstung. Obwohl die meisten Breakout Boxes eine Reserve-LED zur Verfügung stellen, die „rückwärts" angeschlossen werden kann, so daß sie negative Spannung anzeigt, scheint dies ein unnötig schwieriger Schritt zu sein, einer, der sehr wahrscheinlich weggelassen oder vergessen wird. Betrachten Sie zum Beispiel das unterdrückte **DTR** auf dem Kay-Pro, als M.I.T.E. sich im Hauptmenü befand. Die grüne LED steht da wie ein Leuchtturm; eine dunkle wäre möglicherweise übersehen worden. Hätten wir es nicht wahrgenommen, hätten wir vielleicht gemurmelt „ein unterdrücktes **DTR** . . . sehr ungewöhnlich . . . muß im Auge behalten werden . . ." Überlegen sie auch, wie wichtig die grüne LED bei der Bestimmung des Typs der Schnittstelle ist. Sicherlich kann dies auch getan werden, indem man die Polarität der roten LED umkehrt, aber das ist nicht so anschaulich und macht auch nicht so viel Spaß.

Die bekannteste Breakout Box ist die Blue Box (Abbildung 13.5, Modell 60, 159 Dollar) von International Data Sciences (7 Wellington Road, Lincoln, RI 02865). Zwölf LEDs zeigen die **GROSSEN ACHT** und zusätzlich die Stifte 15, 17, 21, 22, 25 an, und zwei Reserve-LEDs (eins jeder Polarität) sind zusätzlich vorhanden. Die Brücken werden mit den drei einkabligen und mit dem dreiadrigen beigefügten Zubehör hergestellt. Das Modell 60 ist transistoriert und batteriegespeist. Wiederauflademöglichkeit gibt es als Zubehör. Geradedurch-Verbindungen werden durch 24 Mikroschalter hergestellt. Das in einem blauen Polypropylen-Gehäuse untergebrachte Gerät ist 5 x 3 3/4 x 1 3/4 Zoll groß. Batterien sind im Preis eingeschlossen.

Inmac (2465 Augustine Drive, Santa Clara, CA 95051) bietet seinen batteriebetriebenen RS-232 I/O Tester (369-1VN) an. Zwölf einfarbige LEDs zeigen die üblichen Leitungen an. Männliche und weibliche Stekker sind auf Flachbandkabel angebracht. Abgesehen von seinem Preis von 200 Dollar scheint es nur wenig zu geben, was es von anderen Geräten unterscheidet.

Falls Sie eine Breakout Box vorziehen, die ihre Spannungsversorgung der Schnittstelle entnimmt, ist das Modell SAM+ (Modell TS250, Abbildung 13.6) von BLACK BOX CORP (Box 12800 Pittsburgh, PA 15241) einen Blick wert. Es stellt festangeschlossene LEDs für die **GROSSEN ACHT** zur Verfügung sowie vier Reserve-LEDs, von denen zwei auch so angeschlossen werden können, daß sie negative Spannungen anzeigen. 24 Mikroschalter erlauben das schnelle Durchschalten der Leitungen. Das Schalten von Brücken wird durch das Stecken von gewöhnlichen Drahtverbindungen in kleine Fassungen erreicht. Es sind zwar nur zwei Fassungen für jeden Stift vorgesehen, doch gibt es vier Gruppen von drei untereinander verbundenen Fassungen, die sonst keine weiteren Verbindungen haben, so daß mit diesen Mehrfachverbindungen hergestellt werden können. Vier einfache Verbindungen und eine gabelförmige sind eingeschlossen. Das TS250 ist nur wenig größer als eine Zigarettenpackung und wird in einer robusten Stahlschachtel geliefert. Der Preis ist 159 Dollar. Eine Bereitschaftstasche als Zubehör kostet 6 Dollar.

Neben einfarbigen LEDs haben die meisten Breakout Boxes noch eine weitere ärgerliche Eigenschaft: Ihre LEDs überwachen nur eine Seite der Schnittstelle. Wenn zwei Geräte gleichzeitig verbunden sind, ist es schwierig, festzustellen, welches Gerät die Veränderung eines Logikpegels verursacht. Wenn das Diagramm einer Schnittstelle aufgenommen wird, ist es deshalb notwendig, daß immer nur ein Gerät eingestöpselt ist.

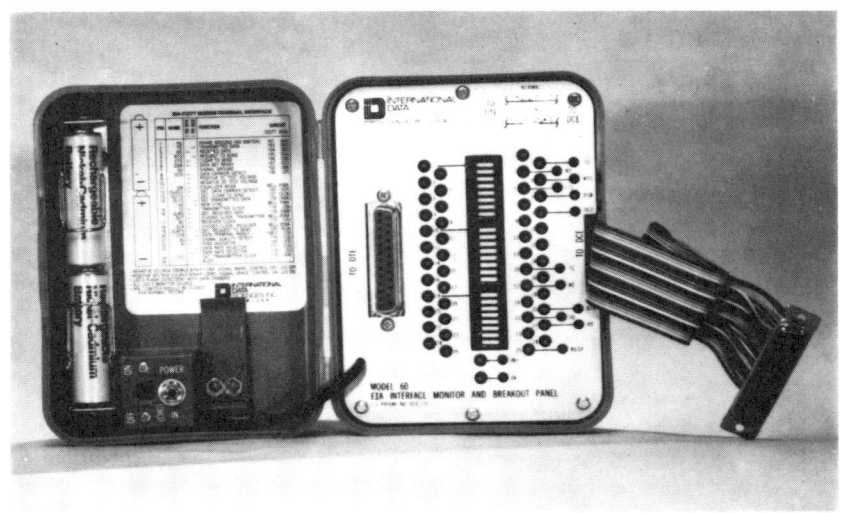

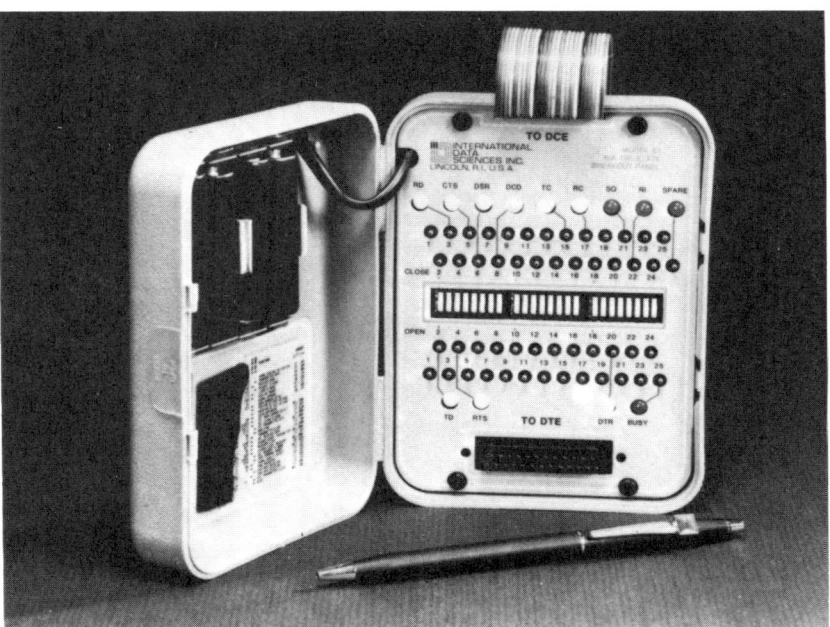

Abb. 13.5: Beide Modelle haben eine lebenslange Garantie

Das IDS Modell 61 hat diese beiden Nachteile nicht. Zwölf zweifarbige LEDs werden in einer intelligenten Anordnung benutzt. Auf der DTE-Seite der Schnittstelle überwachen LEDs die drei Ausgänge **TxD**, **RTS** und **DTR**. Auf der DCE-Seite werden **RxD**, **CTS**, **DSR**, **DCD** und die Stifte 15, 17, 22 und 25 angezeigt. Das Modell 61 kostet 265 Dollar.

Am Ende dieses Spektrums gibt es schließlich noch programmierbare Nachrichtengeneratoren, wie die Fox Box von BLACK BOX CORP (Modell TS150, 455 Dollar). In handlicher Größe und batteriebetrieben,

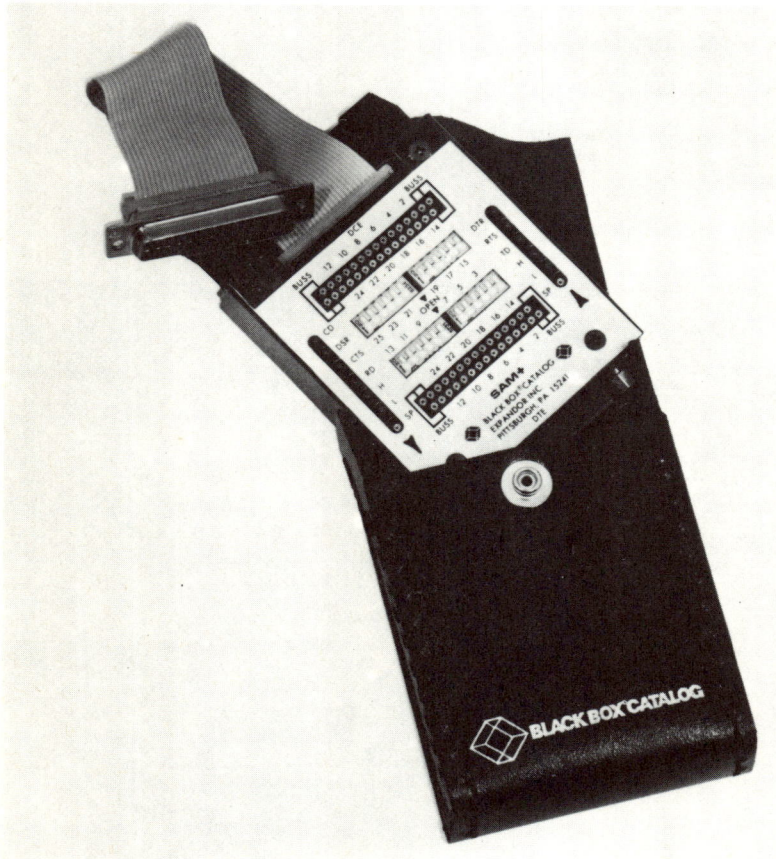

Abb. 13.6: BLACK BOX CORPs SAM: Eine Breakout Box, die ihre Stromversorgung der Schnittstellenleitung entnimmt

übermittelt dieses Gerät tatsächlich eine von sechzehn Nachrichten mit irgendeiner Baudrate zwischen 50 und 9600 Baud und beliebigem Datenformat (Parität, Wortgröße und Rahmenbits). Die Nachrichten können bis zu 128 Zeichen enthalten und sind benutzerprogrammierbar in einem löschbaren programmierbaren Nur-Lese-Speicher (EPROM, Erasable Programmable Read Only Memory). Das Gerät kann mit einem einzelnen Schalter von DTE auf DCE umgestellt werden, und vier über Schalter auswählbare LEDs überwachen die Ausgangsstifte.

Breakout Boxes zum Selberbauen

Die Rubrik „Ciarcias Circuit Cellar" in *BYTE*, April 1983, ist mit „Build a RS-232-C Breakout Box" (Wie man eine RS-232-C Breakout Box baut) bezeichnet. Es werden tatsächlich zwei verschiedene Breakout Boxes beschrieben. Eine, die ihre Stromversorgung der Schnittstelle entnimmt, mit einfarbigen LEDs, und eine etwas ausgereiftere mit zweifarbigen LEDs und Batteriebetrieb. Der Autor behauptet, daß die zuerst erwähnte für ungefähr 15 Dollar gebaut werden kann, aber 30 Dollar ist wahrscheinlicher, es sei denn, Sie haben eine gutgefüllte „Wühlkiste" oder können alles im Großhandel beziehen.

In demselben Artikel wird auch die Konstruktion eines einfachen Senders und Empfängers für serielle Zeichen beschrieben. Das Gerät sendet ein einzelnes Zeichen Ihrer Wahl; es stellt ein einzelnes empfangenes Zeichen auf seinen zwei 7-Segment-Anzeigen dar. Sechzehn Baudraten sind verfügbar, und die üblichen Datenformate werden unterstützt. Seien Sie vorgewarnt, Zeichen zur Übertragung werden als hexadezimale ASCII-Werte eingegeben; ähnlich werden empfangene Zeichen als zwei hexadezimale Zeichen angezeigt. Der Buchstabe „M" würde zum Beispiel als „4D" eingegeben und angezeigt. Diese Geräte sind auf vorgerasterten Prototypekarten aufgebaut, aber erfahrene Bastler sollten in der Lage sein, die Schaltkreise auf eine geätzte Platine zu bringen und sich ein geeignetes Gehäuse zu bauen.

Keines dieser Projekte wird für Anfänger empfohlen.

KABELZUBEHÖR

Typumkehr-Zwischenstecker

Alle oben aufgeführten Anbieter verkaufen Typumkehr-Zwischenstecker (*sex reversers*). Solche Adapter werden benötigt, wenn zwei Stecker desselben Typs zusammenkommen. Sie bestehen aus einem kleinen Stück Platine mit Steckern desselben Typs an beiden Enden. Alle 25 Stifte

sind durchverbunden. Der ganze Aufbau ist in einem Plastik- oder Epo-
xydgehäuse untergebracht und mit Befestigungsmaterial ausgestattet.
Die Preise liegen im Bereich 25 bis 30 Dollar. Wenn Sie bereit sind, auf
Gehäuse und Befestigungsmaterial zu verzichten, verkauft Ihnen B&B
Electronics auch Typumkehr-Zwischenstecker für 20 Dollar, oder zwei
für 35 Dollar.

Zwölf Zoll lange Kabel mit derselben Funktion sind ebenfalls bei Inmac
verfügbar. Da das abgeschirmte Kabel alle 25 Leitungen enthält, ist es
ziemlich steif. Falls solche „Schweineschwänze" auf der Rückseite von
Geräten angeschlossen werden, kann es sein, daß Sie diese dann nicht
mehr nahe an die Wand schieben können. Deshalb sollten Sie sie nur zwischen freien Kabeln verwenden.

Universelle Kabel

Typumkehr-Adapter können überflüssig werden, wenn Sie ein universelles Kabel kaufen. Diese merkwürdig aussehenden Kabel werden möglich
durch Flachbandkabel und *Quetschstecker*, die weder Löten noch Aufspalten der Kabel erfordern. So wie der Stecker auf das Kabel gepreßt
wird, dringen schmale Metallzacken durch die Isolierung zu jedem Leiter

Abb. 13.7: Typ-Umkehrer/Null-Modem

im Kabel. So wird jeder dieser Zacken mit einem Stift auf dem DB-25-Stecker elektrisch verbunden. Da die Verbindung durch einen Quetschvorgang hergestellt wird, nicht durch Löten oder Aufspalten, können die Stecker mitten auf dem Kabel genauso einfach wie an den Enden installiert werden.

In Kapitel 6 wurde empfohlen, daß Sie drei Testadapter und zwei Männlich/Weiblich-Kabel herstellen, um allen möglichen Steckerkombinationen angepaßt zu sein. Falls Sie anstelle eines der Männlich/Weiblich-Kabel ein universelles Kabel wählen, reicht ein einzelner Männlich/Weiblich-Testadapter aus. Die Preise liegen im Bereich von 30—75 Dollar. BLACK BOXs BOB 232-M/F in Abbildung 13.9 kombiniert einen einfachen Testvorsatz mit einem universellen Kabel. Obwohl keine LEDs oder Schalter enthalten sind, macht sein Preis von 49.95 Dollar das Modell zu einem verlockenden Angebot.

Null-Modems

Null-Modems sind von allen Anbietern verfügbar, ungefähr zum gleichen Preis und in der gleichen Zusammenstellung wie Typumkehr-Zwischenstecker. Null-Modems rufen üblicherweise mehr Ärger hervor, als sie

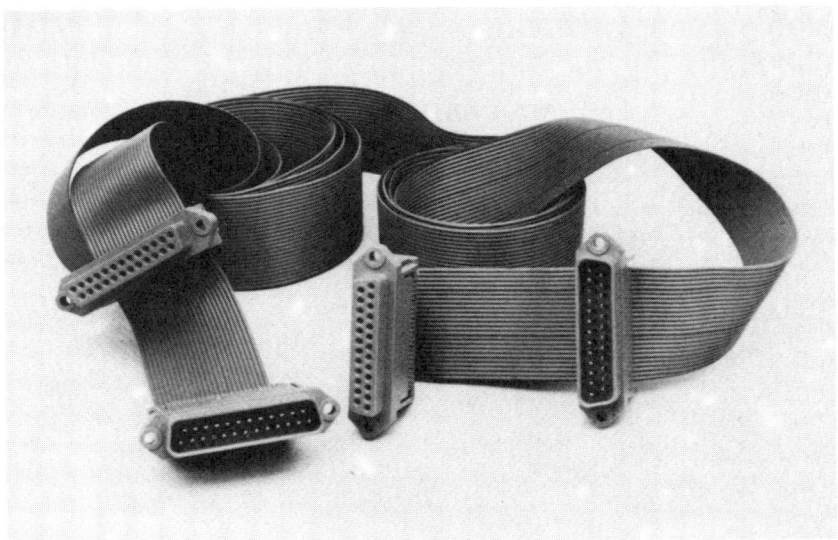

Abb. 13.8.: Syzygy's Universalkabel

beheben, aber gelegentlich sind sie bei der Fehlersuche recht nützlich. Benutzen Sie sie vorsichtig bei Geräten, die Handshaking durchführen.

Umschaltverteiler

Nur wenige Dinge mit Pfiff sind nützlicher als RS-232-C-Umschaltvertei-ler. Falls Sie ein Modem, einen Drucker oder vielleicht einen zweiten Computer haben, aber Ihr Computer nur einen seriellen Anschluß besitzt, ermöglicht der Umschaltverteiler, daß Sie jeweils ein angeschlos-senes Gerät auswählen können, und zwar ohne die Verbindungen ständig umstöpseln zu müssen. Da er es Ihnen gestattet, das zu testende Gerät zwischen anderen Einrichtungen hin und her zu schalten, kann ein solcher Umschaltverteiler eine große Hilfe bei der Untersuchung von Schnittstel-len sein. Sie werden von vielen Herstellern verkauft, aber die mit Abstand beiden Besten kommen von MFJ Enterprises (921 Louisville Road, Starkville, MS 39759).

Abb. 13.9.: BLACK BOX CATALOGs BOB-232-M/F

Für den fast unglaublichen Preis von 80 Dollar schaltet das Modell MFJ-1240 (Abbildung 13.10) einen einzelnen Eingang auf einen von zwei Ausgängen. Es werden zehn Stifte geschaltet — 2,3,4,5,6,8,11,15,17 und 20. Von diesen zehn zeigen LEDs auf der Gehäusefront **TxD**, **RxD**, **RTS**, **CTS**, **DSR**, **CDC** und **DTR** an. Als Zugabe werden durch einen Druckknopf auf der Frontseite die Stifte 2 und 3 vertauscht.

Das Modell MFJ-1241 (nicht abgebildet) hat alle die Eigenschaften von MFJ-1240, aber mit einem sehr wichtigen Vorteil — es erlaubt Ihnen nicht nur, zwischen zwei Peripheriegeräten zu schalten, es gestattet darüber hinaus das Schalten zwischen zwei Computern. Preis: 99.95 Dollar.

Beide Geräte sind ausgesprochen solide, nutzen durchweg gedruckte Schaltungen und haben eine eingeschränkte einjährige Garantie.

Giltronix(3780 Fabian Way, Palo Alto, CA 94303) stellt eine ganze Reihe von RS-232-C-Umschaltverteilern her. Ihr Zweiweg-Gerät GRS 232S8AB (99 Dollar) schaltet die **GROSSEN ACHT** und zusätzlich Stift 22. Rechnen Sie weitere 45 Dollar für LED-Anzeigen für die sechs Leitungen: **TxD**, **RxD**, **RTS**, **CTS**, **DSR** und **DTR**.

Parallel-zu-seriell Umwandler

Wandeln Sie Ihren Centronics-Parallel-Anschluß um in einen RS-232-C-Anschluß mit dem Modell 775 (89 Dollar) von Engineering Specialties (1501-5 Pine Street ,Oxnard, CA 93030). Das Gerät kann direkt auf den Parallelanschluß aufgesteckt werden, so daß keine Modifikation Ihres Computers notwendig ist.

Intelligente Kabel

Ein Preis für das ungewöhnlichste Zusatzgerät geht an das SC-821 Smart Cable von IQ-Technologies (1181 N.E. First Street, Suite 308, Bellevue, WA 98005). Das Smart Cable verbindet automatisch zwei unbekannte RS-232-C-Geräte. Während Sie den Status zweier LEDs beobachten, die mit „M" und „T" bezeichnet sind, betätigen Sie einfach einen Schiebeschalter. Wenn beide LEDs leuchten, arbeitet die Schnittstelle komplett mit Handshakingsignalen. Die einzige Aufgabe, die dem Benutzer bleibt, ist sicherzustellen, daß beide Geräte mit denselben Datenraten und Formaten arbeiten. Das SC-821 ist in der Mitte eines universellen Kabels untergebracht, so daß es mit jeder Kombination von DB-25-Steckern kompatibel ist. Zusätzlich zeigen die LEDs RTS, CTS, DSR und DTR an einem Ende an. Das SC-821 (Abbildung 13.10) kostet 175 Dollar.

Falls Sie bei dem Smart Cable mißtrauisch sind, befinden Sie sich in guter Gesellschaft. Aber es funktioniert. Der Hersteller schätzt, daß es in 98 % aller Fälle seine Funktion erfüllt. Obwohl es unmöglich ist, diesen Anspruch zu verifizieren, sollte bemerkt werden, daß das Smart Cable den Type 'n Talk erfolgreich mit mehreren verschiedenen Computern verbunden hat. IQ Technologies verschickt gern eine Liste von Geräten, die das Smart Cable herausfordern. Eine kleinere Version, das SC-817, wird für 95 Dollar verkauft.

Auf den ersten Blick erscheint das Smart Cable als das RS-232-C-Schnittstellengerät schlechthin, das auch die durchdachtesten Breakout Boxes ersetzt. Bei näherer Betrachtung ist das Smart Cable allerdings von geringer Hilfe bei dem Bedarf eines Gelegenheitsprogrammierers oder den alltäglichen Problemen, denen ein professioneller Schnittstellenbauer entgegensieht. Das Smart Cable *wird* ein funktionierendes Kabel — es sagt Ihnen nicht, wie man ein funktionierendes Kabel *herstellt*. Es erklärt nämlich nicht, welche internen Verbindungen notwendig sind, um die Schnittstelle zu vervollständigen. Obwohl es die bewundernswerte Aufgabe erledigt, Daten- und Handshakinganschlüsse korrekt zu verbinden, bringt das Smart Cable tatsächlich auf seinem Weg, die Handshakingsignale zu

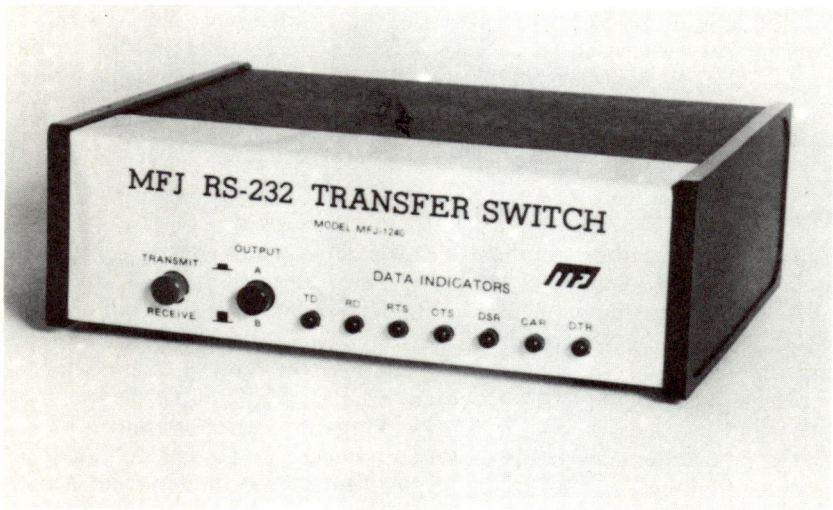

Abb. 13.10.: The MFJ-1240: Kaufen Sie es, bevor der Hersteller wieder zur Vernunft kommt

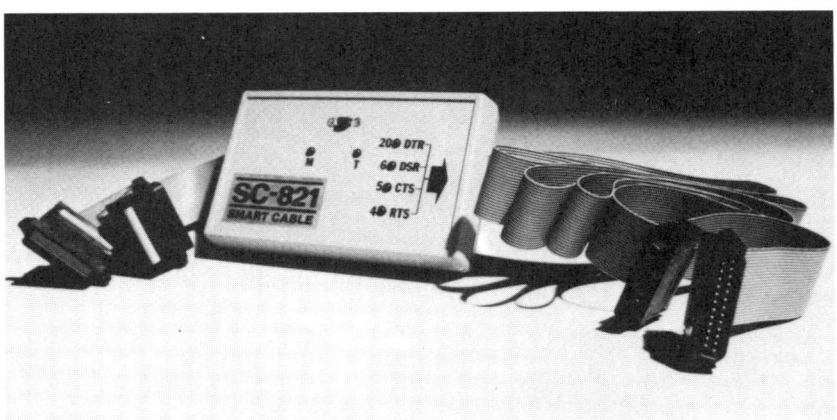

Abb. 13.11.: IQ Technology's SC-817 Smart Cable

finden, die Gerätesteuersignale zum Scheitern. Wenn zum Beispiel der KayPro II mit dem Hayes Smartmodem 1200 verbunden wird, das ein freigegebenes **dtr** benötigt, kann das Smart Cable dies nicht herausfinden. Es ist ebenso nutzlos in Anwendungen (so wie Smartmodem/M.I.T.E. im letzten Kapitel), wo Software anstelle von Hardwarelogik die Schnittstelle steuert. Es ist nützlich für Computerhändler oder Gerätevertreter, die Ihre Produkte mit einer großen Anzahl von Geräten demonstrieren müssen. Ein Einzelhandel wird zum Beispiel das Smart Cable als ein Geschenk des Himmels empfinden, wenn ein Kunde zu sehen wünscht, wie der Computer X mit dem Drucker Y arbeitet.

Literaturverzeichnis

Barden, William. „Data Communications", *Popular Computing* (Mai 1982), 114−118.

Beschreibt Datenkommunikation: was sie ist, wie sie arbeitet und welches Gerät benötigt wird. Umfaßt Datenpfade, RS-232-C-Standard, Telefonverbindungen, Netzwerke, Nachrichten- und Dienstnetzwerke und Datenfernübertragung.

Ciarcia, Steve. „Build an RS-232-C Breakout Box", *BYTE* (April 1983), 28.

Eine ehrgeizige Bauanleitung. Umfaßt ebenso Pläne für einen Stepped-Voltage-Indicator und einen Terminalsimulator.

Davies, T. K. „Build A ‚Quick Fox' Terminal Tester", *Kilobaud Microcomputing* (Juni 1981), 104−109.

Beschreibt, wie man eine „Black Box" herstellt, die ständig ASCII-Zeichen sendet, um Baugruppen für serielle E/A zu testen, wie man ein Video-Terminal wieder in Ordnung bringt und wie man Fernschreiber justiert. Enthält ein schematisches Diagramm und fünf Photos.

De Jong, Marvin. „Computer Communications Experiment", *Compute!* (März 1981), 28–33.

Beschreibt, wie man eine RS-232-C-Schnittstelle baut, die über Telefonleitungen Daten übertragen und empfangen kann. Enthält ebenso ein Programm, das zwei Leuten gestattet, über Telefonleitungen mit Computern zu kommunizieren, die auf dem 6502 basieren.

Hughes, Lawrence. „Introduction To Data Communications", *Microsystems* (Mai/Juni 1981), 29–33.

Erläutert das Kommunikationsprogramm, das zur Illustration der Anschlußideen in Kapitel 5 diente. Geschrieben vom Autor des M.I.T.E., gibt dieser Artikel einen allgemeinen Überblick über Datenkommunikation. Behandelt TTL-Verbindungen, Zweidrahtverbindungen, RS-232-C, asynchrone und synchrone serielle Übertragung, Wechsel- und Gegenbetrieb, Datensichtgeräte und Modems.

Folts, Harold C. *McGraw-Hill's Compilation of Data Communications Standards.* New York: McGraw-Hill Publications Co., 1982.

Glossbrenner, Alfred. *The Complete Handbook of Personal Computer Communications: Everything You Need to Go Online with the World.* New York: St. Martin's Press, 1983.

Wie es der übertriebene Titel schon zeigt, ist dies ein reißerisches Buch über die Benutzung von Computer und Modem. Obwohl darin fast nichts Nützliches über den Aufbau von Schnittstellen enthalten ist, wird es hier aufgeführt, weil es in das grundsätzliche Vorgehen bei der Benutzung von Telenet und Tymnet einführt.

Haar, Robert. „Build a Null Modem", *BYTE* (Februar 1981), 198.

Ein bescheidenes Projekt, das die Vorzüge von Null-Modems preist, aber keine seiner Gefahren darstellt.

Leibson, Steve. „The Input/Output Primer, Part 4: The BCD and Serial Interface", *BYTE* (Mai 1982) 202.

Eine ausgezeichnete Serie von Artikeln mit einer guten Kombination von Theorie und Praxis.

Liming, Gary. „Data Paths", *BYTE* (Februar 1976), 32.

Eine frühe BYTE-Ausgabe, die schwer zu finden ist. Beschreibt grundlegende Konzepte wie serielle und parallele Übertragung.

McNamara, John E. *Technical Aspects of Data Communication*. Bedford, Mass: Digital Press, 1977.

Eine gründliche, offene technische Behandlung der meisten Aspekte der Datenkommunikation. Ein ausgezeichnetes Buch, aber wahrscheinlich nicht verständlich, wenn Sie nichts von Elektronik verstehen.

Nichols, Elisabeth A., et al. *Data Communications For Microcomputers*. New York: McGraw-Hill, 1982.

Ein halbgares technisches Buch, das als ein Buch für „Mikrocomputer"-Benutzer ausgewiesen ist. Geschrieben von Ingenieuren mit einer ingenieurmäßigen Sichtweise, seinen Beispielen fehlt der Bezug zu den meisten Mikrocomputeranwendungen.

Osborne, Adam. *An Introduction to Microcomputers*, Vol. 1 (2nd ed.), Berkeley: Osborne/McGraw-Hill, 1980, 5—94.

Enthält eine einwandfreie Beschreibung allgemeiner E/A und der Funktionsweise eines UART.

Parsons, Thomas. „How Data Travels", *Kilobaud Microcomputing*, (Oktober 1981), 46—57.

Gibt eine Einführung in die Mechanismen, wie Daten von einem Computer oder Terminal zu einem anderen Computer übertragen werden. Die Darstellung umfaßt vollen und eingeschränkten Gegenbetrieb, Übertragungsraten, RS-232-C-Standard, Modems und Arten der Übertragung.

Tugal, Dogan und Tugal, Osman. *Data Transmission*, McGraw Hill, 1981.

Witten, Ian H. „Welcome to the Standards Jungle", *BYTE* (Februar 1983), 146.

Wird empfohlen zu lesen. Enthält einen ausgezeichneten Kurzüberblick über die formale Gerätesteuerlogik, die im RS-232-C-Standard beschrieben ist. Erörtert die neueren seriellen Schnittstellenstandards.

VERMISCHTES:

„EIA Standard RS-232-C: Interface Between Data Terminal Equipment and Data Communication Equipment Employing Serial Binary Data Interchange", Washington, DC: Electronic Industries Association Engineering Dept., 1981.

Dies ist der RS-232-C-Standard selbst.

DIN 66020 Datenübertragung, Anforderungen an die Schnittstelle bei Übergabe bipolarer Datensignale, Übertragungsgeschwindigkeiten bis zu 20 kbit/s, Beuth Verlag GmbH, Berlin 30 und Köln 1, September 1974.

BLACK BOX CORPORATION Catalog, Box 128000, Pittsburgh, Pa. 15241.

Dieser Katalog bietet ein breites Angebot von Schnittstellenwerkzeugen und Datenkommunikationsausrüstung. Der Katalog ist eine Goldgrube — ein Muß gleichermaßen für den Amateur und den Profi.

All About Modems. Datapro Research Corp., 1805 Underwood Blvd, Delran, NJ 08075.

Dies ist ein erschöpfender Leitfaden für Käufer von Modems. Er gibt Hersteller und Modemtypen an und enthält eine interessante Erörterung, wie man ein Modem für eine spezielle Anwendung auswählt.

Stichwortverzeichnis

Die SYBEX Bibliothek

EINFÜHRUNG IN PASCAL UND UCSD/PASCAL
von **Rodnay Zaks** — das Buch für jeden, der die Programmiersprache PASCAL lernen möchte. Vorkenntnisse in Computerprogrammierung werden nicht vorausgesetzt. Eine schrittweise Einführung mit vielen Übungen und Beispielen. 535 Seiten, 130 Abbildungen, Best.-Nr.: **3004** (1982)

DAS PASCAL HANDBUCH
von **Jacques Tiberghien** — ein Wörterbuch mit jeder Pascal-Anweisung und jedem Symbol, reservierten Wort, Bezeichner und Operator, für beinahe alle bekannten Pascal-Versionen. 480 Seiten, 270 Abbildungen, Format 23 x 18 cm, Best.-Nr.: **3005** (1982)

PROGRAMMIERUNG DES Z80
von **Rodnay Zaks** — ein kompletter Lehrgang in der Programmierung des Z80 Mikroprozessors und eine gründliche Einführung in die Maschinensprache. 608 Seiten, 176 Abbildungen, Format DIN A5, Best.-Nr.: **3006** (1982)

PASCAL PROGRAMME — MATHEMATIK, STATISTIK, INFORMATIK
von **Alan Miller** — eine Sammlung von 60 der wichtigsten wissenschaftlichen Algorithmen samt Programmauflistung und Musterdurchlauf. Ein wichtiges Hilfsmittel für Pascal-Benutzer mit technischen Anwendungen. 398 Seiten, 120 Abbildungen, Format 23 x 18 cm, Best.-Nr.: **3007** (1982)

PROGRAMMIERUNG DES 6502 (2. überarbeitete Ausgabe)
von **Rodnay Zaks** — Programmierung in Maschinensprache mit dem Mikroprozessor 6502, von den Grundkonzepten bis hin zu fortgeschrittenen Informationsstrukturen. 368 Seiten, 160 Abbildungen, Format DIN A5, Best.-Nr.: **3011** (1982)

MIKROPROZESSOR INTERFACE TECHNIKEN (3. überarbeitete Ausgabe)
von **Rodnay Zaks/Austin Lesea** — Hardware- und Software-Verbindungstechniken samt Digital/Analog-Wandler, Peripheriegeräte, Standard-Busse und Fehlersuchtechniken. 432 Seiten, 400 Abbildungen, Format DIN A5, Best.-Nr.: **3012** (1982)

6502 ANWENDUNGEN
von **Rodnay Zaks** — das Eingabe-/Ausgabe-Buch für Ihren 6502-Microprozessor. Stellt die meistgenutzten Programme und die dafür notwendigen Hardware-Komponenten vor. 288 Seiten, 213 Abbildungen, Best.-Nr.: **3014** (1983)

BASIC PROGRAMME — MATHEMATIK, STATISTIK, INFORMATIK
von **Alan Miller** — eine Bibliothek von Programmen zu den wichtigsten Problemlösungen mit numerischen Verfahren, alle in BASIC geschrieben, mit Musterlauf und Programmlisting. 352 Seiten, 147 Abbildungen, Best.-Nr.: **3015** (1983)

BASIC ÜBUNGEN FÜR DEN APPLE
von **J.-P. Lamoitier** — das Buch für APPLE-Nutzer, die einen schnellen Zugang zur Programmierung in BASIC suchen. Abgestufte Übungen mit zunehmendem Schwierigkeitsgrad. 256 Seiten, 190 Abbildungen, Best.-Nr.: **3016** (1983)

CHIP UND SYSTEM: Einführung in die Mikroprozessoren-Technik
von **Rodnay Zaks** − eine sehr gut lesbare Einführung in die faszinierende Welt der Computer, vom Microprozessor bis hin zum vollständigen System. 576 Seiten, 325 Abbildungen, Best.-Nr.: **3017** (1984)

EINFÜHRUNG IN WORDSTAR
von **Arthur Naiman** − eine klar gegliederte Einführung, die aufzeigt, wie das Textbearbeitungsprogramm WORDSTAR funktioniert, was man damit tun kann und wie es eingesetzt wird. 240 Seiten, 36 Abbildungen, Best.-Nr.: **3019** (1983)

BASIC ÜBUNGEN FÜR DEN IBM PERSONAL COMPUTER
von **J.-P.** Lamoitier − vermittelt Ihnen BASIC durch praktische und umfassende Übungen anhand von realistischen Programmen: Datenverarbeitung, Statistik, kommerzielle Programme, Spiele u.v.m. 256 Seiten, 192 Abbildungen, Best.-Nr.: **3023** (1983)

PROGRAMMSAMMLUNG ZUM IBM PERSONAL COMPUTER
von **S. R. Trost** − mehr als 65 getestete, direkt einzugebende Anwenderprogramme, die eine weite Palette von kaufmännischen, persönlichen und schulischen Anwendungen abdecken. 192 Seiten, 158 Abbildungen, Best.-Nr.: **3024** (1983)

PLANEN UND ENTSCHEIDEN MIT BASIC
von **X. T. Bui** − eine Sammlung von interaktiven, kommerziell-orientierten BASIC-Programmen für Management- und Planungsentscheidungen. 200 Seiten, 53 Abbildungen, Best.-Nr.: **3025** (1983)

BASIC FÜR DEN KAUFMANN
von **D. Hergert** − das BASIC-Buch für Studenten und Praktiker im kaufmännischen Bereich. Enthält Anwendungsbeispiele für Verkaufs- und Finanzberichte, Grafiken, Abschreibungen u.v.m. 208 Seiten, 85 Abbildungen, Best.-Nr.: **3026** (1983)

PROGRAMME FÜR MEINEN APPLE II
von **S. R. Trost** − enthält eine Reihe von lauffähigen Programmen samt Listing und Beispiellauf. Hilft Ihnen, viele neue Anwendungen für Ihren APPLE II zu entdecken und erfolgreich einzusetzen. 192 Seiten, 158 Abbildungen, Best.-Nr.: **3029** (1983)

ERFOLG MIT VisiCalc
von **D. Hergert** − umfassende Einführung in VisiCalc und seine Anwendung. Zeigt Ihnen u. a.: Aufstellung eines Verteilungsbogens, Benutzung von VisiCalc-Formeln, Verwendung der DIF-Datei-Funktion. 224 Seiten, 58 Abbildungen, Best.-Nr.: **3030** (1983)

PLANEN, KALKULIEREN, KONTROLLIEREN MIT BASIC-TASCHEN-RECHNERN
von **P. Ickenroth** − präsentiert eine Reihe von direkt anwendbaren BASIC-Programmen für zahlreiche kaufmännische Berechnungen mit Ihrem BASIC-Taschenrechner. 144 Seiten, 48 Abbildungen, Best.-Nr.: **3032** (1983)

MEIN ERSTES BASIC PROGRAMM
von **Rodnay Zaks** − das Buch für Einsteiger! Viele farbige Illustrationen und leichtverständliche Diagramme bringen Spaß am Lernen. In wenigen Stunden schreiben Sie Ihr erstes nützliches Programm. 208 Seiten, illustriert, Best.-Nr.: **3033** (1983)

IBM PC-DOS HANDBUCH
von R. A. King – umfassende Einführung in das Disketten-Betriebssystem Ihres IBM PC, seine grundsätzlichen Möglichkeiten und Funktionen sowie auch fortgeschrittene Funktionen (einschließlich der Version 2.0). 320 Seiten, ca. 50 Abbildungen, Best.-Nr.: **3034** (1984)

APPLE II BASIC HANDBUCH
von D. Hergert – ein handliches Nachschlagewerk, das neben Ihren Apple II, II+ oder IIe stehen sollte. Dank vieler Tips und Vorschläge eine wesentliche Erleichterung fürs Programmieren. 304 Seiten, 116 Abbildungen, Best.-Nr. **3036** (1984)

Z80 ANWENDUNGEN
von J. W. Coffron – vermittelt alle nötigen Anweisungen, um Peripherie-Bausteine mit dem Z80 zu steuern und individuelle Hardware-Lösungen zu realisieren. 296 Seiten, 204 Abbildungen, Best.-Nr.: **3037** (1984)

MEIN ERSTER COMPUTER
von Rodnay Zaks – Der unentbehrliche Wegweiser für jeden, der den Kauf oder den Gebrauch eines Mikrocomputers erwägt, das Standardwerk in 3., überarbeiteter Ausgabe. 304 Seiten, 150 Abbildungen, zahlreiche Illustrationen, Best.-Nr.: **3040** (1984)

ERFOLG MIT MULTIPLAN
von Th. Ritter – das Tabellenkalkulations-Programm Multiplan hilft Ihnen bei der Lösung kommerzieller, wissenschaftlicher und allgemeiner Probleme. Lernen Sie die Möglichkeiten kennen, Ihre Software optimal zu nutzen! 208 Seiten, ca. 60 Abbildungen, Best.-Nr.: **3043** (1984)

FORTGESCHRITTENE 6502-PROGRAMMIERUNG
von Rodnay Zaks – hilft Ihnen, schwierige Probleme mit dem 6502 zu lösen, stellt Ihnen Maschinenroutinen zum Arbeiten mit einem Hobbyboard vor. 288 Seiten, 140 Abbildungen, Best.-Nr.: **3047** (1984)

COMMODORE 64 BASIC HANDBUCH
von D. Hergert – zeigt Ihnen alle Anwendungsmöglichkeiten Ihres C64 und beschreibt das vollständige BASIC-Vokabular anhand von praktischen Beispielen. 208 Seiten, 92 Abbildungen, Best.-Nr.: **3048** (1984)

PROGRAMMIERUNG DES 6809
von R. Zaks und W. Labiak – eine vollständige Einführung in die Assemblerprogrammierung mit dem 6809, für alle, die mit DRAGON 32, Tandy Colorcomputer oder einem anderen 6809-System arbeiten. 400 Seiten, 150 Abbildungen, Best.-Nr.: **3049** (1984)

PROGRAMMIERUNG DES 8086/8088
von J. W. Coffron – lehrt Sie Programmierung, Kontrolle und Anwendung dieses 16-Bit-Mikroprozessors; vermittelt Ihnen das notwendige Wissen zu optimaler Nutzung Ihrer Maschine, von der internen Architektur bis hin zu fortgeschrittenen Adressierungstechniken. 312 Seiten, mit Abbildungen, Best.-Nr.: **3050** (1984)

COMMODORE 64 PROGRAMMSAMMLUNG
von S. R. Trost – mehr als 70 getestete Anwenderprogramme, die direkt eingegeben werden können. Erläuterungen gewährleisten eine optimale Nutzung. 192 Seiten, 160 Abbildungen, Best.-Nr.: **3051** (1983)

CP/M-HANDBUCH
von Rodnay Zaks – das Standardwerk über CP/M, das meistgebrauchte Betriebssystem für Mikrocomputer. Für Anfänger eine verständliche Einführung, für Fortgeschrittene ein umfassendes Nachschlagewerk über die CP/M-Versionen 2.2, 3.0 und CCP/M-86 sowie MP/M. 2., überarbeitete Ausgabe. 320 Seiten, 56 Abbildungen, Best.-Nr.: **3053** (1984)

UNIX-HANDBUCH
von R. Detering – eine systematische Einführung in UNIX, das kommende Betriebssystem für 16-bit-Rechner. Lernen Sie, Ihren Prozessor optimal einzusetzen! Ca. 280 Seiten, ca. 30 Abbildungen, Best.-Nr.: **3054** (1984)

ERFOLGREICH PROGRAMMIEREN MIT C
von J. A. Illik – ein unentbehrliches Handbuch für jeden, der mit der universellen Sprache C erfolgreich programmieren will. Aussagekräftige Beispiele, auf verschiedenen Mini- und Mikrocomputern getestet. Ca. 400 Seiten, Best.-Nr.: **3055** (1984)

ARBEITEN MIT DEM IBM PC
von J. Lasselle und C. Ramsay – zeigt Ihnen Schritt für Schritt, wie Sie den IBM PC ohne Vorkenntnisse einsetzen, die speziellen Eigenschaften dieses Computers für Druck, Grafik und Kommunikation nutzen können. 156 Seiten, ca. 30 Abbildungen, Best.-Nr.: **3056** (1984)

PRAKTISCHE WORDSTAR-ANWENDUNGEN
von J. A. Arca – das Buch für Einsteiger, um nach kurzer Zeit praktische Textverarbeitungs-Probleme zu lösen, eine programmierte Unterweisung zur Leistungsoptimierung mit WORDSTAR. Ca. 320 Seiten, ca. 50 Abbildungen, Best.-Nr.: **3057** (1984)

SYBEX MIKROCOMPUTER LEXIKON
– die schnelle Informationsbörse! Über 1500 Definitionen, Kurzformeln, Begriffsschema der Mikroprozessor-Technik, englisch/deutsches und französisch/deutsches Wörterbuch, Bezugsquellen. 192 Seiten, Format 12,5 x 18 cm, Best.-Nr.: **3035** (1984)

COMPUTER TOTAL VERRÜCKT
von Daniel Le Noury – mit diesem Buch kommen Sie wieder zur Besinnung, nachdem Sie sich halbtot gelacht haben. Ca. 100 Cartoons rund um den Computer. 96 Seiten, Best.-Nr. **3042** (1984)

GRUNDKURS IN PASCAL Bd. 1
von K.-H. Rollke – der sichere Einstieg in Pascal, speziell für Schule und Fortbildung (Reihe SYBEX Informatik). 224 Seiten, mit Abb., Format 17,5x25 cm, Best.-Nr. **3046** (1984), Lehrerbegleitheft Best.-Nr. **3059**

LOTUS 1-2-3. DATENVERARBEITUNG OHNE VORKENNTNISSE
von S. Heine – für alle, die ohne DV-Kenntnisse das starke Software-Paket LOTUS 1-2-3 für berufliche oder private Anwendungen einsetzen möchten. ca. 250 Seiten, mit Abb., Best.-Nr. **3052** (1985)

GRUNDKURS IN BASIC
von U. Ströbel – die Einführung in die meistgenutzte Programmiersprache für Lehrer, Schüler und das Selbststudium (Reihe SYBEX Informatik). Ca. 200 Seiten, mit Abb., Best.-Nr. **3058** (1985), Lehrerbegleitheft Best.-Nr. **3091**

MEIN COLOUR GENIE
von **Ralf Marquis** – zeigt Ihnen, wie man mit einfachen Mitteln eindrucksvolle Programme für den Colour-Genie erstellen kann; viele praktische Beispiele. 160 Seiten, 76 Abb., Best.-Nr. **3063** (1984)

MEIN HEIMCOMPUTER
von **N. Hesselmann** – zeigt, was ein Heimcomputer ist und was man mit ihm anfangen kann, von den Chips bis zu Tips für den Kauf. Ca. 250 Seiten, ca. 100 Abb., Best.-Nr. **3064** (1984)

50 PASCAL-PROGRAMME
von **B. Hunter** – eine kommentierte Sammlung nützlicher Programme für Anwendungen im Geschäft und Privatbereich, für mathematische Anwendungen oder Spiele. Ca. 340 S., ca. 48 Abb., Best.-Nr. **3065** (Dezember 1984)

MIT DEM COMPUTER UNTERWEGS
von **W. Höfs** – für alle, die einen netzunabhängigen Rechner benötigen; alles über Handheld-Computer. Ca. 200 S., mit Abb., Best.-Nr. **3067** (November 1984)

ATARI PROGRAMM-SAMMLUNG
von **S. R. Trost** – sollte neben keinem Atari-Computer fehlen. Es bietet einen Satz ausgetesteter Programme für eine Fülle von Anwendungen. 190 S., 150 Abb., Best.-Nr. **3068** (1984)

PLANEN + ENTSCHEIDEN MIT DEM SHARP PC-1500
von **X. T. Bui/H. Klein** – eine Sammlung interaktiver, kommerziell orientierter BASIC-Programme für Analysen, Planung und Prognosen. Auch für Tandy PC-2. 224 Seiten, 50 Abb., Best.-Nr. **3069** (1984)

ARBEITEN MIT dBase II
von **A. Simpson** – Grundlagen und Programmiertechniken für die Datenbank-Verwaltung mit dBASE II. Zahlreiche praktische Tips. Ca. 240 Seiten, ca. 50 Abb., Best.-Nr. **3070** (1984)

SPASS AN MATHE MIT DEM COMMODORE 64
von **H. Danielsson** – zeigt Ihnen mit vielen Beispielen, wie der C 64 für schulische oder private Berechnungen genutzt werden kann. Ca. 250 Seiten mit Abb., Best.-Nr. **3072** (1985)

COMMODORE 64 – GRAFIK + DESIGN
von **Ch. Platt** – Eine Schritt-für-Schritt-Einführung in die Grafik-Programmierung Ihres C 64. Tips, die Sie in keinem Handbuch finden. Ca. 280 S., ca. 150 Abb., teils vierfarbig. Best.-Nr. **3073** (1984)

SVI PROGRAMM-SAMMLUNG
von **S. R. Trost** – Knapp 70 ausgetestete Anwenderprogramme, u. a. für kommerzielle Berechnungen, Dateiverwaltung und mathematische Übungen; ohne Vorkenntnisse nutzbar. 192 Seiten, 160 Abb., Best.-Nr. **3074** (1984)

IBM PC – GRAFIK FÜR DEN KAUFMANN
von **N. Ford** – komplette Beispielprogramme zeigen Ihnen, wie Sie Ihre eigenen Programme für kommerzielle Grafiken auf dem IBM PC erstellen. Ca. 280 Seiten, 74 Abb., Best.-Nr. **3076** (1984)

PROGRAMMIEREN MIT CP/M
von **A. R. Miller** – vermittelt die Feinheiten von CP/M und hilft, die Möglichkeiten dieses populären Betriebssystems zu erweitern. Ca. 450 Seiten, ca. 100 Abb., Best.-Nr. **3077** (1984)

ARBEITEN MIT LOTUS 1-2-3
von **B. F. Kehlmann** – die wichtigsten Anwendungsfunktionen von LOTUS 1-2-3 im Betrieb anhand praktischer Fallstudien. Ca. 200 Seiten, mit Abb., Best.-Nr. **3078** (1984)

ARBEITEN MIT DEM MACINTOSH
von **N. Hesselmann** – alles über den leistungsfähigen Apple-Rechner mit einer Erläuterung wichtiger kommerzieller Software-Pakete und deren Einsatz, Anleitung zur Programmierung in Microsoft-BASIC. Viele konkrete Anwendungs-Beispiele. Ca. 400 Seiten, zahlr. Abb., Best.-Nr. **3080** (1984)

FiBu + LOHN MIT MIKROCOMPUTERN
von **P. Ickenroth** – eine Fülle von Programmen für Finanzbuchhaltung und Lohnabrechnung im eigenen Betrieb. Geeignet für Sharp MZ-700, Apple II, Commodore 64, IBM PC u. a. Ca. 160 Seiten, mit Abb., Best.-Nr. **3081** (1984)

SPIELEN, LERNEN, ARBEITEN MIT DEM ATARI
von **G.-P. Raabe/K.-J. Schmidt** – viele Beispielprogramme, eine umfassende Bedieungs-Anleitung für den Atari und eine Einführung in die BASIC-Programmierung. Ca. 190 Seiten, mit Abb., Best.-Nr. **3082** (1984)

ATARI BASIC HANDBUCH
von **J. Reschke** – das vollständige ABC der BASIC-Programmierung für den Atari mit Erläuterung durch viele praktische Beispiele. Ca. 200 Seiten, mit Abb., Best.-Nr. **3083** (1984)

alphatronic PC BASIC HANDBUCH
von **K.-H. Hauer** – erläutert das vollständige BASIC-Vokabular für den alphatronic PC mit vielen direkt einsetzbaren Beispiel-Programmen. Ca. 250 Seiten, mit Abb., Best.-Nr. **3084** (November 1984)

DATEIVERWALTUNG SELBST GEMACHT
von **A. Simpson** – vermittelt die wesentlichen Techniken der Dateiverwaltung, ihre Verwendung in BASIC-Programmen, sowie das Mischen, Sortieren, Aktualisieren und formatierte Ausdrucken von Dateien. Ca. 280 S., mit Abb., Best.-Nr. **3085** (Dezember 1984)

MEIN ZWEITES COMMODORE 64 PROGRAMM
von **Gary Lippman** – für alle, die bereits ein Grundwissen in BASIC haben und mit ihrem C 64 den nächsten Schritt machen wollen – und das mit viel Spaß. Ca. 250 Seiten, zahlr. witzige Illustr., Best.-Nr. **3086** (1984)

PASCAL AUF DEM ZX-SPECTRUM
von **R. Dupont/K.-H. Rollke/M. Szeliga** – zeigt, wie die leistungsstarke Programmiersprache Pascal auf einem preiswerten Rechner genutzt werden kann. Mit vielen Beispielen, für Einsteiger und Fortgeschrittene. Ca. 230 S., mit Abb., Best.-Nr. **3087** (1985)

COMMODORE 64 BASIC-KURS MIT HONEY-AID
Reihe MISTER MICRO − BASIC auf dem C64 durch Praxis lernen; mit dem integrierten Lernpaket (Buch + Software). Außer vielen Übungsprogrammen: Honey-Aid − eine universell einsetzbare BASIC-Erweiterung mit 30 zusätzlichen Befehlen. Ca. 360 Seiten, Buch und Kassette, Best.-Nr. **3400**, Buch und Diskette, Best.-Nr. **3401** (1984)

SPECTRUM BASIC KURS
Reihe MISTER MICRO − BASIC auf dem Spectrum schnell gelernt mit dem integrierten Lernpaket, das die Programmierung in Theorie und Praxis vermittelt. Ca. 240 Seiten, Buch und Kassette, Best.-Nr. **3409** (1984)

APPLE II/IIe ASSEMBLER KURS
Reihe MISTER MICRO − Assembler-Programmierung auf dem Apple leicht gemacht. Das Buch vermittelt alle Instruktionen für den 6502-Prozessor. Der Assembler kann jederzeit für eigene Programme eingesetzt werden. 240 Seiten, Buch und Diskette, Best.-Nr. **3408** (1984)

COMMODORE 64 ASSEMBLER-KURS
Reihe MISTER MICRO − zeigt in Theorie und Praxis, wie Sie den 6510-Prozessor Ihres C64 programmieren. Der mitgelieferte Assembler ist universell einsetzbar. 296 Seiten, Buch und Kassette, Best.-Nr. **3402**, Buch und Diskette, Best.-Nr. **3403** (1984)

VC 20 ASSEMBLER-KURS
Reihe MISTER MICRO − Das Lernpaket mit Buch und Software zeigt Ihnen schnell, auf welche Befehle der 6502-Prozessor Ihres VC20 hört. Der Datenträger enthält einen voll funktionsfähigen Assembler. Ca. 240 Seiten, Buch und Kassette, Best.-Nr. **3406** (1984)

GRUNDKURS IN PASCAL BAND 2
von K.H. Rollke − Mit diesem Buch wird der Pascal-Grundkurs aus der Reihe SYBEX Informatik abgerundet. Für Lehrer, Schüler, Teilnehmer an Pascal-Kursen, Studenten und Autodidakten. 224 Seiten, mit Abb., Best.-Nr. **3061** (Januar 1985), Lehrerbegleitheft Best.-Nr. **3090**

COMMODORE 64 EXTERN
von J.W. Coffron − zeigt, wie der C64 mit externen Schaltungen verbunden wird. Selbst den ausgefallensten Ideen (Alarmanlage, Temperatur-Kontrollsystem u.v.a.) sind keine Grenzen gesetzt. Ca. 260 Seiten, ca. 150 Abb., Best.-Nr. **3094** (Februar 1985)

Fordern Sie ein Gesamtverzeichnis unserer Verlagsproduktion an:

SYBEX-VERLAG GmbH
Vogelsanger Weg 111
4000 Düsseldorf 30
Tel.: (0211) 62 64 41
Telex: 8 588 163

SYBEX INC
2344 Sixth Street
Berkeley, CA 94710, USA
Tel.: (415) 848-8233
Telex: 336311

SYBEX Ltd.
Unit 4, Bourne Industrial Estate
Crayford, Kent DA1 4BU
Tel.: Crayford (03 22) 5 77 17
Telex: 897 958

SYBEX
6−8, Impasse du Curé
75018 Paris
Tel.: 1/203-95-95
Telex: 211.801 f